人民工匠许振超

刘新平　著

中国工人出版社

图书在版编目（CIP）数据

人民工匠许振超 / 刘新平著. -- 北京 : 中国工人出版社, 2025.1. -- ISBN 978-7-5008-8623-5

Ⅰ. K828.1

中国国家版本馆CIP数据核字第2024B1V302号

人民工匠许振超

出 版 人	董　宽
责任编辑	王学良
责任校对	张　彦
责任印制	栾征宇
出版发行	中国工人出版社
地　　址	北京市东城区鼓楼外大街45号　邮编：100120
网　　址	http://www.wp-china.com
电　　话	（010）62005043（总编室） （010）62005039（印制管理中心）
发行热线	（010）82029051　62383056
经　　销	各地书店
印　　刷	北京盛通印刷股份有限公司
开　　本	710毫米×1000毫米　1/16
印　　张	18.25　**彩插**　0.5
字　　数	200千字
版　　次	2025年1月第1版　2025年10月第5次印刷
定　　价	87.00元

干就干一流，争就争第一。

许振超

目录

YANG MING
YANG MING

YANG MING
YANG MING

序　章
半个世纪的回眸

穿越岁月的烟尘，半个世纪前的1974年，一条进入港区的马路上。

许振超看见年轻的自己，手里拿着一纸到青岛港工作的调令，满心喜悦地在路上走着，嘴里哼唱着："大吊车，真厉害，成吨的钢铁，它轻轻地一抓就起来……"

2024年初秋，山东港口青岛港青岛前湾集装箱码头。

一眼望不到边的集装箱整齐有序地码放在堆放区，码头工作区内的主干道上，各种大中型拖车来来往往，一派繁忙景象。码头岸边，停泊着数艘巨轮，一排高大的桥吊伸出钢铁巨臂，井然有序地进行着集装箱标准化装卸作业。只不过与以往不同的是，现场没有机器轰鸣，只有海潮漫卷的起起落落；没有人声鼎沸，只有桥吊作业的行云流水。

许振超站在岸边。

放眼望去，不远处的海面上正有几艘巨型货轮在缓缓离港；另一边，则是数艘巨轮在港监人员的调度下，等待进港……

“变化真大啊！”许振超喃喃自语。当初他刚到港口工作时，青岛港还是一个默默无闻的支线小港，只能靠泊万吨船舶，如今已经发展成40万吨大矿船的母港，世界第四大港；以前装四五百个集装箱的轮船就感觉很不一般了，现在，一艘货船装两万集装箱甚至更多，都属寻常。变化的确太大了……

抬望眼，目光穿越岁月的烟尘，回到半个世纪前的1974年，一条进入港区的马路上。许振超看见年轻的自己，手里拿着一纸到青岛港工作的调令，满心喜悦地在路上走着，嘴里哼唱着：“大吊车，真厉害，成吨的钢铁，它轻轻地一抓就起来……”

那时的青岛港装卸条件落后，机械化作业水平有限，工作环境艰苦，但他不以为苦，反而乐在其中。他的第一个工作是皮带机电工；逾半年，因为工作勤恳，他当上了门吊司机。到1984年，他如愿以偿地成为青岛港的第一代桥吊司机，开上了当时最先进的桥吊。那一刻，他心花怒放，因为，那一直就是他的理想和目标啊！

在桥吊队，他不断磨炼自己，练出了多个轰动一时的技术绝活，并在工作中屡创佳绩。他还以惊人的刻苦钻研桥吊维修技能，为港口节省了巨额维修费用，成了远近闻名的“桥吊大拿”。

时间来到2001年。

历史为许振超提供了一个展示的舞台：青岛港战略西移，新桥吊的安装却一波三折，屡屡延期，青岛港总裁常德传现场拍板，任命他为桥吊安装总指挥。而他也不负所托，一路披荆斩棘，攻坚克难，如期将桥吊安装成功。随后在2003年，他作为桥吊队长率队先后两次创下单机效率和单船效率的世界纪录，震惊了国际航运界。而他的事迹经媒体报道，也迅速在社会上引发轰动效应。2004年，对“振超效率”和“振超精神”的宣传报道达到高潮：一场场报告，一次次座谈，一个个重量级的表彰和奖励，还有扑面而来的鲜花、掌声和不停闪烁的镁光灯，有时会让他有一种应接不暇的局促。

随着许振超的名字变得家喻户晓，他的妻子和母亲，也受到了社会各界的关注和赞扬。

2004年3月30日上午，青岛市妇联特别邀请许振超的妻子许金文作报告，向大家讲述她眼里的许振超是个怎样的人。

5月8日，由青岛市委宣传部、市精神文明办公室、市妇联、青岛日报报业集团和市广播电视局联合开展的青岛市2004年“十佳母亲”评选活动揭晓，许振超的母亲李玉琴等10位女性被评为“青岛市十佳母亲”。在那次的颁奖大会上，许振超心怀感激，登台拥抱了自己的母亲。72岁的李玉琴老人勉励许振超要继续努力，好好地干……

甚至，他的事迹和形象还被搬上了戏剧舞台。他至今还记得，那是一台名叫《爱在这片海》的大型情景歌舞剧，全剧由“蓝色的港湾”、“大海的期盼”、“世界向你微笑”、“海一样的情怀”四个乐章组成，融合了戏剧、歌舞等多种表现形式，从工作、生活、学习等多个侧面精心记叙了他的事迹。记得演出结束后他和爱人被安排登上舞台与剧中的演员们见面。演员们请他提提意见，他想了想说：“有一点不像，就是剧中许振超的妻子叫许振超‘老许’，而实际生活中妻子叫我‘许老大’。”演员们听后都笑了。

妻子在一旁说，看演出时她感动得哭了，舞台上出现自己跟丈夫、女儿的形象，很让她激动，一个劲地向大家鞠躬表示感谢。想起当时妻子激动的样子，许振超笑了。

第二年底，以许振超为创作原型的电视电影《金牌工人》在青岛首映，饰演他的演员是曾主演《夜半歌声》、《水浒》、《密探》等影视剧的翟乃社，八一电影制片厂青年演员岳红则在片中饰演他的妻子。有观影的记者如此报道：“该片为观众展示了许振超平凡又不平凡的美丽人生，内容真实，感情真挚，在观众中引起热烈反响……”

很幸运，他没有在一波波荣誉和赞美的声浪中迷失自我，始终保持着一个码头工人、桥吊司机的朴素本色，也从未忘记自己的本职。他依旧勤奋依旧努力依旧兢兢业业地工作，几乎每年都能在工作中创造骄人的成绩。而他的身份也发生了变化：2008 年 3 月，他当选为十一届全国人大常委；2013 年 10 月，又当选中华全国总工会兼职副主席。

2019 年到了。

这一年发生了几件大事，足以让他铭记不忘。首先是在 9 月，他被中宣部、中组部等九部委联合授予“最美奋斗者”荣誉称号；然后在国庆前，被中共中央、国务院、中央军委联合授予“庆祝中华人民共和国成立 70 周年纪念奖章”；10 月 1 日，他作为全国先进模范人物代表受邀参加国庆观礼……紧接着的 11 月 24 日，在“马士基埃斯米兰达”轮作业中，他和他的团队以 514.7 自然箱 / 小时的船时效率第九次打破集装箱装卸效率世界纪录。

他的声誉再次节节攀高，用“如日中天”来形容亦不为过。

还有一件在青岛港百年发展史上值得大书特书的大事件，也留存在了许振超的记忆深处。2019 年 8 月 6 日，由青岛港、日照港、烟台港和渤海湾港四大港口整合的山东省港口集团有限公司在青岛正式挂牌成立，标志着山东省沿海港口掀开一体化改革发展的新篇章，而在山东省港口集团组织架构和一体化协同发展格局中作为龙头的青岛港，由此迈入一个新的历史时期。

也是在 2019 年，他和“振超团队”首次在全球传统集装箱码头中将两台双起升桥吊进行了自动化应用技术创新，让司机离开传统的高空驾驶室，在现场控制室实施远控操作，实现了传统码头与自动化码头的创新融合。全自动无人码头启用，开启了青岛港的新时代。传统的码头夜晚灯火通明，而自动化码头，可以做到只听到机械的运转声，码头“漆黑一片”，同样能保障安全和高效率的装卸，这要归功于数字化、自动化带来的发展。而通过勤奋学习，没有被时代潮流抛在后面，这一点，常常让他深感自豪……

“许队！”

一声热情的招呼将许振超从回忆中拉回现实，是几个刚刚下班的年轻人在和他打招呼。许振超冲他们挥手点头，回应他们的热情。

这么多年以来，他的身份一变再变，唯有“许队”的称呼没有变。他也不知道为什么，只要听到这个称呼，他就会莫名地感觉到亲切、亲近、亲热。

当然，该变的还是得变。党的十八大以来，中国特色社会主义进入新时代，全面从严治党引发的党风变化，那些人们曾经习以为常的惯例和“潜规则”悄然发生的改变，他有着深切的体会。比如，党的十八大以前，他代表全国人大、全国总工会去基层调研时，基层领导基本上全程陪同，生怕招待不周。现在，无论是在京开会还是到基层调研，大家都按标准吃自助餐或者吃食堂大灶，从不搞特殊化。他所在的港口也是这样。现在集团公司的领导到基层调研，基本上是一辆车、两个人，直奔现场，抓住问题要害，当场决策，干脆利落，再也没有远接近迎的大场面，特别务实。基层党组织的民主氛围更浓了。现在的组织生活会上，大家都说真话、敢监督。有的党员对支部书记说，你自己也干过一线，也是技术大拿，凭什么自己不去码头现场？出了问题就知道处理伙计们，你自己的责任呢？这些话让支部书记面红耳赤、汗水直流，真正达到了习近平总书记所说的“红红脸，出出汗”的目的……

全面从严治党让党风正了，人心齐了，干部职工干事创业的劲头更足了，青岛港想不发生变化都难：迄今为止，青岛港的桥吊已经更新到第九代；在全球最先进的全自动化码头，9 名远程操控员就能承担传统码头 60 多人的工作。1987 年，青岛港第一台桥吊正式投入使用时的单机作业效率只有每小时 10 个自然箱，全年的吞吐量也不过是 8 万多箱；2000 年青岛港全年的吞吐量提高到 200 万箱，而到 2020 年初这个数量已经超过 2100 万标准箱。从昔日的扛搬抬到如今无人码头的全自动化装卸；从当年的支线小港发展成为如今的世界第四大港；从只能靠泊万吨船舶，发展成 40 万吨大矿船的母港——从 1974 年到 2024 年，整整 50 年，半个世纪，青岛港的变化只能用日新月异、天翻地覆来形容。有人骄傲地说：世界上有多大的船，山东港口青岛港就有多大的码头。现在，前湾二期、三期、四期、五期集装箱码头围绕前湾湾区依次而建，目前可全天候停靠世界最大的 2.4 万标箱船舶作业，集装箱航线 220 条，遍及全球 180 多个国家和地区的 700 多个港口，航线密度居中国北方港口第一位，2022 年集装箱作业箱量居全球集装箱码头第五位……

青岛港的变化让许振超惊讶之余，也倍感欣慰；而同样让他感到欣慰的，还有徒弟们的变化。

比如郭磊。这个在传统码头成长起来的“齐鲁大工匠”，乘着数字化、智能化的东风，在青岛港从传统码头向自动化码头转型建设过程中大显身手。还有王崇山。许振超在青岛港先后带出来 100 多名徒弟，现任青岛前湾集装箱码头有限责任公司操作部副经理的王崇山便是他的得意弟子之一。2013 年，青岛港全自动化码头建设开始，王崇山因为技术过硬被抽调到新码头参与建设工作。作为全亚洲第一批远程操控员，2017 年 5 月，青岛港全自动化码头正式启动，王崇山和他的团队首次吊装就完成了 26.1 自然箱 / 小时的作业效率，这也创造了全球自动化码头运营以来的最高成绩……

如今，许振超虽然已经年满 74 岁，但丝毫没有人生暮年的伤感，反而依然保持着“自信人生二百年，会当水击三千里”的慷慨豪迈。他经常到工作室看看徒弟们在忙什么，和他们交流一些技术问题，指导他们该从哪个方向提高自己；或者，通过一次次的报告、演讲和现场授课，把自己的人生历程和工作经验讲给更多年轻人听，他真的希望自己的报告能够启发他们，影响他们，让他们明白幸福源自奋斗、成功在于奉献、平凡造就伟大的真谛。如此，他现在的努力就是有价值和有意义的。

起风了。许振超紧了紧衣服，离开码头，沿着来路慢慢往回走。几天前，他就接到通知，2024 年国庆节前夕，他将被授予“人民工匠”国家荣誉称号。很快，他就将启程去北京参加颁授仪式。对他来说，那枚奖章，代表着党和国家对他的褒扬，意味着无上荣光。

许振超期待着那一天！

第一章
前湾风云

大潮涌动，风云际会。青岛港战略西移，作为西移关键的新桥吊安装却深陷困境。

临危受命，许振超被委以重任。历经种种艰难与磨砺，最终踏平坎坷，将新桥吊如期安装成功，许振超也迎来了自己职业生涯的第一次高光时刻：

那一刻，他如明星般，置身万人中央，感受成功后的激情飞扬……

一　临危受命

2001年11月7日，许振超来到还是一片荒滩的黄岛前湾新港区。

那一年，青岛老港区集装箱年吞吐量逾300万标准箱。对于青岛港来说，这已经是一个了不起的成绩了，但青岛港的决策者们没有停下前行的步伐，而是把目光瞄向那些在国际上声名显赫的同行。青岛港集团董事局主席、总裁常德传在集团中层以上干部大会上宣布："全港战略西移，开发黄岛，把黄岛前湾建设成世界上最好的集装箱码头……我们要与同纬度韩国、日本的几个国际大港口，一争高下。"

7月，青岛港为配合西移战略，专门成立了明港公司，并花费巨资，从上海港口机械厂订购了两台当时国内最大的装卸集装箱的桥吊设备。按照常德传的设想，其中一台桥吊将在11月21日安装成功，再经过一段时间的试运行，就可以承接来自世界各地的集装箱货船了。

但三个月过去了，整整13条船桥吊部件，依旧堆放在前湾码头。

西移是青岛港生死攸关的大事，青岛港能否在国际航运业竞争越来越激烈的条件下，杀出一条发展之路，在此一举；而影响西移成败的关键，就是新型桥吊能否如期安装。作为一种能将集装箱吊起进行装卸作业的起重机，桥吊是码头的心脏；桥吊作业能力显然又决定着一个码头的货物吞吐能力。

可桥吊不立起来，一切都是白搭。

常德传内心的忧急，可想而知。

同样忧心如焚的，还有明港公司的总经理朱广太。

桥吊是明港公司的主设备，桥吊一天不立起来，他这个总经理就没法干活。就像一个战场指挥员，如果手里连个武器都没有，还怎么指挥打仗？

但安装由集团成立的现场指挥部和厂方负责，他再怎么着急，也不能越俎代庖地跑到现场，去指挥人家安装吧！

不过，他可以派一个信得过的人去现场，负责桥吊安装的安全管理，特别是监督安装的质量。都说慢工出细活——看安装现场老牛拉破车的磨蹭劲，朱广太对这句话深表怀疑。所以，他必须派个人过去。否则，一旦安装好了，在某个环节出了问题，那可就难以解决了——谁希望自己的孩子一生下来就有缺陷呢？

朱广太给许振超打电话。

几年以前，朱广太在集装箱公司任党委书记，许振超则是公司所属的一名机械队长，负责桥吊、龙门吊的管用养修工作，彼此相当熟悉。朱广太知道许振超是青岛港第一代桥吊司机，在青岛港工作 30 年，创出了许多令同行瞠目的“绝活”，如“一钩准”、“一钩清”、“一钩净”、“二次停钩”、“无故障运行”等；除此，他还成为一名青岛港码头工人科技创新的引领者，不仅带出了身边的一个“绝活”队，更让他的这种精神如水银泻地般涌进港口的每一个角落，带动起了全港的大练“绝活”热。在许振超的队里，很快就涌现出了许多像他一样的“装卸专家”。那些技术主管们，已经成功地主持了许多台桥吊的电控改造。他们的维修班还改进了桥吊钢丝绳更换方式，大大缩短了更换钢丝的时间，其用时是全国沿海港口最短的。也因此，朱广太在任时毫无保留地支持许振超搞实验，让许振超在青岛港的 49 号泊位上，用 2 台桥吊干出了 4 台桥吊的活，保证了日本大阪三井船业公司专跑青岛至美国航线的货船准点到、准点开，并最终成为海运界公认的精品品牌。

还有一件事在朱广太的脑子里同样记忆深刻。作为青岛港的第一代桥吊司机，许振超曾全程跟过青岛港第一台桥吊的安装。在安装现场，他监督安装的质量和进度，只要安装过程中稍微有不规范和不合理的地方，他就争、就吵，非得让安装的厂方技师和工人按照规程重来一遍。因为他的固执和坚持，那台桥吊的运行质量和寿命异乎寻常地好。

朱广太要通集装箱公司安全科的电话。当时，许振超在安全科任副科长。

“老许啊，我是朱广太。我现在需要你到桥吊安装现场，替我管管安全和安装质量。”朱广太开门见山地说。

干了这么多年桥吊，没有人知道许振超对桥吊的感情有多么深，如果不是公司下了正式调令，他是无论如何也不愿离开桥吊队到安全科的，所以，刚听完朱广太的话，许振超有些激动：“那好，跟桥吊有关的事情，我都愿意做！”停了停，许振超又问：“朱经理，桥吊安装完了，我还能继续干桥吊吗？”

朱广太说：“你暂时先算借调；至于能不能干桥吊，到时候再说，好不好？现在你快去现场吧。安装进度已经那么慢了，质量又怎么样呢？我心里实在是不托底。”

“好，我尽快去黄岛！”

许振超应道。

二　人微言轻

许振超来到黄岛，眼前是一片荒凉，寒风刺骨，没有吃饭、住宿的地方，甚至连口热水都喝不上。

环境艰苦，他不在乎。工作这么多年，什么艰苦他没有经历过呢?

在现场，他到处查看。不让安装过程中出现安全和质量问题，这是他来黄岛的工作。他必须尽心尽力，对得起朱广太的信任。

从上黄岛的那天起，他就开始记工作日志。第一篇日志中详细记录了他发现的几大问题和安全隐患：

11 月 8 日

桥吊左右两侧门框需补漆；左侧门框后上方焊接处水平凸起；右侧门框海侧上部厂方原下料短，需要加四道筋板。

1 号泊位问题一：电缆坑的高压进线位置过高。

问题二：桥吊陆侧车挡需拆除，顺轮方向固定螺栓在桥吊移动前必须去掉 4 个。

问题三：大车传动轴未做防锈和碰撞处理。

1 号坑气密箱有异，待查……

第二天，现场做了一次试吊装，但没有成功。许振超的日志里记录下了这次失败的尝试：

11 月 9 日

上午十点，左侧门框片起吊；

十点二十五分，海侧下立柱滑落触地；

十一点，海侧下立柱浸入海水；

十一点二十分，再次安装，移水吊就位，吊装钢丝绳偏海侧，高低差约两米。

失败……

对吊装的失败，许振超一点都不觉得奇怪。第一天，在现场查看的时候，他看到了那台用来吊装桥吊的起重设备——一台 320 吨的水吊，当时心里就犯起了嘀咕，因为桥吊自重超过 1300 吨、长 150 米、高 75 米，320 吨的水吊无论是起重量还是提升高度上都达不到作业要求，就像一个一米九的大个子，你硬要他穿一件小号的工装，肯定是穿不上的。许振超想，这下麻烦了，桥吊八成是装不起来了。

隔一天，他看见了安装工艺的总装图，一看尺寸，更坚定了自己的判断：水吊的提升高度与桥吊的高度基本持平。他觉得这简直太荒唐了，因为按照常理，吊装机械（水吊）的提升高度至少要比桥吊高二十米。这本来是一个最简单不过的常识，可现实生活中，许多问题都是出在人们认为最不该出问题的地方。

他赶紧去找现场指挥部的一位高级工程师：

“水吊起重量太小了，高度也不够啊！”

高工听了，就笑笑：“安装方案是指挥部和厂方技术人员一起研究后决定的。”说着，转身要走。

“可真是不行啊！装不起来的，这个方案有问题，桥吊肯定立不起来。您得赶紧告诉他们啊！”许振超好像听不出人家话里的意思，慌慌张张地堵着人家要结果。

高工的脸色就很不悦："你干好自己的工作就行了，这不是你该管的。"

望着那位他一向尊重的高工，许振超傻愣愣地站在原地，半天都没醒过闷来。

他不死心，又去找现场的其他人解说，但依旧是没有人理睬他。

他心里难受，不知道该找谁去说。其实，直到今天，他都不知道安装方案中为什么会出现那样的低级错误，但他又实在是毫无办法。在现场，他的身份只是一个借调来的安全和质量检查员，桥吊的安装方案根本不是他职权范围内该管的事情，他只能是提提自己的看法，但也仅此而已。如果管得多了，不仅没用，而且还难免招人烦。

"多听听大家的意见，这样的话我们常常可以听到，但这话说说容易，做起来就不那么简单了。同样的一句话，如果是某位领导说的，众人必风起而景从；要是一位工人说了，也就是说说而已，没人会当回事。我那时真的感受到了什么叫作'人微言轻'。"

多年以后，在接受记者采访的时候，许振超说了这样一番话。

很感慨，也很无奈。

三　失败的滋味

许振超到黄岛的第一天，遇到青岛港机电处的副处长张宗。

张宗以前经常带人到基层作业队检查、指导工作，认识许振超。

"许师傅，你来了！"张宗招呼道。

"朱经理让我来搞现场安全检查。"许振超说。

“好事啊！又多了一个帮手了！”张宗说，很亲热。

之所以这么说，是因为张宗兼任着桥吊安装的现场总指挥。

此时，四处碰壁的许振超突然想起了张宗；他想找个机会把自己的想法讲给张宗听。张宗毕业于大连海运学院，是常德传的学弟；同时，与常德传又有师徒之谊，他毕业后来到青岛港，常德传就是他的师傅，两人的关系自然非同寻常。更重要的是，张宗在专业上相当过硬，是个众人皆服其能的响当当的处级干部。

张宗的话无疑是有些分量的，但他并不常在现场。有时，一大早来现场开个会，会一结束就匆匆离去。许振超知道机电处是一个相当紧张和繁忙的部门，张宗工作上的负担和压力，一向很重。

看着来去匆匆的张宗，许振超总是拿不定主意，不知道该不该追上去叫住张宗。

这么犹豫来犹豫去，就失去了很多向张宗进言的机会。

而现场的安装正按照原设计方案进行着：

桥吊大机房已原地调整 90 度；

控制柜、高压电缆卷筒、齿轮箱、制动器、导向滚筒都已安装到位；

动力电缆运进机房，机房通风口（海侧）加了防水出风罩；

机房外人行平台安装完毕；

电气房装上电缆穿线铁管；

电缆导向滚筒底座已经加上一块钢板，做位置调整用；

一号泊位电缆槽热喷涂锌防护层，二号泊位铺装桥吊海、陆侧轨道……

目睹正在进行的吊装前的准备工作，许振超开始怀疑自己的想法是否正确。现场指挥部高手如云，厂方负责安装的技术人员也都是精兵强将，难道他们都错了？如果根本就是因为自己见识短浅，那不是要给大家留下笑柄吗？更重要的是，如果因为自己一味地固执己见，给现场安装造成某种负面影响，那他真要成为青岛港的罪人了。

这么想着，许振超摇了摇头：算了，不想了。马上就要做总装了，如果成功，那人家的方案就是正确的；如果不能成功，他们显然就错了。对与错，全在最后的安装结果。这一点，许振超很明白。

不再想方案的事情，许振超开始一门心思地做属于自己的工作：大机房内高压开关柜至两个变压器的连线未接；桥吊各油嘴润滑点被油漆覆盖，是否有油，应尽快查——这些问题他都详尽地记录在案并报上去。因为都是与安全和安装质量有关的问题，所以能引起指挥部和厂方相关人员的重视。

看见自己提出的问题很快都能得到解决，这让许振超多少感到些欣慰。

11 月 19 日，指挥部和厂方决定在第二天进行吊装。顺利的话，他们将比原计划提前一天吊装成功，这可是件皆大欢喜的事情，但 20 号那天港口上空大雾弥漫，吊装只好停止。利用停吊的一天时间，现场安装人员重新组装了小车架和司机室，为了保险，还将桥吊后大梁拆卸，重做组装和加固。

21 日上午，许振超早早来到现场，急切地等待着吊装的开始。他心里祈祷着，他希望自己原来的想法是错的，希望吊装能够一次性成功。

但天不从人愿，现场的人们再次尝到了失败的滋味。

这一次，许振超看得很清楚。如果说，吊装过程中的某些环节还可以进行一些改进和修正的话，那么，起重器械自身能力的先天性不足则是致命的，也是任何人都无法解决的。他因此断定，如果不能首先更换起重器械，吊装绝对不会有成功的希望。

结果证明了许振超最初的想法是正确的，但证明他的正确是以吊装的失败和工期的延误为代价——这总让许振超有一种抑制不住的心痛。

他知道自己不能再等待，也不能再犹豫了。那天中午，他给朱广太打电话，把自己的想法一股脑地说了出来，“朱经理，这样下去真是不行啊！”许振超说，语气很急。朱广太沉吟半晌，说：“这样吧老许，你赶紧写一份详细的报告，我亲自送交常局长（青岛港组建集团之前，常德传一直是港务局的局长，虽然当了董事局主席和总裁，但青岛港许多人还是习惯叫他‘常局长’）。你不要隐瞒事实，要向常局长如实汇报。你不要有任何想法，你这是给我们自己家里做事，别人说你什么都别管，我给你顶着。”

听了朱广太这番话，许振超心里有了底，立刻动手写起了报告。

这份报告还没有交到常德传手里，情况就发生了出乎所有人意料（当然也包括许振超）的大逆转。

四　走马换将

11 月 23 日，常德传带着集团的几个副总来到安装现场。

常德传是带着忧急来的。原计划是 21 日必须吊装成功，届时举行明港公司的开业大典。可过去两天了，现场给他的报告还是不知所谓。常德传脸色铁青地在工地上转圈，用手指着零乱的现场，对身后的人说：“都过去这么长时间了，一点进展都没有，公司怎么如期开业？集装箱业务怎么开展？”见周围的人都不吭声，常德传大声说：“今天我要第一次自己一个人说了算。总指挥张宗工作不力，就地免职，另选能人。你们说说，谁能干这个工地总指挥？”

“许振超也许行！”隔了半天，才有人说了一句。

“听说他现在就在施工现场。”站在常德传身边的一位副总说。

常德传的眼前立刻闪现出一个瘦小精干的工人的身影。1989年，青岛港评选最佳桥吊司机，这个名叫许振超的工人就榜上有名，因为就是在他和几个同伴的努力下，青岛港集装箱装卸从零起步，很快达到了10万标准箱。常德传记得是自己亲自给他颁的奖。1990年2月16日，青岛港召开首届科技大会，一批在发明创造和科技革新方面卓有成就的科技人员受到表彰。获奖者中，只有许振超的身份是普通工人。常德传记得自己那次给许振超颁奖时还说了一句话：“你是咱们工人中的秀才，革新当然要搞，但你还有一项重任，要带着你的伙计们，力争在世界海运行业里争第一、拿金牌。”

常德传可能不会想到，在自己说完这番话的13年后，许振超果然就带领着他的桥吊队创造了令世界海运业为之震惊的集装箱装卸效率世界纪录；又过了一年，常德传代表整个青岛港将一块“金牌工人”的匾牌颁发给了许振超。此后的1994年，青岛港派遣一个6人专家小组，前往荷兰、德国和我国香港地区的一些世界著名港口考察学习，专家小组的成员除了高级工程师就是资深的技术主管，那一次，许振超依旧是其中唯一的工人身份的成员，但常德传毫不犹豫地签了字。他知道，就是这个许振超，在当了桥吊队长后，不仅自己创下了不少足以傲视同行的骄人“绝活”，更让一支基层作业队涌动起一股苦练技术、勤习专业的创新热潮。“只要是像这样的工人，有一个算一个，我们都要想办法、创条件，让他们跟专业的科技人员一起到国外去，开阔眼界，接受新技术的熏陶。也许他们的学历很低，也许他们的文化层次不高，但只要为他们提供适合成长和成才的条件，他们的创造力就会一波一波地爆发出来，一旦爆发，就有常人难以想象的惊人的能量。”

在高层办公会上，常德传说起许振超，很是慷慨激昂。

而许振超显然没有让常德传失望。一年后的1995年，青岛港集团为满足集装箱快速发展的需要，决定将位于青岛港老港区8号码头南岸47泊位的两台桥吊移到北岸49泊位。这项任务落到了许振超身上。通常，移动桥吊都要先将桥吊装到驳船上，经海上运到指定位置，再安装。可在当时，集团没有租到这种驳船，况且，如果采用水上迁移，会影响码头其他泊位的正常作业。怎么办？许振超就整天围着码头转，翻来覆去地想桥吊北移的事。经过反复考察测算，他很快提出了一个大胆的设想：走水路不行，就走旱路。设想有了，要具体实施当然不是件容易的事。桥吊历来是靠轨道行走的，而为了移位临时在码头坚固的混凝土地面上铺轨道，一来造价高，二来工程复杂。如果不铺轨道，移位时，会因桥吊的巨大压力，使桥吊陷进码头从而导致事故。为解决这个难题，许振超又提出了“整体分解，化整为零”的办法，就是先把桥吊上的4组轨道行走轮卸下来，再给桥吊的4个支腿各装一副“大脚掌”，最后给“大脚掌”的4个角分别安上滑轮，为的是减轻压力，便于行进。移动问题解决了，还面临着一个关键的问题，就是桥吊在行进过程中必须转体180度，如果直来直去地移，桥吊的前后就掉了个个儿，无法生产作业。许振超就一面查阅资料，一面到处找专家请教，最终设计出了一条“3”字形运行路线，就是先把桥吊倒退到“3”字形路线拐弯处，再使桥吊掉头向前移动。而在走这个“3”字形的路线中，桥吊自然就完成了两次90度的转体。桥吊迁移因此大获成功。在桥吊投产仪式上，从领导到工程技术人员都高度评价了这一创举，并盛赞许振超创出了桥吊移位“不走水路走旱路”的奇迹……

现在，这个名叫许振超的工人再次让常德传激动起来：“这个人我知道，开桥吊出身，聪明肯干，人也扎实，不虚浮，我觉得他应该没问题。大家有意见吗？”见众人都没有表示出异议，常德传下了决心：“好，就这么定了。把许振超叫来吧！”

五　没有退路

上午11时30分，许振超正在码头转悠，有人急慌慌地跑来喊他：

“快，老许，局长等着见你哪！”

“局长找我能有啥事？”路上，许振超问。

“说不清楚。我只知道局长十分钟前把总指挥张宗的职务给撤了。”

许振超大吃一惊；虽然到现场已经有些日子了，但他根本就不知道总指挥到底是谁、指挥部究竟有哪些成员。他以前见张宗到现场开会，还一直以为张宗只是作为机电处的副处长，下来检查和指导工作。

对常德传，许振超大为敬服；虽说现场安装的种种失误肯定与总指挥张宗有关，但毕竟，张宗是他常德传的徒弟呀！能毫不讲情面地撤掉自己徒弟的职务，这样的领导显然是公正而无私的，也是值得敬佩的。

但是，这与自己又有什么关系呢？前一天，朱广太让他写一份报告，而这份自己尚未完成的报告最后将交到常德传手里。“也许局长已经提前知道了，叫自己来就是为了询问关于报告的事情吧！”许振超想。

许振超走进指挥部简陋的会议室。

常德传从椅子上站起身来：

“振超老弟！”

“局长。”许振超叫道，心里突然有了一丝忐忑。

“老弟，我就开门见山了：桥吊安装的情况估计你都了解了，实话跟你说，我不满意，非常不满意！所以，你来之前我刚刚撤掉了现场总指挥，我想让你接下这副担子。怎么样？有没有信心在年底之前，也就是12月31日24时之前，给我把桥吊装起来？”

许振超有些发蒙。常德传的话完全出乎他的意料。现场的这些人，都比他级别高，都比他学问大。总指挥的职务再怎么轮也轮不到他这个只有初中毕业的老工人兼小小的副科长吧！如果真让自己干，也太“小材大用”了。

有好一会儿，许振超都像根木头似的站在那里，脑子里一片空白：局长不会是说笑话吧？我当总指挥，那些曾经指挥过我干活的领导往哪摆啊？再说，12月31日距离现在只有短短的37天。按常规操作，那两台新型桥吊的安装，至少需要三个月时间。要在37天内干完三个月的活，可能吗？

许振超觉得，总指挥的担子，对他来说，实在是太重了。

他不能不在犹疑和重重顾虑中反复掂量。

常德传不说话，静静地注视着许振超，目光中充满期待和信赖。

这目光，激发起许振超心中的一腔豪气：干吧！我又不是什么有头有脸的人物，患得患失，有那么多的顾虑，有那么多个人得失的考虑；我有什么害怕失去的呢？干好了，咱对青岛港、对集装箱的发展是一个贡献；即使干砸了，大不了咱再回去当工人，再去干桥吊，那本来就是咱最热爱的老本行啊！再说了，装桥吊又不是第一次，当总指挥，不就是把握把握现场进度，搞搞指挥、协调，能有多难？

干吧！许振超打定了主意。

“常局长，这活我接了！”许振超说，声音很硬朗。

常德传笑容灿烂，说：“从现在开始，我正式任命你为桥吊安装现场总指挥。只要是现场的问题，你都可以直接打电话找我。”

“这可是集装箱码头西移的关键一役，许总指挥，马上安排工期吧。”常德传又说。说完，常德传离开现场。那天的下午一点半，常德传有一个重要的会议要参加。

常德传走后，一位副总上前拍拍许振超的肩膀：“老许，你这是临危受命啊！好好干！”其他几位副总都不作声，只是纷纷上前，挨个地拍他的肩膀。

很奇怪地，许振超的心突然又沉重起来；而且，副总们越拍他，他心里就越沉重。

因为他又想起了那如火烧眉毛般的工期。12 月 31 日 24 时前，他这个总指挥必须让新桥吊在前湾港码头矗立起来，而留给他的时间只有 37 天。

可局长的令牌已经接下，他已经没有退路了。

许振超咬了咬牙：干！

六　遗憾

许振超来了，张宗走了。

张宗的走，其实有一丝悲壮的意味。

1989 年从大连海运学院轮机系毕业后，张宗一直都在交通部所属的港湾学校任教；1992 年，青岛港成立前港公司，张宗走进前港，一干就是 8 年。其间，他当过装卸队长，当过设备科长。2000 年 8 月 15 日，张宗就任集团机电处副处长。到任第二天，常德传亲自找他谈话，勉励有加。2001 年 10 月中旬，机电处处长张庆财调任集团技术中心主任，张宗开始全面主持机电处工作，同时接过的还有张庆财桥吊安装总指挥的工作。张宗没有想到的是，他的总指挥干了不到一个月就被撤换了。

没有人知道当时的张宗面临着怎样的压力。以前他在处里分管设备方面的工作，有深厚的理论功底，也有基层和一线的工作经验，他干得得心应手，但独挑一摊，毕竟还是第一次。机电处是全青岛港的机电处，在千头万绪中迅速理清思路，打开局面，并非易事。何况，当时机电处正在同时上几个大项目，如前港扩大码头吞吐能力的改造工程、大港的粮罐工程等。加上桥吊安装总指挥一职，张宗的压力之大，不言而喻。

当然，在张宗的心里，桥吊安装还是被摆在了头等重要的位置。

但是，在现场做了一番考察后，张宗的心沉重起来。新型桥吊的安装在青岛港是第一次，没有经验可供借鉴，准备工作不足，只能使用规格不够的辅助器械，时间和工期又排得紧紧张张——张宗挠着头，真有一种无从下手的感觉。

还有专业上的障碍。在港口，因为货种工艺不一样，与设备配套的专业自然就有很大差别。比如，前港主要是散货装卸，使用的是流程化设备，如皮带机等；大港以杂货为主，主要使用门机等流动机械；集装箱装卸则多为固定机械，如桥吊。张宗在前港干了8年，他的专长是搞散货的机械设备，对桥吊，虽然也懂，但毕竟深度不够……

虽然如此，但张宗没有退缩。在青岛港，有一种行事风范早已约定俗成，那就是“说了算，定了干，天大困难也不变”。在港口工作10年，张宗的身上自然也打上了这种具有强烈青岛港风格的烙印。所以，明知前面困难重重，但既然自己接下了这副担子，就必须挺起腰杆大步走下去。

那段时间里，张宗犹如一只被快鞭紧抽的陀螺，神经始终处于紧张状态。每天早上，他都准时赶到现场，主持指挥部的工作协调会，做好一天的工作安排。筹划停当，就匆匆赶回机电处。把处里的工作安排好以后，再往前港或大港赶，检查、督促工程的进展情况。应该说，他干得很投入，不惜力，但桥吊安装进程的缓慢，却是不能回避的现实。11月23日，常德传总裁走马换将，张宗的总指挥职务被许振超替代。

张宗知道自己这个安装总指挥对工期的延迟负有不可推卸的责任，也知道“一切以事业为重，以工作为重”，向来都是总裁的处事原则，所以对自己的被撤换，他无话可说。只是，心里除了自责，还隐隐地有难言的失落感。一个月后，当新桥吊吊装成功、他在码头上凝望着桥吊时，这种失落感尤其强烈。

11月23日那天，在指挥部简陋的会议室里，张宗是最后一个与许振超握手的。

“老许，很惭愧，我没有干好！你接了这个摊子，我知道你的压力有多么大。别的我不想说，我只想告诉你，从现在开始，我和机电处的同志们将全力配合你的工作。”张宗说，语气真挚、诚恳。

张宗没有食言。在桥吊安装的过程中，他一直与许振超保持着密切的联系，彼此沟通信息，通报吊装器具到达青岛港的行程……最后吊装那天，张宗早早就赶到现场，当吊装成功、众人欢声震天的时候，张宗哭了。他长久地凝望着巍然矗立的桥吊，心里充满激动和由衷的快乐，这台当时有着最大参数和最先进性能的桥吊的吊装成功，标志着港口战略西移的成功，标志着青岛港已经昂首跨入一个全新的发展阶段，作为一个青岛港人，他心中的喜悦，可想而知，但是，喜悦过后，他心里突然又涌起一丝失落。毕竟，新桥吊不是在他的主持下吊装成功的，这无疑也成了张宗心里一份永远的遗憾。

不过，在张宗身上体现出的那份青岛港人所独具的大气和胸怀，同样令人感动。桥吊安装成功后，张宗专门请许振超和厂方安装技术人员吃了一次饭，席间，他真诚地向许振超表示祝贺；两个人还就安装过程中的得失和相关细节，做了很多的探讨。

因为青岛港又订购了几台桥吊，张宗被派往上海，与厂方就有关事项进行交涉、协商。2002 年的 1 月 11 日，正在上海的张宗接到青岛港集团办公室的电话，说第二台桥吊也已经顺利吊装成功，第二天将在 77 泊位为两台桥吊举行剪彩仪式。“我们的新码头马上就要靠大船了！”办公室那位年轻的干事在电话里激动万分地告诉张宗。张宗听了，心里热乎乎的，他真想回去啊！可他远在上海，而且新桥吊的协商工作正在进行中，他只能收起心中那份急切和渴望，认真履行自己的使命。

此后一年多的时间里，青岛港相继购进了 12 台桥吊，在这些桥吊的运输和安装过程中，都有张宗忘我的付出和投入。

随后，张宗被调到西港公司任主管技术的副总经理；2004年8月15日，张宗又被调回前港公司任副总，还是主管技术。临去前港报到前，常德传专门找他谈了一次话。“你还处于年富力强的人生阶段，青岛港还有许多事情在等着你去做。你要与时俱进，克服身上的书生气，在思想方法和工作方法上都要有所加强……应该说，在机电处你干得有不尽如人意的地方，到西港公司后，你脚踏实地，埋头苦干，这些大家都是有目共睹的。现在去前港，我希望你与班子成员精诚团结，打开一个新局面，为青岛港在新世纪的腾飞，贡献自己的力量……”常德传的话里有太多的希望和期待。“我这辈子都不会忘记常局长的这番话。”20年后，已经退休在家的张宗回忆起当初的场景和常德传的殷殷叮嘱，依然情难自已。

七　涨潮

接下任务，许振超办了两件事：一是打电话告诉妻子许金文：“从现在到年底我不回去了。这里吃得好、住得好，你就放心吧。”二是买了10箱方便面，搬进用来充当临时办公室兼卧室的一个旧集装箱里。

正是隆冬季节，天寒地冻。现场几乎没有生活设施，后勤送的热水根本不够喝，必须跑一里多的路找消防栓接水。吃饭要到三里地以外，错过时间只能啃凉馒头、嚼方便面；困了就把集装箱墙角的纸壳放平，裹上军大衣打个盹。零下十几摄氏度的天气，集装箱里里外外一样冷，他常常在半夜里被冻醒。早晨起来，脸盆里的水早就冻成了冰坨……

生活和环境虽然如此艰苦，却丝毫没有影响这位新任总指挥的工作激情和速度。上任后的第二天，许振超就作出决定，全面推翻厂家的安装方案，并准备更换装卸设备。

传统的桥吊安装是从下至上，一件一件像垒积木，用水吊吊着高空作业。它对码头平整标准要求非常高，但前湾港还是一个在建码头，并不具备这样的安装条件。

许振超的做法是，尽可能在地面拼装零件，减少高空吊装环节，先把桥吊的门腿安好，然后从大梁以上，包括大梁、机房、支撑架、司机室，全部在地面组装好，改用1000吨大型水吊将组装好的650吨重的上半部分吊起来，与门腿对接。

新方案遭到厂方安装指挥的坚决反对，他们还专门将生产厂的老厂长请到现场，主持安装。老厂长姓姜，在起重和吊装方面是国内著名的专家，许振超也早就听说过老厂长的大名，但是，在这位令他尊敬的老专家主持下搞出来的三个新方案让他大不以为然，他甚至认为整个方案只有用“原始、野蛮、落后”这六个字来评价：第一个方案中，有一个环节是将桥吊大机房的一半切割拆除，变相降低吊点，然后在高空对拼、焊接。第二个方案是在前T形架上重新焊出一个吊点，而吊点的焊接现场做不了，必须到外面去做，仅此就得耗去差不多三天的时间——第一个方案因为吊具的提升高度不够失败了，第二个方案自然也成功不了，因为吊点更高了，更是水吊所达不到的高度。第三个方案中虽然也变换了吊点和索具，却没有考虑到吊装大梁的时候，水吊的钩头夹角根本不够，结果大梁吊起来后对接不上，因为吊钩在提升到一定的高度后角度就基本固定下来，无法变化……

许振超的工作日志中，就记录下了其中一次失败的吊装过程：

按上海港机厂新吊装工艺，后大梁移至1、2泊位前沿，右侧在桥吊海侧轨道上方，四个胎架下面均垫上了4厘米厚的木板……后大梁进行原吊装耳割除。前上横梁梯子、栏杆、后拖缆平台焊接；T形架安装到位……起钩时，右侧安全钩被刮坏，支座扭曲、变形……

三试皆败，再无人言语，许振超这才得以实施自己的吊装方案和工艺。

厂方指挥觉得是自己方面的方案延误了工期和进度，开始积极为实施许振超的新吊装方案联系1000吨大型水吊。“我们港机厂就有一台1000吨的，调到青岛来，应该不会有问题。”厂方指挥告诉许振超说，“我已经将报告传真回去了，厂里很快会给我通知的。”

许振超听了，很高兴，觉得有了1000吨水吊，吊装的成功至少就有了一多半把握。因为1000吨水吊无论是在起重量上还是在提升高度上，吊装桥吊都绰绰有余。他马上与集团技术中心主任张庆财就1000吨水吊的吊装和总装工艺、工期进行商讨；给局长常德传打报告，倒排出工期进度表：第一台桥吊预计在12月13日至15日试车，第二台预计在12月21日至22日试车。张庆财看完后，点头说：“我看可行，可以报给局长。”

原总指挥张宗离开后，张庆财就受命时常到现场来，从技术上为许振超提供支持和保障。

但12月1日从上海方面传过来的消息，给了许振超兜头一盆凉水：港机厂的那台1000吨水吊刚刚被上海市政府征用到卢埔大桥施工，不能调往青岛，但厂方说他们经过多方寻找，最终联系到南海的一台900吨水吊。

许振超只好与厂方指挥重新计算900吨水吊的吊装方案。

但对着上海方面传过来的水吊工艺图纸，计算来计算去，起升高度与实际吊装要求，总是差着5米。

许振超心里暗呼：糟糕，要坏事！

那天，他心事重重地去找张庆财："900吨水吊用不上啊！工期可能要往后推；是不是要向局长报告一下情况？"

张庆财想了想，说："我的意见是再等等。水吊高度只差5米，能不能再想想其他办法。当然，如果最后实在是不行，也只能向局长报告了。"

与张庆财分手后，许振超沿着海边漫无目的地走着。海风轻柔，海水也在他脚下不紧不慢地涌动着。渐渐地，风速在加快，看远远近近的海面，海水也在努力提升着高度，并开始以波浪的形式，一波一波地涌向海岸——

涨潮了。

许振超的脑海里突然灵光闪现：何不利用涨潮时海水水面的升高，来弥补水吊高度的不足呢？这样一来，新方案就完全可以按照计划实行了。

许振超大喜，拉上指挥部的几个人兴冲冲地一起去找张庆财，把自己的想法一说，大家都觉得可行。

12月12日，装载着900吨水吊的BH108船由北海102拖船拖航，从南海起航。

八　好事多磨

多年以后，许振超还会一次次地回忆起当初出任桥吊现场安装总指挥的经历，“那真是好事多磨啊！”每次他都会感慨万千地说上一句。

事实也正是如此：问题和矛盾、差错与意外，总是一个接一个，而且一个比一个要命：

900 吨水吊起航后不久，遇到 9 级以上大风，只好驶进南奥岛避风。

这一避就是 10 天。

着急上火的许振超每天都密切地关注着水吊要经过海域的气象预报。12 月 21 日，他接到天津海工调度传来的最近三天海洋气象预报：9、10、5 海区（分别为广东、福建沿海、上海长江口一带）风力为 6 级到 8 级，9、10 海区浪高 3 米到 4 米。

风力已经有所下降，浪高似乎也影响不大，他的心这才略宽了些。

果然，第二天就有消息说，900 吨水吊已经重新起航，正常情况下一周后可以抵达青岛。

许振超有一张中国地图的光盘，他打印出东海、渤海、黄海海域图，然后多次放大，标上经纬度。水吊每天走到哪，他就在图上标出一个小点。BH108 船过厦门了，过福州了，进入浙江沿海了；航速超过 8 节……早、中、晚三次，盯着地图，记录下 900 吨水吊的航程，成了他每天必做的功课。

当然，他还有别的功课同时抓紧在做。

按照 900 吨水吊的吊装方案，门框大车要在突堤处多次转向、移位，这对码头的地面承载能力显然是一个大考验。许振超与厂方指挥商量后决定，用铺设钢板的办法来分散地面载荷。除了场地，桥吊前、后大梁在地面的组装也基本完工，只等最后的吊装了。

到12月23日，门框的移车工作结束，282米长的临时轨道铺设完毕，补漆等零星工程，用不了一天时间就可以搞定。

对许振超来说，现在是万事俱备，只欠东风了。

12月23日下午，关于BH108船传过来一个坏消息：在舟山群岛附近，拖航BH108的北海102拖轮主机坏了1台，只好单机航行，航速只有7节。也就是说，许振超不得不因此再多等上几天。

本来时间就已经很紧张了，现在又多灾多难地来了这么一出。

这真是“屋漏偏逢连夜雨”啊！

对许振超来说，那简直就是一场噩梦。他连声叹息，却又无可奈何。

他给常德传打报告，讲明情况的变化。常德传在他的报告上批了两句话：人毕竟不能胜天！安全第一，工期不要排得太紧！

看了常德传的批语，许振超感觉到一丝温暖：毕竟，局长体谅我，也理解我的难处。

但并不是所有的人都能像常德传这么理解他。

施工现场因为没有任何生活设施，根本没法烧开水，但那么多参加施工的工人和技术人员在严寒的侵袭下需要多喝热水。许振超自从来到现场就知道后勤部门没有热水供应，现场的人全都口出怨言。他那时不好说什么，可当了总指挥之后，他就觉得不能再这样了。他去找后勤的经理和书记，讲现场的难处，希望对方能够给予支持。面对他时，都答应得挺好，可过后情况照旧。他打电话催问，对方总是说：“哎呀，我已经跟下面说过了。这样，我找机会再说说。”

电话一搁下，从此又没了下文。

这是怎么一回事啊——他搞不明白；他恼，他怒，他心里憋气。他想骂娘，却又不敢。他知道那样一来，不仅无济于事，或许对自己以后开展工作更不利。

许振超不甘心，他继续去找。开水真不是什么大不了的事情；可现场的安装人员在严寒中出力流汗，如果连口热水都喝不上，他们能不在心里骂娘吗？一旦有了情绪，还怎么干活？到最后，能不影响安装的进行吗？

他知道，为了青岛港的发展，为了常德传总裁的千斤重托，也为了自己临危受命时的那份慷慨与豪迈，他必须低下头颅弯下腰。他豁出去了：

“帮帮忙吧！就算老许求您了！”

“哎呀，许师傅，我不是说过了嘛！该解决的我一定会给你解决的！”

对方依旧在打着哈哈。

许振超绝望了。

走出那间他一辈子都不想再走进去的办公室，许振超积郁已久的火控制不住了：“找常局长，我告你们去！”

当然，许振超最终打消了找常德传告状的想法，因为当他拿起电话的时候，他犹豫了。局长管着青岛港这么大一个摊子，有多少事情需要他去管、去操心啊！他知道只需要常德传一句话，问题立刻就可以得到解决，但如果连这样一件小事也要让局长亲自出面，那自己这个总指挥还当个什么劲呢？！

罢了，还是多花点工夫，自己解决吧！

或许，他也只能这么想了。

当然，还有比解决热水更大的事情。

现场施工，需要大量的辅助机械。管设备的副经理以前跟他一样都在基层作业队当队长，彼此关系向来不错。他给副经理打电话，副经理答应得特别爽快：“这是咱分内的事情嘛，没问题。”可到时候该来的机械不来，来的又不是他想要的。再打电话过去，对方就一味搪塞，而且总有一大堆的理由。

有一次，他想给现场要一辆交通车。现场经常会需要一些应急的材料，也常常需要临时请一些相关的人员到现场解决问题，如果他这个总指挥手里有辆车，拉人、运材料都要灵便得多。可报告递上去了，恳请的电话也打了无数遍，最后也没给他派车……这样的事情不止一次，他后来索性连电话都懒得打了。只是，他怎么想都想不明白：西移对青岛港是多么大的事情啊！如今，桥吊的安装又到了如此关键的时刻，各个单位都应该同心协力，劲往一处使，可为什么偏偏就有人只念自己的那本经呢？

幸亏现场有个张庆财。

为了保证桥吊的顺利安装，必须对主机做高压线耐压试验。因为费用必须由厂方出，供电部门一位姓肖的科长就到现场与厂方的指挥洽谈价格问题。供电部门的报价是单机 3 万元。厂方不接受，说准备从上海调人来做。可这样一来，时间就更耽误不起了！对此，许振超难以置喙，因为双方都有各自的考虑：供电部门的收费标准着眼点在维护青岛港的利益，而厂方指挥显然也不愿意让自己的港机厂受损。这时，张庆财出面给供电经理做工作：“桥吊安装是全港的重点项目，工期极为紧张；供电应该有全局观念。我认为在价格问题上能够保本就可以了，甚至赔本也要做。”张庆财在电话里说。

张庆财的电话显然产生了很大的震动。供电部门的负责人为此专门开会研究，最后达成共识：即使损害到供电部门自身的利益，也要全力支持桥吊安装工作。

很快，供电部门再次来人，表示每台桥吊主机收费标准两万元。这样的价格对供电部门而言，连保本都不够。

厂方指挥同意了这个价格。

两天后，按照计划对主机做了高压线耐压试验。

九　窝火的总指挥

12 月 24 日，天津海工调度将 900 吨水吊在海上的位置传来。许振超查了查地图，告诉张庆财和厂方指挥："水吊这两天该到了。"

许振超来到现场，监督施工人员拖移 1、2 号桥吊的门框。

25 日，在青岛港集团总部的三楼会议室，指挥部召开联合协调会，许振超通报了 900 吨水吊和 BH108 船的情况，对即将到来的吊装进行安排和布置。张庆财则强调说："900 吨水吊对吊装至关重要；如白天到港，必须提供准确的靠泊时间，尽快安排使用。还有，水吊一天的费用是 12 万元，我们必须抓紧时间……"

2001 年 12 月 27 日上午 9 时 30 分，BH108 船进港，许振超朝思夜盼的 900 吨大水吊终于到了。而这时距离吊装成功的最后期限不足 5 天。

许振超知道，属于自己的时间，是必须以秒来计算的。

他作出了第二天下午进行吊装的决定。

因为水吊距离安装高度相差 5 米，只能在潮水最高的时候进行操作。按照预定设计，安装桥吊的轨道斜伸到码头边沿，装有滑轮的门腿沿着轨道向靠在码头上的水吊靠近；事先水吊已经将桥吊的大梁部分稳稳地吊起，只等着潮水一高，水吊上浮，大梁高出门腿，将大梁与门腿对接。而从最高潮到落潮只有短短的一个多小时。

30 日下午 3 时许，潮水来了，并渐渐上升到最高点，但是，地面辅助机械迟迟不到。过了大半个小时，需要的机械才拉到。司机走出驾驶室找许振超报告："老许，到了。"许振超气得两眼冒火，但也只能苦笑，摇头无语。

此时，最佳时机已经错过，潮水开始下落。许振超不死心，继续指挥用水吊把组装件吊起来做空中对接，但就差 5 厘米，怎么也装不上。水吊和桥吊还险些被刮倒。如果不是 BH108 舵手的果断配合，还保不定出什么大事。

下午 4 点多钟，常德传到现场查看。许振超正窝着一肚子火，观察空中吊装。常德传拍拍他的肩膀："老许，想什么呢？"许振超回过头来："局长，我什么都不想说，但是请您放心，我豁出命去也要把桥吊给您竖起来。"

常德传听了，果然不再说什么，只是又使劲地拍了一下许振超的肩，离开现场。

夜里，许振超怎么也睡不着，就走出集装箱，来到海边徘徊；他心里难过、激愤。都知道他是总指挥，是局长亲自任命的，集团还下发了正式的红头文件，但为什么在很多事情上他就是指挥不灵呢？

后来他才知道，因为有些人根本就没把他这个"总指挥"放在眼里，有人就曾在私下里说："你一个工人临时总指挥，能当多久？"

面对眼前黑漆漆的大海，许振超大喊："我不想当什么总指挥，这是青岛港的桥吊，我就想把桥吊竖起来。你们为什么不理解我？这到底是为什么？……”

十　20号桥吊：丰碑与印记

12月31日，2001年的最后一天。那天正好有风，潮高比标准潮高多一点，这为桥吊的最后矫正安装抢了一段时间。

下午1点，地面所需的辅助机械提前赶到。许振超略感放心。

更让他放心的是现场安装工人和技术人员的干劲和心气。他知道，吊装拖了这么长时间，他们每个人都感到窝火，每个人的心里也都铆足了一股劲。

这样一种心气这样一股劲，当然是吊装成功的最大保证！

2点30分，许振超令900吨水吊将桥吊后大梁起吊，等候涨潮。4点，潮起，现场安装工人和技术人员齐心协力，后大梁顺利进入门框，但要准确对接，高度依然差着十来厘米。到4点半，潮水达到最高点。

“门框移动对位！”许振超通过对讲机发出指令。

在上涨潮水的托浮下，水吊缓缓升起。变幅对位后，组装件在50米高空对接成功！然后穿海侧连接螺栓，顺利。

许振超松了一口气。

5点，桥吊陆侧右安装孔错位。许振超惊出一身冷汗，立刻发出矫正、对位指令，化解了有可能出现的危急局面。

6点30分，最后一个螺栓安上，900吨水吊松钩，吊装终于成功。

许振超攥起双拳。

站在边上的厂方安装指挥紧紧抓住他的手，什么话都说不出来，只是使劲地摇。

安装的工人从桥吊上下来后，纷纷把安全帽抛向空中。现场沸腾了，一片群情激昂的欢呼声。

10 点 17 分，所有的安装程序结束。1300 吨重、150 米长、75 米高的桥吊终于矗立在前湾宽阔的码头上。

工友散去后，许振超独自行走在海边。寒夜里，他一次次回头凝望着星光下那座高大的桥吊，这个很少流泪的硬汉子，眼眶湿润了。

那天夜里，许振超发起了高烧。

第二天是元旦，他没有吃早饭，摇摇晃晃地又上了工地。桥吊虽然矗立起来了，但还有许多后续的工作要做：加固、调整、穿钢缆，还要调试和试运转，这都是些精细的活，如果不在现场盯着，他心里总是不踏实。可指挥部和现场所有的人都坚决反对他继续留在现场，甚至以集体罢工相“威胁”。他知道大家是好意，便不再坚持。他安排了专人负责现场，又千叮咛万嘱咐地交代了许多注意事项，这才昏头昏脑地往家赶。

在路上，他就感觉自己的身子像散了架一样，走路都发飘。

进门后一头栽倒在床上，一躺就是两天……

如今，这台编号“20”的普通的桥吊，已经成为青岛港西移的一面旗帜、一座丰碑，同时，也在许振超的记忆中刻下了最难忘怀的印记。

十一 “许振超来了没有？”

2002 年 2 月 11 日，春节的前一天，明港集装箱公司正式开业，公司拥有可以接卸世界上最大的集装箱船舶的实力。青岛港的合资伙伴、英国最大的航运公司——铁行公司中国首席代表高津华在常德传面前竖起大拇指：“中国工人用 2 年的时间，就建起了在英国 10 年也难以建成的世界一流码头，了不起！”

常德传听了，心里高兴，嘴里却一个劲地谦虚：“哎呀，小意思，不值一提。”

喜庆的鞭炮噼噼啪啪地响起来。许振超站在人群里，咧着嘴，脸上笑开了花。

突然听见常德传在前面大声地问：“许振超呢？许振超来了没有？”他赶紧挤过去：“局长，我来了。”

“好，你这个总指挥干得好！你可是公司的功臣啊！”常德传由衷地说。

“我这个总指挥是局长您任命的，没您给我的尚方宝剑，我啥也干不了。”许振超说。刚说完，感觉有人在后面拍他，回头一看，是明港公司的总经理朱广太。

朱广太笑呵呵地对许振超说：“老许，留下来吧！局长已经说了，你是咱公司的功臣，说吧，想干什么由你挑。”

许振超兴奋起来：“我是干桥吊出身的，如果让我挑，我还干桥吊！”

“行啊！这本来就是你的老本行嘛！”朱广太立刻答应了。

许振超的履历中，从此有了这样一笔记载：明港公司第一任固机队长！

第二章
桥吊传奇

苦练技术，“一钩准”、“一钩清”、“一钩净”绝活轰动一时，“无声响操作”、“二次停钩”绝活闻名遐迩。

知耻而后勇，为中国码头工人争气，排除万难倒推电路图，掀开桥吊核心技术的神秘面纱……只有初中学历的许振超创造了一个独属于自己的“桥吊传奇”。

许振超的“人民工匠”之路，自此启程……

一　青岛二中“名人墙”

2008年3月，许振超当选十一届全国人大常委。有人惊讶地发现，许振超的母校是青岛二中，而第十届全国人大常委、中国工程院院士王涛的母校同样是青岛二中。只不过王涛毕业于1952年，许振超毕业于1967年，两人相差了15年。两位中学校友前后届相继当选全国人大常委，不禁让人啧啧称奇！

青岛二中，始建于1925年，迄今已走过了近百年风雨历程。100年间，青岛二中师生以“敬教、乐学、育人、报国”为校训，形成了“勤奋、严谨、团结、朴实”的校风，并确立了“实施素质教育，形成办学特色，创建世纪名校”的办学目标和“造就终身发展之生命主体”的育人宗旨，为国家和社会培养了大批优秀人才。

在众多的青岛市民眼里，二中的地位无疑是崇高的，是其他任何一所中学都难以望其项背的；因为，二中就是学生们进入国内著名大学的阶梯和踏板：学校高考升学率年年雄居岛城榜首，各项竞赛成绩斐然，摘取国际奥林匹克数学竞赛金牌犹如探囊取物一般——这样的成绩是寻常学校想都不敢想的。而一旦进入这样的中学就读，距离大学校门自然也就近在咫尺了。

每年的8月8日，是青岛二中校友的返校日。那一天，从二中走出的那些早已功成名就的俊彦雅士、博学鸿儒，与正在崭露头角的学弟学妹、新进后生，济济一堂，欢声笑语中也能透出经国济世、指点江山的雄奇与豪迈。

有目睹此盛况者，都会由衷地赞上一句：

“二中，了不得！”

返校日那天，有一个固定不变的内容，那就是参观学校的“名人墙”。

能将自己的照片挂上“名人墙”的，当然更是大名鼎鼎、非同小可之辈：中国工程院院士、中国林业科学院研究员、国家级有突出贡献的专家王涛，中国工程院院士、美国前沿科学学会嘉奖特邀会员、世界微循环联合会执委、亚洲微循环联合会主席、中国微循环学会理事长修瑞鹃，中国航空航天领域著名学者高歌，新中国第一位体育博士田麦久……

可以说，进入“名人墙”的校友，既给二中带来了巨大的声誉，也成为二中历史、文化和精神的一部分。而那些参观“名人墙”、自己的名字和照片又与“名人墙”无缘的校友，也都纷纷在心里发下宏愿：不久的将来，一定要在“名人墙”上占得一席之地。

作为青岛二中的校友，许振超毕业多年都没有回母校参加过一次学校组织的校友返校日。他曾经也想过要借那样的机会回学校看看，但有昔日的同窗告诉他：返校日回学校的都得是有头有脸、有点成就的，那样才能有荣归故里的感觉。听同窗这么一说，许振超便打消了回学校的想法。是啊，自己只不过是一个普普通通的工人，没有取得多少成绩，这样回去，又有什么意思呢？

因为一直没有回去过，所以，那些年里许振超根本不知道母校有了一座“名人墙”；因为没有参观过“名人墙”，许振超自然也就从未发下过要在“名人墙”占有一席之地的宏愿。

但从未发下过“宏愿”的许振超，却在离开母校30多年后，“堂而皇之”地上了母校的“名人墙”，与那些声名显赫的校友，同墙同荣。

作为青岛港一名普通的桥吊队长，在千禧年之初就已经名噪一时：他凭着数十年如一日的敬业爱岗精神，不仅创出了“不管多大的货船全部10小时以内完成作业”的全国最高效率，而且到2003年就两次刷新集装箱单船装卸的世界纪录，以他名字命名的集装箱服务品牌“振超效率”，享誉世界航运界，并促使13条国际航线选择了青岛港作为其中转港。他也因此获得了全国交通系统劳动模范和全国五一劳动奖章等荣誉。而从2004年初在全国范围内掀起的“学习许振超”的热潮，更使他迅速成为震撼中国的一个工人典型——这样的一位校友立刻引起了学校的关注，而许振超入驻“名人墙”，也就成了顺理成章的事情。

挂在“名人墙”上的，是许振超的一幅20寸的大彩照。虽然已经过了知天命之年，照片上的他，依然显得神采飞扬。照片的右下角，刻录着他的三句名言：

一个人可以没有文凭，但不可以没有知识；
一个人可以不进大学学堂，但不可以不学习；
只有知识才能改变命运，只有发奋学习才能成就未来！

据说二中的许多学生对一个工人居然也能跻身“名人墙”倍感惊奇。有的学生甚至对此颇有微词：

“许振超毕竟只有初中文凭，而我们进入二中的目的，就是要读大学、读博士。现在让许振超登上‘名人墙’，难道学校还想培养我们将来当工人吗？”……

2004年4月中旬的一天下午，许振超被请回母校。在高三的一间教室里，面对一群即将走上考场、满脸稚气的学生，许振超这位年过半百的老学长，从自己几十年的生活和工作经历，放谈现实与理想，纵论探索与追求的人生价值。没有华丽的辞藻，没有高大上的说教，他的讲话，激起一阵阵热烈的掌声。

那天，听讲者中，有一个高三女生完整地记录下了许振超的一段话：

人生是由一个个目标构成的。目标是什么？一个目标其实就是一座山峰啊！你得不停地攀登，当你登上高峰，就会发现，就在前面不远的地方，有一座更高的山峰在等待你去攀登和跨越……当你的生命走到尽头，你回首来路，会看见你身后那一座座或高或低的山峰，想起它们都已经被你一个个地跨越和征服，你心里会有一种由衷的骄傲和自豪。同学们，想想看，如果一个人一生中从未跨越一座这样的山峰，那他的人生该有多么苍白。我真的希望，在座的每一个同学，将来在梳理人生、回忆往事的时候，都不要有这样的遗憾！

“他说得多好啊！这是一首多么朴素而又深刻的散文诗啊！”那个高三女生对自己的同伴赞叹道。许振超走了，但他把无数的话题和思考留给了二中的学生。听过他演讲的许多学生因此改变了曾经的想法：“许师傅是个了不起的男子汉，他不向命运低头，志向高远，终于走出了一条属于自己的成才之路。而他立足岗位、兢兢业业、在平凡的工作中创造辉煌业绩的拼搏和奋斗精神，就是我们一生的榜样和楷模啊！”

此后的20年间，许振超一直保持着与母校的联系，偶尔还会去母校与学生们座谈、交流；而母校也时刻关注着他的发展和变化：在本职工作岗位上，他一次次创造出集装箱装卸的新纪录；在科研创新和发明创造上，数百项国家专利是他和他的创新团队给党和人民的献礼，他也先后获得“全国优秀共产党员”、“改革先锋”、“最美奋斗者”等荣誉称号，并当选党的十七大代表、全国人大常委、全国总工会副主席（兼）……

2024 年 9 月 13 日，国家主席习近平签署主席令，根据十四届全国人大常委会第十一次会议表决通过的全国人大常委会关于在中华人民共和国成立七十五周年之际授予国家勋章和国家荣誉称号的决定，授予 15 人国家勋章、国家荣誉称号。其中，许振超被授予“人民工匠”国家荣誉称号。至此，许振超的个人荣誉达到了一个全新的高度，而青岛二中更敏锐地感知到了许振超成长历程对在校学生的激励和鞭策作用。在此之前，学校已经在着手建设一座知名校友陈列馆以替代稍显简陋的“名人墙”，在得知许振超被授予“人民工匠”国家荣誉称号的消息后，学校领导层立刻达成了共识，那就是在陈列馆开馆之日，一定要将这位“人民工匠”请回学校，并请他为全校学生作一次报告，主题就是奋斗改变命运、拼搏获得成功。

如果半个世纪前的许振超可以穿越到 2024 年的秋天，心里会作何感想呢？！

二 “大吊车，真厉害”

中学时代的许振超还是一个青涩少年，与许多同龄人一样，他那时的理想，是读大学、读博士。

在青岛二中，他是一个多才多艺的学生，会拉二胡会吹笛子。更难得的是，他还是一个各科成绩全优的尖子生，也是学校科技小组里最为活跃、最具创新能力的成员。初中毕业读高中，然后去上全国的名校清华大学，再然后，搞研究，当一个成果无数、造福人类的大科学家，这是他为自己设定的一条人生之路。常常，少年许振超会神思恍惚，沉浸于对未来的想象中，一脸神往。

但造化弄人。

他的梦想凋零在“文化大革命”的飓风狂澜中。

1967 年的夏天，走出青岛二中的许振超，唯一的感觉是自己的梦想破碎了，他不知道自己今后的路在哪里？究竟该怎么走？一个 17 岁的少年，没了主张，没了方向，就像一叶浮萍，在高音喇叭和震耳欲聋的革命歌曲的声浪中，漫无目的地飘荡。

高中，清华，科学家——这一切，本来都应该属于他的，可现在，统统成了泡影。为什么会这样呢?

他想不通。

他稚嫩的心，被一种巨大的忧伤击中了。

但生活毕竟还要继续。

不久，许振超到青岛国棉七厂当工人，司职烧锅炉。

烧锅炉纯粹属于体力活；用铁锹一下一下不断地往锅炉里填煤，当然需要有充沛的体力。全厂几千号人的取暖、热水什么的，都指着他这么一锹一锹地填呢。有时累得腰酸背疼胳膊发软，他就这么想。一想，就有一种成就感油然而生，浑身顿时又有了力气。

这个身子板还很单薄的半大小伙子不久就引起了人们的注意。干活不惜力，踏实、认真、勤快，应该是个好苗子，这是领导的想法。而领导的想法很快就让他改变了工种：到推纱车间干推纱工。

从锅炉工到推纱工，应该说是“苦尽甘来”了，因为干推纱特别轻松，根本不用像烧锅炉那样，一天到晚地下死力气，所以，许振超离开锅炉房那天，能明显地感觉出另一个锅炉工眼中的羡慕和嫉妒。

所以，许振超感觉挺不错。

不过，刚一走进推纱车间，许振超就傻了眼：偌大的车间里200多人居然都是女的，而男工人基本看不见。隔了好一会儿，他才发现男工的影子，细细一数，三个。

妈呀，这不是女儿国吗？我来这里能干什么呀？

他有点手足无措了。

车间主任给他演示了一遍他应该做的工作。其实也简单，就是把纱装满推纱女工面前的纱车，必须码得整整齐齐的，这样，推纱女工在取纱的时候会顺手些。

应该说，这样的活是很轻松的，许振超却感觉不出轻松来。每天，他都得一次次地从车间的这头走到那头，见某辆纱车上的纱快用完了，就给加满。他也承认，这其实挺简单的，可让他怎么都轻松不起来的，是女工们的眼光。因为不管他走到哪里，都会有女工的目光盯着他，这目光总是让他浑身不自在。

他觉得自己真是太不习惯那样的工作和环境了。干的活机械、单调、乏味，每天都是一成不变的程式和内容，根本不需要动任何脑子，甚至，连大力气都不需要出，而且，周围又是一片由女人构成的世界。在那里，他觉得自己都快迷失了。“这可什么时候是个头啊！”有时，他甚至会不由自主地这么想。

哎，要是能换个环境就好了，他又想。

在他的想象里，他喜欢的工作环境应该是个充满了力量、激荡着阳刚之气的地方，那应该是真正属于男人的世界。

不过，他一直没有找到这样的地方，直到几年后。

记不清楚是在一个怎样的场合，他苦着脸向几个朋友诉说自己的憋闷和无奈，他说要是总这么下去，有一天自己非得发疯不可。一个朋友就给他出主意，说："你要是实在想换工作，就找人对调吧！"

他一听，觉得在没有别的路子可走的情况下，这办法还真可行，就拜托朋友们帮他到处打听。很快，他得到了一个消息，说青岛港有个工人希望调到国棉七厂。他一听，大喜过望。在青岛，青岛港的名气可是响当当的。港口附近有一个友谊商店，常有来自世界各地的船员和水手进进出出。友谊商店里只能用外汇券购物，所以青岛的普通市民只能远远地看着，觉得那里面很神秘。当然更神秘的还是港口和码头，通往码头有很多个大门，每座大门都有专人把守。许振超记得自己有一次从门口经过，突然想进去看看码头，看看在码头上装卸的外国船，但让两个神情严肃的门卫一把就给挡住了。后来，革命现代京剧风靡全国，《海港》中大港口热火朝天的劳动场景和码头工人马洪亮那段著名的唱词，更是让年轻的许振超对港口和码头有了刻骨的神往：

"大吊车，真厉害，成吨的钢铁，它轻轻地一抓就起来……"

许振超觉得，港口和码头应该是属于男人的世界，而这个世界，正是他一直以来所苦苦寻找的啊！

他用最快的速度约见了那个想调到国棉七厂的人。对方是个跟他年纪相仿的年轻人，他告诉许振超，说自己家在青岛的东面，青岛港则在西面，"中间距离太远了，要是上早班的话，我凌晨3点就得起床往港口赶，实在太累了。你们国棉七厂离我们家要近一些。"

那小伙子说。许振超后来才知道，那个小伙子想对调单位，原因不只是距离的远近。小伙子当时没有结婚，正在找对象，青岛港虽然名气很大，但码头工人的环境差，工作又苦又累，被人称作“老搬”，“老搬”想找个对象相当难。而到了国棉七厂，恋爱、婚姻问题，是很容易就可以解决的。当然，小伙子的这种考虑，不管是当时还是后来，对许振超都毫无影响。

“你想到国棉七厂，我呢，是做梦都想去青岛港，咱俩能对调，那就太好了，希望我们能各从所愿。只是，我们俩都得加快速度。”许振超说。

“没问题，没问题！”小伙子连声说。

对调的手续一直办了半年。

半年后，也就是 1974 年的初秋，如愿以偿的许振超拿着一纸调令走进青岛港的大门。

这次，门卫没有拦他。

“我是一名码头工人了。”走在青岛港港区宽宽的大路上，他的心中充满快乐。

一群码头工人说笑着迎面走来，他们脸上的汗水辉映在秋日的阳光下。有柔柔的海风吹过，舔舔嘴唇，有一种咸涩的味道，一种天生就属于男人的味道。

码头边上，有正在作业的高大的吊车，许振超跑过去，痴痴地看着。看着看着，突然张口吼出了《海港》中马洪亮的那段著名的唱词：

“大吊车，真厉害，成吨的钢铁，它轻轻地一抓就起来……”

1990 年，许振超回了一次国棉七厂，在厂里见到过那个当初和他对调的小伙子。其时，当初的小伙子已经是一个大腹便便的中年人了。又过了几年，许振超再回国棉七厂，结果谁都没见到，因为在市场和政策调整的双重作用下，国棉七厂已经倒闭。看着空旷、破旧的厂区，许振超很是感慨。

三　绝活

初中毕业的许振超，被分配到码头上当皮带机电工，半年后开起了当时港口的先进设备——门机。1984年，又成为青岛港的第一代桥吊司机。

皮带机、门机、桥吊，包括集装箱，这些港口的运输、装卸机械和货物装载容器，在以后的日子里都将与许振超的生活和工作，甚至他的喜怒哀乐紧密相连，所以，认识它们，对走近许振超，显然是有帮助的。

皮带机：一种以输送带将矿石、粮食、工业盐等货物架空运送到火车、卡车和船舶的电动传送机械。

门机：在20世纪70年代中期以前，门机曾经是中国港口最先进的装卸机械，是一种专门在码头岸边，利用长臂吊杆和钩头装卸船舶货物所用的起重机。

桥吊：又叫集装箱岸边桥式起重机，是码头上用于将集装箱吊起进行装卸作业的起重机械，是集装箱码头的关键设备。桥吊作业能力决定着一个码头的货物吞吐能力。

桥吊迄今已经历过多代升级：第一代桥吊能吊起30.5吨的货

物重量，起升高度可达 18~20 米，可向海面伸出 28 米远，采用电动发电机机组；第二代能吊起 35.5 吨重的货物，起升高度可达到 22~25 米，可向海面伸出 32~35 米远，采用可控硅直流调速系统；第三代能吊起 50 吨重货物，能升高到 32 米，可前伸出海面 44 米，采用交流变频驱动控制系统；第四代能吊起 70 吨重货物，能升高到 42 米，能前伸 65~70 米远，采用智能交流变频驱动装置；第五代为双小车结构，作业效率理论值为单小车的 1.5~2 倍……

集装箱：一种容器，呈长方形，能防风雨，能用本身的强度保护箱内的货物不受损坏。可与运输工具分开作为一个单位进行装卸，而不需重复搬运内部货物就能运输。

集装箱标准箱是指在制造时，全部符合国际标准化组织规定的集装箱，长度以 20 英尺为计量单位；集装箱自然箱是指不论长短，有一个算一个的集装箱。没装货物的集装箱叫空箱，装有货物的集装箱叫重箱。

集装箱吞吐量是指经由水路运进、运出港区范围，并经装卸的集装箱数量。

许振超的皮带机电工干了大约半年。

半年时间里，他从一张简单的电路图入手，摸透了皮带机的脾性，更找到了让皮带机少出毛病的关键。由他养护、维修的皮带机，几乎从未在作业期间尥蹶子。同事都很惊讶：“小许，行啊，把皮带机都摆弄成你自家亲戚了！”

许振超就谦逊地笑笑，不言语。

那段时间，他心情愉快；在码头，在皮带机边上干活，多爽啊！皮带机有时出了小故障，他跑过去，只消一小会儿的工夫，皮带机就又欢快地运转起来。装卸货物的工人都高兴，因为皮带机正常了，他们的工作才能正常做完。所以，每当这时候，他们就会冲着许振超大声嚷上一句："兄弟，真有你的，谢谢了！"

"不客气，都是为工作嘛！"许振超回答道。心里有一种感觉：美！

到1974年底，他的感觉更美了。

那天，他正在皮带机边上忙活，有人远远地冲他喊："小许，快，头儿让你去一趟。"

到领导的办公室，他才知道，他已被选定去当门机司机。

许振超当时的心情，如果用今天的话来说，就是"爽呆了"。要知道，跟门机相比，小小的皮带机可就不值一提了。他知道，门机是青岛港当时最先进、最昂贵的装卸机械，每次从门机边走过，他都会出神地看上一会儿。门机直指蓝天的长臂吊杆和装卸货物时总是那么所向无敌的巨大钩头，让他一次次在心里为之赞叹。

而现在，自己就将成为门机的司机了，感觉就是一个"美"字。

那天，在回家的路上，他还在想着这样一个问题：周围那么多人，领导偏偏只让咱去当门机司机，证明领导是看得起咱、信任咱。那没说的，咱得把活干好、把门机开好，这样才能对得起领导的信任啊！

又想起自己曾经有过的科学家之梦，照那时的情形看，他觉得那样的梦想大概是没有实现的可能了。"既然如此，那就在自己热爱的岗位上练出几手绝活来吧。以前常有人说，学好数理化，走遍天下都不怕；如果能够拥有一身绝活，不也照样可以大有作为吗？好，就这么定了：咱当不了科学家，那就练它一身绝活吧！"

在青岛港，许振超许下了自己的第一个宏愿。

四 “一钩准”、“一钩清”与“一钩净”

许振超七天学会开门机，在一起学习的所有新司机中，他是第一个学会和第一个独立操作的。

然而，会开容易开好难。师傅开门机，钩头起吊平稳，钢丝绳走的是“一条线”；到了许振超手里，钩头稳不住，钢丝绳直打晃。他记得第一次实际操作的是矿石装火车作业，一钩货放下，撒在车外的比放进车内的还多。下面的工人着急忙慌地拿着铁锹一阵清理。另一钩货放下，装进车厢的矿石又多了，工人同样要费不少劲扒去多出来的……有个工人仰头瞪着他，小拇指冲下，嘴里嘟囔着：水平真臭！许振超心里既内疚又憋气。

等作业完毕，别人歇着时，许振超坚持留在车上，练习停钩、稳钩。那时，门机队里有一个独特的工作标准，叫“四稳”、“四满意”。“四稳”是指起钩稳、落钩稳、转杆稳、变幅稳；“四满意”是指自己满意、工班满意、调度满意、领导满意。而这一切取决于操作门机的技术是不是过硬。门机司机都知道，门机操作的关键在于操作杆，变换的速度、力度、幅度，全指着操作杆来控制。比如你一推杆，吊杆伸出去，钩头自然就跟着摆荡过去。如果吊杆停下、而操作跟不上的话，钩头还会依照惯性，继续摆荡过去。这时，就要不停地收拢和变换操作杆的位置，将吊杆与钩头和下面的抓斗找齐、找正（司机们叫“找钩”或“扶钩”），如此才能保证门机操作的稳定，所谓门机钢丝绳走起来一条线，就是由对操作杆控制的稳定性所决定的。

也因此，对操作杆的感觉和掌控能力，是检验一个门机司机的试金石。这个道理，许振超很快就心领神会，在驾驶室里，他更多的时间都在练习、感觉和体会对操作杆的掌控力，最后，终于达到了与操作杆心意相通的程度。几个月后，他开的门机钢丝绳走起来也是一条线了，一钩矿石吊起，稳稳落下，不多不少，正好装满一车皮。

“绝了，真是‘一钩准’啊！”

下面有工人在大声赞叹。

这手“一钩准”，事实上是许振超吊车司机生涯中练就的第一个“绝活”，并且很快就被大家传扬开去。

练成了“一钩准”之后的一天，许振超在干散装粮的火车作业。他发现，粮食颗粒小，更易撒漏。他便在工作之余，吊起满满一桶水，练习走钩头，直至练到钩头行进过程中滴水不洒。再去装散粮，几抓斗下去，从舱内到车内，平平稳稳，一点没撒。又一个绝活——“一钩清”。

门机在吊装粮食时，吊具一抓斗抓起的重量为 10 吨。要准确地把抓起来的 10 吨粮食装入长 12.5 米、宽 2.7 米的车厢，很不容易。因为吊车的抓斗伸张开有 3.4 米，比车厢要宽。许振超就反复练习，琢磨抓斗的嘴张多大正合适，终于找出了最恰当的尺寸。铁路在火车装运粮食时，对装车的标准要求很严格，粮食要在车厢内打个尖，高出车厢 80 厘米，码头工人叫起“龙骨”。打这个“龙骨”很难，坡度要合适，坡面要平滑，盖上篷布后，才能不存雨水。而许振超用他创造的第三个绝活“一钩净”，把这些问题给解决了。

许振超后来还在他开的门机上加了一个小踏板开关，这个小小的开关居然让他的门机工作效率提高了一倍多。这个发明后来在全队推广。

因为活干净利索，装卸工人的二次劳动大大减轻，所以，许振超开的 13 号门机成为最受装卸工喜欢的机械，大家都愿意跟他搭班。

五 “技术大拿”

许振超在苦练操作绝活的时候，对门机的内部构造、电控原理，知道的其实并不多，更别说修理了。

他那时似乎也没往这方面动过太多的心思。

一件小小的“意外”，让他彻底改变。

那天上午十一点来钟，刚刚完成了一拨作业的许振超正抽空猫在驾驶室里看一本关于机械原理的书，一不留神，胳膊撞在边上的电闸上，门机立刻断了电，瘫痪了，动不了了。许振超傻了眼，急如星火地去叫电工于成恩。于成恩来了，只是稍稍调整了一下门机控制器上的电源线，门机立刻就恢复了正常。于成恩潇洒地拍拍手，说：“这么点小毛病，没什么大不了的，看把你急成了那样！好了，你忙着吧，我得走了。”

于成恩是门机队的电工大拿，只要是与电有关，他无所不通无所不晓。在众人的心目中，他简直就是个神仙一般的人物，而且也是青岛二中出来的学友。

对此，许振超曾将信将疑，但那天于成恩露了这么一手之后，许振超服了。

许振超当然是真心服气于成恩，因为打那以后，他会经常追着于成恩问这问那。两人成了学友加工友的关系。于成恩不管是到哪台机子上修理，许振超只要闲着，就一准儿跟在于成恩后面，仔仔细细地看于成恩给门机把脉、诊断、修理。有时，他还会用笔把修理的过程详细地记录下来。边上别的司机看见了，就或揶揄或嘲弄地打趣他：“怎么，司机不想干了想当电工？”他装作没听见，自己该问的问，该记的记。他心里自有主张：门机出问题了得电工修，这是应该的；但是，如果哪天电工不在现场，而门机恰好坏了，这时该怎么办？停机等电工回来，也是个办法，但那要耽误多少作业的时间啊？如果当时正是一个必须抢时间抢吃水的作业，可怎么好？反过来，如果门机司机也有一手修理的绝活，那么，问题不就可以解决了吗？

所以，不管别人怎么想怎么说，他一概不理。而于成恩似乎也特别喜欢许振超这股子爱学习肯钻研的劲头，对许振超的疑问，总是尽己所能地给予解答。

于成恩后来改行搞后勤管理，当上了青岛港集团油港公司服务中心的经理。时隔多年，许振超对于成恩还是心存感激。

现场勤观察多请教，当然只是一方面；另一方面，许振超开始大量阅读有关的专业书籍。对他来说，那当然是一个艰难的历程。毕竟，他只有初中学历，基础知识上有着先天性的不足，只能以百倍的勤奋和钻研才能弥补。还有一个实际情况是，那时电工和机械维修方面的书相当缺乏，也很难借到。许振超就常常从港口所在的西郊跑到东郊的李村，那里有一个远近闻名的专卖旧书的集市，集市上有不少技术方面的书，价格都相当便宜，而这也非常符合许振超当时的经济状况。在那里，许振超以极低的价格相继淘到了《电工初步》、《工业电气入门》、《电子机械与维修原理》、《机械故障的发现和处理》等专业图书，而且每一本都下死力气去读，每一个公式和原理都要读懂、读透。后来，当他拿到门机的机械图纸和电路图，细细研究了一遍，立刻就有了一种豁然贯通的感觉。

那天，许振超刚刚拉起门机的操作杆，就感觉门机的运转特别异常，好像打摆子一样的时快时慢，他赶紧变换操作杆的控制力度，却无济于事。这时，驾驶室里响起机器的报警声。原来，是门机的一个时间继电器坏了。

当时于成恩正好路过，听到声音就上来了。

“知道是怎么回事吗？”于成恩打眼瞧了瞧，问。

“我觉得应该是气囊出的毛病。”许振超说。

于成恩点点头：“说得不错！”又抬头看看许振超，“要不你试试？”

许振超有些犹豫：“我能动？”

“可以！”

许振超撸起袖子，正要上前，又有些不放心：“于师傅，你可得在边上给我看着，该点拨的时候就点拨点拨。”

“没问题，大胆点，上手吧！”于成恩鼓励说。

许振超将机器打开，拆下那个他认为有毛病的时间继电器的气囊。

更换气囊，又对继电器里的两个元件做了调整，重新装好。

启动门机，一推操作杆，一切恢复正常。

“你是怎么想的？”于成恩问。

“继电器是专门用来控制门机的运行速度的；气囊出了毛病，肯定会影响继电器的工作，门机当然也就跟着不正常了。”许振超说。

“你很聪明，状况分析、处理都很正确。”于成恩点头认可，“这样吧，以后你的门机如果有问题，你就自己修。其实，这也是个熟能生巧的过程。你只要理论上搞通了，再加上多上手，以后我们门机队的‘大拿’就该是你许振超了。”于成恩又说。

听了于成恩的话，许振超又是激动又是神往。

从那以后，许振超开始自己修门机。有时候别的司机开的门机坏了而于成恩不在，许振超也会热心地跑过去替人家修理，而且，大多情况下能手到“病”除。

正如于成恩所说，过了不到半年，许振超以自己的“一钩准”、“一钩清”、“一钩净”和维修门机的多种绝活，成了机械四队和第二作业区无人不知的“技术大拿”——当时，门机队的全称是青岛港务局第二作业区机械四队。

六　1号桥吊

1983年底，一个叫孙孟俊的人从香港回到了青岛。孙孟俊是青岛港派往香港学习和接受培训的，学习的科目是桥吊技术和集装箱装卸。到1984年春节，就有消息传出，说青岛港将购进多台桥吊，成立集装箱公司，大力发展集装箱装卸业务。而负责筹建集装箱公司的，就是孙孟俊。

这个消息，许振超在第一时间就知道了。

许振超那时并没有意识到，他此后震撼全国的桥吊传奇竟然就是从这个孙孟俊身上开始的，但他知道，他应该去见一见孙孟俊。因为，在春节前的一个电视节目里，他看到了广州港集装箱公司开业的盛况，还看到码头沿岸一字排开的好几台巨型桥吊，那种大家伙装卸起集装箱来，速度又快又稳，而那显然是门机所无法比拟的。

“我们青岛港将来一定会用上桥吊，那样的话，我一定要争取当第一批桥吊司机。开着那种大家伙，感觉肯定差不了。”他想。

然后，许振超就得知了青岛港将成立集装箱公司的消息。

虽然与孙孟俊素昧平生，但在打听到孙孟俊的住处后，他骑上自行车就找去了。

“我叫许振超，门机队的。”许振超自报家门。

孙孟俊是一个很儒雅的中年人，他微微一笑，说：“我知道你，都说你是门机队的大拿，我想你的技术一定不错！你找我有事吗？”

“咱青岛港要成立集装箱公司，这个公司是您负责的。我不瞒您，我想当桥吊司机。”许振超说。

“门机跟桥吊有很多相通的地方，你既然门机技术好，想来开桥吊应该很适合。你的心思我知道了，这样吧，你先回去，有消息我们会通知你的！”孙孟俊说。

许振超回去的路上心里一直很忐忑：他能记住我吗？他该不会忘了吧？

作为集装箱公司的第一任总经理，孙孟俊当然没有忘记许振超。在公司，他曾不止一次听人说起过许振超，说许振超是多么肯钻研，技术又是多么多么好。集装箱公司刚刚成立，当然需要这样的人才。

一个月后，许振超被调到新成立的集装箱公司桥吊队，当了一名桥吊司机，也是青岛港历史上的第一批桥吊司机。

不过，刚开始的一段时间里，许振超没有桥吊可开，因为新的集装箱码头还在建设中，从上海港口机械厂订购的桥吊也没有到青岛港，但许振超是不会浪费这等待的时间的，他想方设法地借到了一套桥吊的结构图纸，准备提前先熟悉一下情况。

刚看了一眼，许振超就蒙了：门机的结构图一张图纸就够了，他闭着眼睛都能默画下来，可桥吊的结构图纸有厚厚的一本，

100 多页，而且全部是英文的！他看不懂！

看着手里那沓图纸，许振超觉得自己的头都大了，别的司机劝他说：“等桥吊到了，我们学会开就行了，上面也没要求我们看懂图纸。”许振超说：“咱们是公司挑的第一批司机，以后要带徒弟。不学看图纸怎么行？不会就学，我许振超不会这么轻易趴下。”

于是就开始学。图纸上是英文，而他完全不懂英文，就从英文字母开始学起。正是 1984 年初夏，公司将他和另外 4 名司机送到上海港学习桥吊驾驶技术。抽空，他去了一趟书店，买回一本《英汉电子词典》。每天晚上，他独自一人守在宿舍里，对照着词典，一页一页地研究桥吊的图纸。其难度之大，是许振超此前从未体验过的，那一个个英文单词全都好像跟他有仇，明明是十分钟之前好不容易认得的，可十分钟后就变了脸，他再看时，根本就不知道谁是谁了。

没办法，接着记。他用的是笨办法：把英语单词抄在本子上，随身携带，有空就反复地背。他后来接受记者采访，说起过这段经历。他说自己当时经常是咬着牙、瞪着眼，恨不得把那些单词都生吞活剥了。

三个月后许振超和同伴们回到青岛港。学会了怎么开桥吊，可桥吊依旧没到，许振超就继续对着词典跟英文单词和桥吊图纸较劲。

集装箱公司有个叫张连刚的技术员，1983 年从武汉理工大学自动控制专业毕业分配到青岛港；人年轻，有学问，技术好，周围的人都很佩服他。张连刚还有一样好处是为人热情，诲人不倦。许振超那段时间里不管是英文还是图纸，只要有不明白的，就去找张连刚请教，张连刚每次都耐心地讲给他听，讲完了就问：“听明白了吗？”见许振超摇头，张连刚就再讲一遍，有时甚至三遍、四遍，讲到连许振超都有点不好意思摇头了，张连刚却一点都不烦。看着张连刚，许振超就会想起门机队的电工于成恩，他觉得自己真是很幸运，总能遇见好人、好老师。

许振超与张连刚在工作上的联系和科技创新上的紧密合作一直持续了很多年。有件事值得一提：2008 年 6 月，青岛前湾集装箱码头有限责任公司报送的《轮胎式集装箱龙门起重机自动纠偏装置》获得第二届全国职工技术创新成果一等奖，该成果的第一完成人是许振超，第二完成人则是张连刚。

1985 年初，桥吊终于到了。桥吊是散件，用大船运来的，许振超和大家一起把散件卸下船。然后，上海港机厂的工人和技术人员就开始安装，许振超和其他几个司机跟在边上看。

桥吊的安装持续了整整一年，许振超也在现场整整看了一年。有时他也在心里埋怨安装速度太慢，但转念一想，毕竟，看安装的过程也是一个学习的过程，而且，他亲眼看着桥吊一点点长大起来，心里对桥吊的感情也在一点点加深，感觉就像在看着自己的孩子慢慢成长。后来，青岛港又陆续购进了许多台桥吊，但在他的心里占据最重分量的，除了 2001 年底他任总指挥吊装起来的 20 号桥吊，就是这台 1 号桥吊。

七　勇闯作业禁区

1986 年，青岛港第一台桥吊终于在码头上立起来了，许振超也终于开上了桥吊。

第一次上机实际作业，许振超的成绩并不好。集装箱上有 4 个锁孔，从几十米高的桥吊上看下去，很难分辨，更别说将空中摆荡的吊具放下去，一次把锁眼都对齐，把集装箱抓牢靠、吊起来。就是这 4 个锁孔，让许振超对了 5 次，花了整整三分钟时间。他这才明白，要摸透桥吊的脾气，将桥吊开得得心应手，显然不是轻易就可以办到的。

许振超又开始了新的钻研。为了在最短的时间里准确地对齐 4 个锁孔，他玩命地练习手上功夫，因为只有手上功夫到家了，才能让吊具减少晃动，才能准确地对孔。可能是练得太狠了，有一段时间，他的胳膊几乎疼得抬不起来。一年后，他终于功德圆满："一钩准"曾是他开门机时练就的绝活，如今，经过反复琢磨和长时间演练，他又在桥吊上练成了同样的绝活：操作中，他上扫集装箱边角，下瞄船上装箱位置，手握操纵杆变速跟进找垂线，又轻又稳，又准又快。三分钟对齐 4 个锁孔，从此成为历史。

桥吊作业时有一个高、低速减速区，许振超发现，减速早了装卸效率下降，减速太迟又影响货物安全。于是，他带上皮尺反复测试，终于成功地将减速区调到最佳位置，使作业效率提高了近四分之一。

1989 年，许振超被公司评为最佳桥吊司机。就在当年，青岛港的集装箱装卸业务从零起步，达到 10 万标准箱。

领完奖的那天晚上，孙孟俊将许振超请到家里，拿出一瓶珍藏了多年的茅台酒。在许振超的记忆中，那是他平生第一次喝茅台酒。"老弟，我没有看错人，你也绝不是等闲之辈。好好干吧！咱们青岛港的集装箱在今后几年里会有一个大发展，而你肯定会大有作为。"孙孟俊说。

孙孟俊后来从集装箱公司总经理的位置上退下来，但许振超跟他一直保持着联系。

1991 年，许振超当上了固机队副队长。

当时，桥吊控制系统中用的可控硅元件全要靠进口。许振超发现，国外可控硅元件每两三周就烧坏一个，一个可控硅元件就要数十美元。他算了一笔账：一年下来，光更换可控硅，青岛港就要付出差不多两万美元。他想到了用国产产品代替，但当时国内还没有专业厂家。一次偶然的机会，他得知青岛有家电子元件厂，专门为航天部生产电子元件。于是，他就跑去了，可厂家以产量少、成本高为由拒绝了他。他不甘心，又托人找到了主管工程师，带上自己设计的图纸，和工程师反复探讨。

由于行业原因，工程师对桥吊不熟悉，谈了两个小时都没谈拢。后来，他索性把工程师请到了港口，并带他一起爬上了桥吊。站在高大的桥吊上，看到这么复杂的结构和深奥的技术，那位工程师感动了，他感动的是一名中国港口的普通桥吊司机，竟然有这样的科技热情和报国之心。为此，在桥吊上他就答应了许振超的请求。随后他们组织研制，最终从十余个品种中，筛选出了性能最可靠的可控硅元件，提供给青岛港。其性能与国外进口产品一般无二，而价格不足后者的百分之一。

能为港口省下一大笔开销，这让许振超很是兴奋了一阵子。

那是他当队长后干的第一件自我感觉特别良好的大事。当然他很清楚，同时还有很多大事也在等着他去做。

他在作业中发现，桥吊故障中有 60% 是吊具故障，而故障主要是起吊和落下时速度太快，吊具与集装箱碰撞造成的。有的司机在作业时甚至会猛地把吊具放下去，结果，吊具毁了，人家船上的设备也给撞得稀里哗啦。他提出，这么操作不仅桥吊容易出故障，货物也不安全，必须做到“无声响操作”。“你们知道装卸的工人怎么叫我们这些桥吊司机吗？铁匠！对，人家就管我们叫铁匠。还有人说我们不是开桥吊，是开汽锤的，都别笑，这不是什么光彩的事情。我们再不能这样下去了。”队会上，他告诉所有的司机。

一个司机不服气，说：“集装箱是铁的，船是铁的，拖车也是铁的，这集装箱装卸就是铁碰铁，怎么能不响呢？”

另一个司机跟着补充说：“一个集装箱哪怕是空箱也要五六吨重，再加上十几吨的吊具，至少也有 20 吨重，把这样一个大‘铁疙瘩’抓到 40 多米的高空再放下来，有时还要放到船底八九层深，想要不出大声响，我认为这几乎是不可能的。”说出口的道理很硬，没有说出口的道理更硬：桥吊队实行的是计件工资，多吊一箱就多挣一份钱。搞“无声响操作”，轻拿轻放，不明摆着要降低速度、减少收入吗？

许振超没多做解释，自己先动手练起来。他通过控制小车水平运行速度和吊具垂直升降之间的角度，操作中眼睛上扫集装箱边角，下瞄船上装箱位置一点，手握操纵杆变速跟进找垂线。打眼一瞄，就能又轻又稳地准确定位；然后，轻推操纵杆，轻轻起吊，果然做到了“无声响操作”。对许振超来说，这其实就是在“一钩准”绝活的基础上稍微做了些改进而已，但旁边的司机却不由得看呆了，也服了。既然队长都带头做到了“无声响操作”，那他们还有什么理由继续当“铁匠”呢？于是，全队的司机都开始苦练，向“无声响操作”的目标进发。许振超则根据自己的体会专门编写成操作要领，对关键的起钩、落钩等环节逐个分析，并亲自驾机示范，培训骨干，在全队推广。

1997年，许振超的“无声响操作”得到了一次很好的验证。那年的11月间，青岛港承运一批化工剧毒危险品。这个货种一旦出现碰撞，就有可能引发恶性事故。为了确保安全，码头、铁路专线都派上了武警和消防员，身着防化服全线戒严。晚上八九点钟，“凌昌河”号货船靠岸后，许振超左臂扎着白毛巾，在地面指挥；已经练就一手“无声响操作”的桥吊司机们个个精心操作，一个半小时，40个集装箱被悄然无声地卸下，又悄然无声地装上火车。坐镇现场的铁道部副部长表示很惊讶：“什么？我还没听到声音呢，怎么就干完了？”“就是啊，干完了，‘无声响操作’嘛！”许振超说，很自豪。副部长连连赞叹：“了不起！了不起！”船东代表也感慨地说：“你们的作业简直是‘行云流水’，太神奇了！”不久，“无声响操作”被写入青岛港装卸工序的行业标准。

许振超随后发明的“二次停钩”绝活，也被青岛港的桥吊司机们广泛应用。许振超经过统计发现，桥吊作业中最容易出安全问题的环节就是在吊箱一起一落的时候。为避免发生类似问题，他要求桥吊队每名司机在吊箱时都要做一次“二次停钩”，就是在集装箱刚离地和快落地的一刹那，放慢速度，先观察后起落，这样做虽然使每次操作时间多了几秒钟，但杜绝了事故隐患，最终提高了码头装卸作业的实际生产效率……

从许振超手里诞生的那些“绝活”推广后，不仅铸造了青岛港的优势和品牌，也引领着工友们创新的兴趣和热情。一次，一场大雾使整个码头的装卸作业被迫停下，直到中午雾仍不散。一艘货轮的船长焦急地找到许振超，请求马上把集装箱卸下来。原来，该轮装载的全是冷藏货物，不料供电电源发生故障，如不抢卸，一旦冷藏箱里温度升高货物变质，损失就是好几百万元。

“当然，如果你们以安全方面的理由拒绝，我也无话可说。”船长说。船长是个老航运，知道一台桥吊有十几层楼那么高，而集装箱上起吊用的 4 个锁孔，大小如一块香皂。司机在 40 多米高的桥吊上，要让重达十几吨的吊具的 4 个爪准确插入集装箱的锁孔中，好天气操作起来都不那么容易，何况大雾弥漫？

“你是我们青岛港的老客户，我怎么能拒绝你呢？想客户所想，让客户满意，从来都是我们的服务宗旨。这样，我们马上安排替你卸箱！”许振超一咬牙答应了。

所谓艺高人胆大。许振超在船上、岸边各安排两个经验丰富的老司机，通过对讲机随时报告集装箱位置，自己登上桥吊，监护司机精心操作。随着船上、岸边清晰的位置报告声，一个个箱子一钩到位，全部顺利地卸了下来。这次成功的作业，不仅为客户避免了巨额损失，也让许振超和他的桥吊队成功地闯过了雾天作业的禁区。

八　刺激与耻辱

多年以后，许振超的名字和传奇在中华大地上不胫而走，他被包括北大、清华、北航、北理工在内的国内知名高校请去做演讲。每次演讲中他都会讲这样一段话，大意是：人生就是一次次不断攀登和跨越一座座山峰的过程；一次成功的攀登和跨越并不能成为你停下脚步的理由，相反，那只是意味着一次新的攀登和跨越的开始。对于上个世纪八九十年代的许振超来说，练就一身操作桥吊的绝活，确实也只是跨越了一座并不那么起眼的小山峰；因为，他很快就发现在他前面不远的地方，有一座更高的山峰在等待他去攀登和跨越。

那座更高的山峰，其实是外国人推到他面前的，并且与连续两次让他刻骨铭心的刺激甚至耻辱的经历密切相关。

1990 年，队里的一台桥吊突然坏了，原因是控制系统出了故障。桥吊的核心控制系统采用的是瑞典的直流调速程序，属于尖端科技产品，国内无人能修，所以只能从国外请人来修。

公司拍完电报又发传真。一个月后，澳大利亚的两个专家来到青岛港。

两个专家在桥吊上晃悠了十几天，桥吊倒是好了，但他们得到的酬金高得吓人：整整 4.3 万元人民币。这 4.3 万元相当于集装箱公司几百号人、几十台机械忙活一天一夜的收益；如果与许振超当时的工资标准相比，则等于他 10 年的工资总额！

“怎么要这么多钱？”许振超不明白。

“合同上就是这么定的。人家的修理费用就这么高，没办法的事！”公司的财务主管说。

许振超觉得自己的心被狠狠地刺了一下。4.3 万元，对公司是一笔相当昂贵的开支，如果他会修桥吊，公司至于花这么多的钱吗？

自责、愧疚，紧紧地缠绕着他，他觉得就是自己不争气，没本事，才让公司损失了这么一大笔钱。

但还不止于此。

澳大利亚专家在电气房里修理的时候，他曾经习惯性地想留在现场，对方却通过翻译，让他出去。他不死心，一直在外面等。见人家离开电气房了，他就迎上去，想讨教几句。他把桥吊的几个常见故障通过翻译告诉澳大利亚的专家，然后询问处理和解决的方法，但对方摇摇头、耸耸肩，绕开他，扬长而去。

喜剧演员宋丹丹的一部小品里有一句著名的台词：伤自尊了。

这正是当时许振超最真实的心理感受，而且，刻骨铭心。

那天晚上回到家里，他背着手，铁青着脸，一遍遍地转圈子："这样不行！不能这样了！再不能这样了……"

可还没等他想明白究竟应该怎么去做，仅仅一个月后，他的心、他的自尊，再次经受了一次残酷的刺激和伤害。

一艘外轮要将 100 多个集装箱装船，箱子里面是运往新加坡的圣诞节货物。正在节骨眼儿上，担任作业任务的桥吊突然发生故障，虽然不是什么大毛病，但许振超和公司的维修人员怎么也修不好。船长急得直冒火，带着翻译跑到桥吊前问情况，一听说桥吊一时半会儿修不好，立时就急了，冲着许振超和维修人员哇哇大叫。翻译小声对许振超说："这批货物如果不能在圣诞节前运到新加坡，那船东和货主就损失大了。"许振超点点头，说："我明白。"

可光明白没用啊！桥吊修不好，那船长一脑门子官司，看许振超的眼神中充满了鄙夷和蔑视。许振超是又气又急，却无法可想。

那天，那批圣诞节货物到底没有被如期装上船。船长愤怒着，叫骂着，跺着脚离开了现场。他充满了鄙夷和蔑视的眼神，却从此留在了许振超的记忆里。

回到家，他对妻子说："这是我一生中最感耻辱的事情。"

知耻而后勇。

许振超的桥吊传奇，也从此步入一个全新的境界。

九　倒推电路图

桥吊的构造很复杂，涉及电力拖动、自动控制、高压变配电、高压电缆运行管理等六门学科，就是学起重机械专业的大学生也得两三年才能够处理一般性故障。只有初中文化的许振超却一头钻了进去，玩了命地学机械动力、学电气自动化、学英语……他渐渐地发现，桥吊上最核心、最难懂的就是瑞典的BBC电力拖动系统，若想掌握这个系统就必须有完整的电路图。一旦拥有了这样一张图，就等于解剖了桥吊全身的电路，处理起故障来，自然就轻松多了，但这也正是外国厂家全力保护的尖端技术——不仅没提供电路模板图纸，就连最基本的数据也没有。

电力拖动系统是由一块块控制模板来实现的，许振超突发奇想：利用桥吊的控制模板倒推电路图。

每台桥吊都有两套模板，一套在用，一套备用。每天下班后，许振超就带着从公司借来的备用模板，一头扎进自己的小屋。

一块书本大的模板，密密麻麻镶嵌着几百个电子元件，2000多个焊点。为了分辨细如发丝、若隐若现的线路，许振超用玻璃制作了一个简易支架，模板放在玻璃上，下面安上100瓦的灯泡，强光使模板上隐身的线路显现出来。他凑得很近，瞪着眼睛观察，然后在纸上一笔一笔地模拟勾画，绘制成图。脸被烤得通红，眼睛累得看不清东西，他就到冰箱里取出冰块，用毛巾包着贴近眼睛，敷上一会儿，再接着干。

这当然还只是开始。真正费工夫的，是分辨和搞清楚如何连接模板上的2000多个焊点。那些焊点小如蚂蚁，一个点上下左右有4条连线，每条连线又延伸出2条连线，2条再变成4条，最多的要变成二三十条连线。每个点、每条线，许振超都要用万用表试了又试，一条线路常常要测试上百个电子元件，直到最终试出一条通路来。又因为BBC的整套系统都属于通用模板，在某个电路上接上一条线路，就可以做另外的用途，但这个电路在桥吊上用不上，就将它截断。对许振超来说，这也是最让他气恼不已的。有时候费了好几天工夫才艰难地推到某个电路的末端，但仔细一看，断了，根本就是一个毫无用处的电路。没办法，只好再重选一个点……

为了拆解模板上的集成电路，他从医院找来各种型号的针头，几号针头对着多大焊点，都要心中有数。拆卸时，他把电烙铁插上电，用鼻子靠近它感受温度，再拔掉插头，用刚好的余温迅速烫化板上的焊锡。等重装时，所有的针头都必须恰好堵上焊点下面的小孔。他小心翼翼，谨慎万分，知道自己必须做到万无一失，因为模板实在是太贵重了……那段时间里，他的指甲始终是锯齿状的，手指肚上布满一个个白点，鼻子总是有灼伤的痕迹。

后来，青岛港新桥吊从瑞典 BBC 模拟电子控制技术升级成美国 GE 数字控制系统。这时，模板开始有夹层，合起来只有 0.5 厘米厚，推理和拆装更难，这对许振超在专业上的要求也更高了。为了倒推 GE 数字控制系统的模板，许振超不得不恶补《数字电子控制基础》。

有一次，仅仅为了一根看上去并不起眼的信号线，许振超就查了一个多星期。当他最后打开接线盒，才惊讶地发现，一根信号线变成了 2 根，2 根变成了 4 根，最后变成 20 多根……

前后用了数年时间，许振超一共倒推出 12 块桥吊电路模板，每一块还回去，都毫发无损。最后，他还把标注好的两大本电路图纸奉献给了港口，而这套电气图纸又变成了青岛港桥吊的技术手册。

青岛港的合作伙伴、上海港机厂的一位专家有一次看到那两大本电路图，又得知他倒推模板的经历时，连连惊叹：不可思议，真是奇人！全国独一份！

如今，再怎么高深的模板在许振超眼里都已经成了寻常之物，打眼一看，就能看出其中的端倪：板上哪些是通用标准件，哪一块是分管电流控制和电流反馈的，哪一块是司职放大的……基本上都能闹个明白。当然，他再也用不着艰难困苦地去倒推电路图了，只需选择几个点，测测电压，就一切 OK 了。

1992 年底，桥吊上的一块核心模板坏了。按常规，得花好几万元更换。许振超跑到青岛泰山路一个配件店，花 8 块钱买了一个运控器，回来给模板装上，桥吊又正常运作了。

8 块钱为公司修好了一块核心模板。几年来倒推模板的辛苦，一下子被冲得烟消云散。“我那时才真正体会到，什么叫苦尽甘来！”许振超说道，一副心满意足的表情，很动人。

十　响鼓不用重锤

倒推电路图的大功告成，让许振超一步跨入“柳暗花明”的新境界。

从排除桥吊的一般机械故障，到修复精密部件，他在技术上越来越自信。

桥吊上的重量传感器坏了。

重量传感器也是桥吊上的一个重要部件，它出了毛病，虽然不会让桥吊停止运行，但桥吊作业时的速度会大受影响，原来或许一个小时能干完的活，传感器一坏，得花上两三个小时。

在重量传感器的使用说明里有一款特别规定：不能打开。也就是说，如果坏了，只能换一个新的；这一换，就需要 1 万美元。不换，就要降低60%的作业效率，而且订货周期要6个月。

美国GE数字控制核心模板都打开了，何况一个小小的传感器。许振超在查阅了相关的外文资料，并初步了解了它的基本原理和构造后，爬上桥吊拆下重量传感器。可打开一看，竹子洞大小的空间里，布满了蜘蛛网般的电阻丝，像人的大脑神经一样。他把传感器带回家，翻来覆去研究了几个晚上，将每根线的颜色和位置都做了标识和记录。然后，戴上眼罩，拿着修表用的小镊子，一根一根地检查，终于发现原来是一根细如蚕丝的电阻丝断了。

电阻丝的焊点比芝麻粒还小。许振超把最顺手的电烙铁磨尖，自己配了焊料，像外科医生做手术一样，小心翼翼地焊接。一次不行两次，两次不行三次。4天后，重量传感器恢复正常。

那天下午，5号桥吊因故障停止运行，由于技术资料不全，五六个维修主管修了好几个小时，最后才确定是桥吊的液压张紧装置出了问题，但做了修理后桥吊依然无法正常运行。围着5号桥吊的前大梁，大家愁眉不展。第二天早上桥吊就要作业，如果不能提前修好，显然会影响整个码头的装卸进度。许振超闻讯后赶到现场，与维修主管们一起干了近两个小时。在将每一个环节都细细检查了一遍之后，还是找不到彻底解决问题的办法。大家似乎快绝望了。这时，许振超走到液压张紧装置前站下，开始反复检查里面的两个溢流阀和前后的四根油管，然后招呼高吉凯："你过来试试！"高吉凯也伸手进去摸了摸，说："好像右边的那个溢流阀温度高一点。""不错，温度就高一点点，但问题就出在这里。换掉它，准能行！"十多分钟后，换上新的溢流阀，桥吊立刻恢复了正常。

在现场的几个维修主管纷纷竖起大拇指："许队，你真神了！"

"这有什么？"许振超淡淡一笑，"干一行就得钻一行精一行，这本来就很正常，你们说是不是这个道理？”

都说响鼓不用重锤。后来那几个维修主管通过各自的努力，都相继练就了一身修理桥吊的绝活，其中有两个主管的技术水准甚至超过了许振超。而高吉凯更是一跃成为青岛港十大行业能手和桥吊技术领域的顶尖高手，并在2004年8月，以青岛前湾集装箱码头有限责任公司工程技术部高级工程师的身份，参加了全国工交系统的“创争”推进会。

这令许振超欣慰无比。

十一　传奇不老！

当然，许振超也时时会有一种被大家落在身后的紧迫感。所以，即使是已经练就的绝活，他也不断地充实新的内容。比如，他经常主动与其他司机换开桥吊。每开一台桥吊，他都仔细体会、感觉和记录这台桥吊的“脾性儿”，以便在日后的修理中能做到心中有数。技术革新上，除了他的《装卸桥主起升电机磁场可控硅供电电路技改项目》拿下了集团科技进步大奖，许振超还获得集团技术创新奖数十项，并相继获得中国海员建设工会全国委员会授予的“金锚奖”，交通部授予的“全国交通技术能手”称号，劳动和社会保障部授予的“中华技能大奖”荣誉称号……

至此，只有初中学历的许振超创造了一个独属于自己的“桥吊传奇”，而这道横亘于青岛港上空的传奇之光渐渐照进了无数年轻人的内心深处，引领着、激励着他们，在苦练技术、勇于创新的道路上大踏步前行：“王啸飞燕”、“显新穿针”、“刘洋神绳”等一大批技术绝活和个人品牌相继横空出世，与许振超“一钩准”、“一钩清”、“一钩净”、“无声响操作”等绝活一道，推动着青岛港事业的飞速发展。

上个世纪中期，青岛港有了第一代桥吊司机，一共四位，他们是：许振超、郑来祥、孙道深、简鸿达。因为条件简陋，那时青岛港一年的集装箱吞吐量不过1万箱左右。“第二年1.5万，再后来就是3万、5万、10万……大概就是这样的增长速度。”许振超回忆说，“而当时欧洲的第一大集装箱港阿姆斯特丹一年的吞吐量超过400万箱，对我们来说，这简直就是天文数字啊。按照当时的实际条件，即使到我们退休也不可能达到这个数字。说实话，这让我们几个伙计的心里很苦涩，也很无奈。”于是就只能退而求其次。闲暇时，四位桥吊司机聚在一起，展望未来，大家都说这辈子要是能看到青岛港完成每年100万箱的吞吐量，他们作为青岛港第一代桥吊司机就算是完成历史使命了，他们自己就算没白活。结果，说完这番话后不到十年，青岛港就完成了100万箱的目标。到了2003年，完成400万箱——那一年的净增速就是100万箱，而到了20年后的今天，则早已跨越了千万级别大关。

而此时“桥吊传奇”的创造者——许振超，已经年逾七旬，却依旧活跃在桥吊装卸现场，活跃在青工创新车间，成为整个青岛港一个不老的传奇，并且，无论是走在码头，还是走在港区，他的身后总会吸引无数关注、赞叹、钦佩、崇仰的目光：

“那是许师傅！”

“许队！”

“许经理！”

“许主席！”

……称谓或许不同，但情感相同。看着许振超鬓发斑白而身姿依旧挺拔如松的背影，人们读懂了“桥吊传奇”的意义，读懂了“振超精神”的内涵，那就是执着专注、精益求精、一丝不苟、追求卓越的工匠精神，就是爱岗敬业、争创一流，艰苦奋斗、勇于创新，淡泊名利、甘于奉献的劳模精神。

传奇不老!

第三章
跨越巅峰

从2003年第一次创造集装箱装卸单船效率、单机效率世界纪录，许振超不断率队冲击国际航运界的一座座船时效率高峰。

至2019年11月，许振超已经9次创造集装箱装卸世界纪录，享誉国际航运界的“振超效率”横空出世！

“振超效率”已成为青岛港改革开放成果中的耀眼明珠，助推青岛港一跃成为世界大港和东北亚地区的枢纽港。

一　离开桥吊队

2002年2月11日，春节的前一天，明港公司开业庆典上，许振超请缨组建公司桥吊队。“没问题！”总经理朱广太欣然同意，但附加了一个条件：“组建桥吊队和生产安全、新桥吊组装这三摊事，你都得给我管起来。”

“我干！”许振超接了。

一人干三摊活，哪有不累的？但许振超心情舒畅。

因为他又可以天天亲近他的桥吊了。

一年以前，他是带着一种极为无奈又郁闷的情绪走进集装箱公司安全科的。他当然不想离开他的桥吊和桥吊队，不想离开他那些朝夕相处的徒弟和工友。

走得无奈。

走得郁闷。

走得窝窝囊囊。

送他的时候，几个徒弟都哭丧着脸，不知道该说些什么。他吼他们：“别送了，都回去干活！你们把桥吊开好了，我就比什么都高兴。”

吼完了，心里一阵难过，他觉得自己从来都没有这么憋屈过。

那年的农历正月初一，趁着没有作业任务，许振超安排了5个桥吊司机清理桥吊。5个人拱在桥吊车里一身油污，从晚上8点一直干到夜里12点，又累又饿，就一起到食堂吃饭。这时公司来人查岗，发现桥吊队空岗。第二天开会，公司经理提出，要处理脱岗的5名职工，许振超死活不同意："职工们过年期间放弃休息，干活弄得满身油污，你们怎么忍心？要处理就处理我！"经理当场叫来7个班子成员，集体批评他纵容职工违章。许振超死不低头，气愤地拍着桌子："职工是我安排的，一个人罚款500元，2500元我全出了。"

最后公司连他和职工一起罚了款。许振超心里憋屈，大病一场。他闹不明白：节日期间加班加点干活，怎么就干出了毛病？！

事后有人说他："老许啊，不是二十几岁的年轻人了，遇事要冷静，跟领导顶牛，对你有什么好处？再说，你干吗非要出这个头？"

许振超不同意："自己的事就该自己担！出了事，我这个队长如果只会逃避、推脱，不敢为下面的工人承担责任，那既失了男儿大丈夫本色，我这个队长当得也没意思。"

不久，又出了一档子事：司机王崇山开着桥吊准备卸舱里的集装箱，正在将舱盖板用吊具吊到桥板头的时候，突然，吊起的舱盖板在距离地面一米左右时失控，迅速下滑，重重地砸在地面上。因为正是凌晨时分，下面没有人，没有造成严重后果，但这件事情的性质无疑是严重的，如果当时下面有人有物，那就损失惨重了。

早上7点来钟，许振超到队上，详细询问了事情的经过，他觉得很奇怪，王崇山在操作过程中并没有任何失误，吊具为什么会突然跌落呢？一边想着，一边往公司会议室赶，参加每天例行的调度会。会上，已经得到报告的经理火冒三丈，先严厉批评分管安全生产的副经理，又斥责司机王崇山不注意安全，拿安全规程当儿戏。"如果当时下面有人有物怎么办？那会出多大的漏子？"经理厉声说："不行，这个王崇山一定要严肃处理！"公司的前任经理是朱广太，他无论是在人品上还是在能力上，都是一个过硬的干部，曾为集装箱公司的发展，立下汗马功劳，但就因为他在任期间，公司发生了一件重大安全事故，立刻就被铁面无私的常德传免职，很是坐了一阵子冷板凳，直到明港公司成立，他才东山再起，被常德传委以重任。或许正是因为有了朱广太的前车之鉴，现任经理对安全生产这一块看得极重，但许振超还是觉得如此处理问题欠妥当：事故发生了，不首先去搞调查研究，分析事故原因，而是想当然地先出处理意见，这怎么能行？

许振超在会上什么都没有说，单凭直觉，他认为事故应该与王崇山无关，可他还没有上机做过检查，没有拿到有说服力的证据和数据，所以他只能默默听着。

散会，许振超正要回去，经理叫住他："老许，我在会上已经说了意见，你到队上先处理当班司机，其他的我们再讨论。"

许振超知道自己不能继续沉默了："我不同意。事故原因还没有查清，责任确定不了，我凭哪一条处理人家？"

经理有点不高兴，瞪了他一眼，转身走了。

撇开许振超，经理责令分管副经理直接处理，但处理队里的一名司机，到底还是越不过许振超这个队长，所以，副经理就带着技术科长又来找许振超。许振超耐着性子跟他们说理："安全生产有个'三不放过'原则：事故原因没查清不放过，没有防范措施不放过，职工群众没有受到教育不放过。现在你们匆匆忙忙地就要处理司机，你们心里应该很清楚，这么做，根本就不符合'三不放过'原则……"

"老许，你说的这些我理解，但经理已经说要处理了……"

"既然这样，那你就让经理处理好了。"许振超拦住副经理话头说。

然后，许振超带着一个技术员上了桥吊，巡检、排查、分析，又反复地模拟当时现场操作的程序，获得了第一手的数据。

当天晚上，他又找了几个技术过硬的维修人员，对相关数据做了详细的计算。计算结果证明，司机的操作没有错误，问题在桥吊本身：电控设备突发性故障，导致反馈信号瞬间丢失，电机超速运转，使吊具突然下滑，造成了事故，这与司机操作显然没有关系。

连夜写出事故分析报告，第二天就交给副经理："事实证明，司机无责任！"许振超说，觉得为司机澄清了责任，心里很高兴。

"我不看！"副经理却说，"司机一定要受处理。"

"凭什么？您也是搞技术的出身，怎么却不相信技术数据呢？这样的处理结果会让人笑话的。退一步讲，这对司机是不公平的；再退一步，事故原因不说清楚，不让所有人都有所防范，以后肯定还会出类似的事故。我们不能为了处理而处理。"许振超说道。

"我说过，经理已经发话了，这个处理意见你必须写。"副经理说。

"我不写！"许振超决然地说。

结果，副经理直接找到了司机王崇山，声色俱厉地说了些"只要出了事故，就逃不脱干系"之类的话，让王崇山回去写检查，并说要在全公司大会上读。公司有700多号人，而自己将在700多人的大会上读检查。想到这一点，王崇山慌了，心里也顿时没了主张。王崇山中专学历，20岁出头，在桥吊队干司机还不到两年，人聪明又勤快，但毕竟年轻，没经过什么事，听完副经理的训话，他吓得赶忙去找许振超，一看见许振超就哭了："在那么多人的大会上做检查，我以后在单位还怎么干活呀？"

“你有错吗？”

许振超冷着脸问。

“我没错呀！我操作都是按照规程来的。”

王崇山说，委屈得不行。

“没错你哭什么？”许振超说，“把腰杆挺起来！你现在先回去，该干什么干什么，不要有心理负担。”

许振超又去找副经理：“事故跟司机无关，咱不能这么干！”

“怎么无关？”副经理白了许振超一眼。

“数据都计算出来了，明明白白摆在那里了。”许振超说。

副经理不再理许振超，而是让技术科长把王崇山叫来：“这样吧，你到时候上台念念就行了！”副经理说。副经理觉得，这对于王崇山来说，已经够宽容了。

王崇山无奈，只好答应。这回，他没有去找许振超，他已经知道为了自己的事情，许振超跟上面都吵起来了。他不希望因为自己让许振超跟公司的领导都闹翻。

许振超还是知道了。当时他正在桥吊上做例行检查，一听就急了，下来就跑到副经理的办公室，副经理和技术科长都在：“你们一个副经理一个技术科长，就为了撇清自己，就为了让经理满意，就不惜去糟践一个年轻司机，你们还要不要脸？我想问一句，司机怎么样操作才会让舱盖掉下去？这样吧，你们不是一定要司机上台念检讨吗？到时候我上台念。反正我是队长，司机出了事，我本来就该负责任。”

那天公司开大会，王崇山一直靠许振超坐着，神情特别紧张。许振超说：“没你事，要念检讨我上去！”

会议一直开到最后，也没提这事。

许振超和王崇山都松了一口气。

几个月后，公司下达正式调令，许振超被调到安全科。

许振超当然知道这其中的缘由。虽然他一万个不情愿离开桥吊队，但对自己做过的事情，他不后悔。他坚持认为，一个真正的男人就应该光明磊落有担当，哪怕因此失去一些东西，包括眼前的利益。

后来，许振超曾经想过要找经理和副经理好好说说这件事，解释一下自己当时的态度和做法，但一直都没有找到合适的机会。不过，这件事情对他的影响一直持续到现在：遇见类似的事情，他不再像以前那样，一味地认死理，或者钻牛角尖，而是学会了从不同的角度去认识和看待问题。如此一来，即使是负面的事情，往往也能在顺利解决的同时，产生正面的效果。

二　编订《港口桥吊作业手册》

在明港公司，许振超一度是最忙碌的人。组建新的桥吊队，负责公司安全生产的管理，指挥剩下的另一台桥吊的最后吊装——三摊事情一个比一个重要，许振超就把自己变成了一只停不下来的陀螺，一天十几个小时地忙在现场。

对安全生产的管理，他不仅不陌生，还很有心得，这其实也是在安全科练出来的。当时，公司要进行全员安全培训，编写教材和讲课的任务就落在了他这个副科长身上。虽然他的心总是记挂着他的桥吊队，但在其位谋其政，该他做的，他绝不能含糊。他找了几本安全管理方面的教材，找来交通部的相关条文和规章，找来集装箱公司十多年的发展材料，再结合自己当队长的心得和经验，编写出了一套图文并茂的安全培训教材，并登台给大家宣讲。

当然，他并不是照本宣科地只讲教材上的内容，当了多年队长，曾经发生的一些事故和对事故本身的思考，他随时可以信手拈来，以佐证自己教材中的观点。所以，一线的工人对这样的讲座都表现出了异乎寻常的热情……

有了这样的经历，在主持制订明港公司安全生产规章的时候，他就显得驾轻就熟了，只不过根据公司新成立的实际情况，做了相应的修订，然后将其应用到实际的生产管理上。

除此，他还主持编写了《前湾集装箱码头质量管理条例》和青岛港“创国优金奖质量管理体系”。对他来说，那是两个挺大的工程，也耗费了他不少的精力，但让他欣慰的是，那两个文件后来相继被交通部认定为全国沿海港口桥吊设备管理国优金奖标准。

后来，公司正式成立安全科，许振超才不再管安全生产的事情。

而第二台桥吊的吊装，也在按部就班地进行着。在成功地指挥了第一台桥吊的吊装后，他的名气和威信已今非昔比，在现场，他可以真正做到令行禁止了。一个月后，第二台桥吊也如期矗立在前湾宽阔的码头上。

安全生产的工作结束了，第二台桥吊的吊装也成功了，他的三摊事现在只剩下一件了。他放开手脚，开始全力打造自己的桥吊队。他那时有一个雄心勃勃的目标，就是把自己的桥吊队打造成中国最好、世界一流的集装箱装卸队伍。

这目标说起来容易，做起来实在是太难了。当时的桥吊队虽说有 50 多名队员，但只有十几名技术成熟的司机，剩下的都是刚从学校招来的新职工。按照惯例，一个学生走上桥吊司机的岗位，至少一年时间才能独立动车。这也就是说，许振超要用一年的时间，才能拥有一支合格的桥吊司机队伍。而要做到中国最好、世界一流，显然还需要更长的时间。

这一点许振超也想到了，为此他整整一个星期没有睡好觉、吃好饭。一周后，他把队里的十几位老司机叫到一起，提出要编一本桥吊手册："大家都是老司机，有多年的经验，这些经验都是经过时间、汗水和心血凝结起来的。我的想法是根据大家的经验，编一本手册，交到新司机手里，这样，就可以帮助他们在最短的时间里成为一个合格的桥吊司机。"

老司机们都觉得是个好主意，也都无私地奉献出各自的看家绝活。但仅有这些还远远不够。为了编好桥吊手册，许振超阅读了大量桥吊技术和管理书籍，并几乎翻遍了此前近 20 年来自己所有的桥吊学习笔记，优中选优，细细推敲，最后总结出桥吊作业中的 200 多项操作规程，囊括了从正常情况到大风、雨、雪、雾天气的各种作业注意事项及故障应急方案；他还找来交通部、青岛港的质量管理条例，并参照国际标准，制定了桥吊司机须知的桥吊队各项管理条例……

那段日子里，许振超几乎每天都在熬夜不停地写，直写得眼花手酸，就站起来在房间里走上几步，或者用自来水洗把脸，然后坐下，继续写。

薛中乐是许振超亲自选的副队长，当时跟许振超住同一个宿舍。一天夜里两点的时候，薛中乐起夜，见许振超用一张报纸遮住台灯，还在埋着头写，就劝："许队，别这么拼命了，又没人逼你！"许振超摇摇头说："事太多了，不拼命不行啊！"

说完，埋头继续写……

"哎，当时费的那劲，我甚至觉得比倒推电路图还难。"

回忆起那段日子，许振超微笑着说。

浅浅的笑容里蕴着一汪自豪。

那本填补了国内空白的《港口桥吊作业手册》，后来甚至被众多专业院校列为必修课的参考教材。当然，大多数使用这本教材的学生不会知道，主持编订教材的人，竟然只有初中学历。

三 “振超效率”

《港口桥吊作业手册》出炉，被放在了每一台桥吊的驾驶室里，但“手册”毕竟是“死”东西。要成为一个合格的司机，得练；要提高桥吊装卸效率，更得练。

“在码头上，我们桥吊司机的岗位就是第一岗位：卸的第一关，装的最后一关，所以，我们的岗位有多么重要，不用我多说。还有，我们操作的每一台桥吊价值大都在4000万元以上。4000万元哪，那是什么概念？一家相当规模的国企的固定资产也就这么多了！我们呢？每天坐在驾驶室里，举手投足，不经意间操控的就是一家4000万元资产的国企啊！所以，我们每个人不仅要有一种自豪感，更要有一份责任感！是的，对公司，对港口，我们是有一份无法推卸的责任的，但怎么才能负起这份责任呢？一个字：练！古人说，‘练就通天艺，货与帝王家’，古人都知道要为皇帝和朝廷效力，必须有一身本事；今天，我们要担负起加快码头装卸效率、振兴青岛港的责任，不练成一身绝活一身好本事，行吗？”

队务会上，许振超给他的队员们鼓劲打气作动员，他说得激动，听的人也都群情激昂：“许队，没说的，我们跟着你干就是了。”

桥吊司机一年出徒是行内的惯例，但许振超等不起这一年。他琢磨出了一套“60小时动车”法，通过强化理论、实际环境观摩、模拟试车、试车、理论梳理、再试车等程序，让新手在很短的时间内就纷纷出师。40多名合格的桥吊司机的出现，立刻解决了前湾人才断档的“燃眉之急”。

接下来，许振超开始教练和推广他早已创出的桥吊作业的“一钩准”、“一钩清”、“一钩净”、“二次停钩”等绝活。一时间，桥吊队里弥漫着一股学技术、练绝活的热潮。有一次，公司总经理朱广太来到桥吊队，目睹此景，大为高兴：“老许啊，真难为你了！”又说：“有了这样一支队伍，完全可以创造出任何奇迹。”

对许振超来说，练绝活是为了提高效率和效益，所以，对每个操作环节的时间，他都抠得特别严，几乎到了“苛刻”的程度。根据操作现场测算，桥吊启动后，要达到最高时速通常需要5秒钟；许振超计算后提出，3.5秒钟就足够用了。一些司机不以为然：

“抠1.5秒有什么用？”

“如果一船有1000个集装箱，每个箱子省时1.5秒，我们就能节约25分钟出来。”许振超为大家算了一笔账，“在航运界，竞争最激烈的就是集装箱业务，衡量港口水平的一个重要标准就是港口装卸的速度。你们知道吗？一艘可载三四千只标准箱的中型集装箱船滞港一天，就要多付五六万美元给货主。作为一个码头，只有创造了世界一流的效率，才能吸引世界级的船公司来停靠更多的船，挂更多的航线。如果码头装卸效率低，船舶经常滞港，就没有船舶愿意来停靠。同样，没有船来停靠，我们的码头建了也没用。所以，我们必须得分分秒秒地争时间。”

听了许振超的话，大家就不再言语。

最后，队里的大部分司机攻下了那“1.5秒”。

在绝活“二次停钩”上，许振超同样是一秒一秒地抠。从实质上讲，“二次停钩”与追求效率的目标是相悖的，但因为可以有效规避作业失误，坚决不能省，为此许振超要求每一个司机，必须把“二次停钩”的火候把握得出神入化。刚开始时，他要求司机将停钩时间控制在2秒左右，再往后又减少到1秒、0.5秒。为了0.5秒这个“火候”，司机们不知练了几千遍，有的司机为了这一个动作竟练了近半年！

结合青岛港口的实际，许振超又提出了一个核心班轮保班作业的“一二三”工作法。“一”就是“一个目标”：桥吊必须呈现无故障运行。“二”就是“两个制度”：凡是保班作业，一是技术主管昼夜值班制，二是出现突发故障15分钟排除制度。“三”就是“三个事先”：对桥吊，保班作业前技术主管要事先检修一遍，事先掌握船舶技术资料、作业箱量，事先动员。这之后，桥吊队又在全国沿海港口率先实现了“核心班轮保班全部100%”的目标……

此时的许振超并没有意识到，他所做的一切，其实就是在为“振超效率”的横空出世创造基础和条件。他只是基于一种朴素的信念，做着他认为应该做的事情，这种信念就是他曾对桥吊队工友们说过的两句话：

要担负起振兴青岛港的责任，就要练成一身绝活一身好本事！

咱工人是码头的脊梁，在世界一流的大码头上干活，就要干出世界一流的水准！

四　传奇人物

2002年的夏秋之交，常德传到前湾港调研。

在青岛港，常德传是个极具传奇色彩的人物。享受国务院政府特殊津贴专家、全国优秀企业家金球奖获得者、全国劳动模范、全国首届创业企业家、全国交通系统劳动模范、中国经营模范、全国质量管理突出贡献者、中国杰出企业管理人才、中国物流十大风云人物、中国企业十大新闻人物、最受关注企业家、中国企业文化建设二十年个人贡献奖、中国企业改革创新十大杰出企业家、青岛市“突出贡献个人”……这些奖项和荣誉称号中的任何一个，对于一个企业家来说，无疑都是无比珍贵而且值得终生自豪的。

“对上负责，让党放心；对下负责，让职工满意；对己负责，终生无悔。”他的这几句座右铭，曾经在很大的范围内被传扬一时。透过它们，常德传的人品、气节、风骨，一览无余。

1968年，常德传从大连海运学院毕业分配到青岛港后，是从最普通、最基层的装卸工开始干起的。那时，青岛港的装卸能力很低，到港的也都是些吨位很小的船，甚至还有不少小驳船。船小，舱位低，装卸工干活的时候，必须弯着腰，常常一弯就得一天。港口经常来日本化肥，40公斤塑料包装，如果戴上手套卸货，滑，使不上劲，就只能赤手。几天下来，十个手指都冒血丝，疼痛钻心……正因为有了这份特殊的经历，1988年当上局长后的常德传，在分房子、调工资等福利和待遇上，都力主向一线的装卸工人倾斜。现在，青岛港工资和福利待遇最高的群体不是领导不是机关干部，而是一线的工人。在青岛港，你很难找到豪华的办公室，却到处可以看到宾馆般的候工楼；看不到超标的领导“坐骑”，却有不少接送工人上下班的气派的班车。“我们的事再大是小事，职工的事再小是大事”——这句话早已是青岛港务局领导们工作的一条原则。

出任局长十几年来，常德传带领全港员工，改造了一座百年老港区，建设了两座现代化新港区，世界上有多大的船舶，青岛港就有多大的码头，打造了集装箱、煤、油、矿、粮等货种强大的核心竞争力，使青岛港一举成为现代化国际亿吨大港，在世界集装箱大港中排名第 14 位，创造了震惊国际航运界的集装箱、铁矿石、纸浆等装卸效率世界纪录，被国际航运界誉为“21 世纪希望之港”，并使青岛港成为全国交通系统的学习典型和港口行业唯一的示范窗口。

1991 年 7 月 19 日夜，强风突袭青岛港，高达 12 级以上的狂风刮倒大型设备，掀毁仓库，毁坏了部分船舶和码头，对港口造成很大灾害。面对巨大的困难，常德传提出“两不变一不减”，即发展目标不变、改造目标不变，生产任务不减。冒着高温酷暑，连续作战，仅用 10 个月的时间就完成了码头改造，4 台集装箱桥吊拔地而起。1991 年底，在船公司、货主的支持下，青岛港首次开通了第一条集装箱国际干线：青岛—美国西雅图航线，使青岛港迅速跨入集装箱发展新的历史时期。1995 年，抓住当时有利时机，在中远集团和青岛海关的大力支持下，青岛港承担起集装箱国际中转的重任，成为中国大陆港口第一个国际集装箱中转港。其间，在常德传的带领下，青岛港咬紧牙关，连续完成了 5 个集装箱码头改造，使港口装卸能力达到 80 万标准箱并创造了年完成 264 万标准箱的奇迹。

这些年来，常德传其实一直都置身于改革与发展的风口浪尖。1990 年 2 月 16 日，青岛港召开了首届科技大会，常德传在会上立下誓言：“绝不让一名工人下岗！”这句誓言当时就受到过广泛的质疑，因为“下岗”当时已经成为整个社会的流行词，凭一个人的力量显然难以阻挡“下岗”的滚滚大潮。

不过，常德传的神奇也正表现在这里：他兑现了自己当初的承诺；即使是在2003年1月9日之后，青岛港改制为青岛港（集团）有限公司，彻底与政府部门脱钩，在市场大海中求生存，全港16000名职工也没有一个人下岗，而且，收入连年上升。

但是，那些怀疑甚至嘲讽，对常德传曾经造成巨大的压力。青岛港的20万吨级二期油码头，是国家决定出资3亿元专为原油出口建设的，上世纪八十年代末建成后，由于无油出口而不能投产。风吹雨淋日晒，锈蚀日益严重。眼看着国家投巨资建设的码头得不到利用，即将成为一堆废铁，常德传焦急万分。为了盘活这座码头，常德传一方面组织工人加强看管保养，保证完好无损。另一方面带着人跑市、跑省、跑北京，四处汇报、呼吁。在当时国家计委、交通部等有关部委的关心支持下，1992年底终于通过国家正式验收，但工作并没有结束。由于无油可运，码头仍半死不活。为了从根本上解决这一难题，常德传决定对码头进行返输改造，扩大功能，原油能进能出，同时下决心建油罐。决定一出，流言蜚语、风言风语立刻漫卷而来：“老常真能胡造！码头都死了，还建什么油罐？这不是在拿青岛港的钱填海吗？”……常德传顶住了这些舆论的压力，筹资16.2亿元，用8年时间，分5期建设了180万立方米油罐，使码头从1995年开始接卸进口原油，当年即进口100多万吨，此后用6年时间共进口中转原油5000多万吨，创收10亿元。到千禧年之初，这座耗资3亿元、曾经濒临废弃的码头已经盘活，并成为当时我国最大的进口原油中转基地，也成为青岛港的四大核心优势业务之一，占全港总吞吐量的四分之一，进口量居全国港口第一位。

1990年2月16日青岛港的首届科技大会上，常德传还说过一句著名的话：“要让青岛港成为工人们建功立业的沃土。谁能干，就用谁！”这句话很多年后又被人旧话重提，因为有人想到了许振超，并且认为，许振超在青岛港的成长经历，就是对常德传这句话最好的注脚！

五　接下军令状

2002年的夏秋之交，常德传到前湾港调研时，心情真的不错。

青岛港实施外贸集装箱西移战略以来，前湾新港区大码头、深泊位的优势日益凸显，世界著名船运公司都竞相来港挂靠大船，这使承担着前湾新港区集装箱装卸任务的明港公司，连续数月创出作业新高。

常德传心情不错，因为这证明了他当初集装箱战略“西移”的决策是正确的。

等到了明港公司的桥吊队，见到了队长许振超，常德传的心情就更好了。

许振超到明港公司辅佐朱广太，其实还是常德传点的将。常德传发现，这个在桥吊安装现场当总指挥时就给了他一份满意答卷的桥吊队长，到明港公司后给他的，简直就是一份惊喜了：他创造了新桥吊司机“累计动车60小时即可出徒”的桥吊司机培训新纪录；在全国沿海港口率先实现了“核心班轮保班全部100%”的目标；制定并实行了突发故障15分钟排除制度，保证了桥吊的无故障运行，让桥吊的装卸效率大幅度增长……而这一切，居然都是在不到半年的时间里实现的。

常德传想不高兴都不行！

不过，常德传不会仅仅停留在高兴上。对许振超，他还有更高的要求。直觉告诉他，站在他面前的这个清瘦、精干的老码头身上，还有巨大的潜力和潜能需要他去挖掘。

“振超老弟，现在上海港已经做到了不论接多大的船，都可以保证 12 小时完成作业，你敢不敢保证 10 小时内完成对船舶的装卸作业？”常德传问。

许振超说：“没有问题。”

但常德传显然不会就此打住：

“知道吗？现在世界集装箱装卸纪录是由中国香港的现代货柜码头于 2001 年 2 月 1 日创造的，单船效率为每小时装卸 336 自然箱，单机效率为每小时 68 自然箱，你有没有信心冲击一下世界纪录？”

常德传又问；目光炯炯地盯视着许振超。

许振超还是那句话：“没有问题。”

“你凭什么这么自信？”

“干活讲究个‘七分工具，三分手艺’。以前，我们与世界上那些大港的差距主要在装卸工具上，我们要想跟人家一较高低，先天就不足。现在不同了，我们有世界上一流的码头，有达到世界最先进水平的桥吊，还有一支人人都有一身绝活的队伍，自然可以干出世界一流的活来。要创造世界纪录，我认为完全可能！”许振超说。

“好，好啊！”常德传激动起来，“振超老弟，如果你能带队打破世界纪录，就以你的名字命名青岛港的保班名牌，名字我都想好了，就叫‘振超效率’。到时候，我亲自给你献花！”

其实，打破世界集装箱装卸纪录的想法在许振超心中由来已久。

1994 年，他作为青岛港的专家组成员，参观阿姆斯特丹、汉堡、香港等世界大港的装卸工序时，就有了这个念头。印象最深的一次是在香港参观现代货柜码头。在那里，当他得知人家的集装箱作业效率平均达每小时 30 个自然箱，并且世界最高时，久久不能释怀。要知道，那时青岛港的作业效率平均只有每小时 20 个自然箱，这也就是说，人家一个小时下来，要比青岛港多装 10 个自然箱。“什么时候我们的作业效率能够超过这个数字呢？”他想。

在那以后的十年来，围绕提高效率，他先后搞了不少革新，但是，“巧妇难为无米之炊”，受老港区吃水浅、泊位少等先天条件不足的影响，作业效率总是提高不大。如今，面对着前湾这个世界一流的码头时，他蕴藏在心底的夙愿一下子被激发了起来。常德传走后，他把桥吊队的队员们召集起来：“刚才我已经从常局长手里接下了军令状，要打破世界集装箱装卸纪录。我总觉得，这本来就应该是我们这代工人的梦想啊！赶超世界装卸水平，咱们责无旁贷。大家有信心吗？”

“有！”

几十个工人心同此想，爆出雷鸣般的一声吼。

六　完成第一个目标

许振超知道，要破世界纪录，他和他的队员们还要经过一段最后的冲刺。

许振超给自己定下了一个标准：把每一个队员的装卸效率全部提高到每小时 50 个自然箱。这是当今世界港口集装箱作业的最高标准。

为此，他发明了师傅和徒弟结对子的办法，让徒弟和师傅自由选择，并和他这个队长签下“军令状”，但遇到难带的司机，还是需要他亲自出马。

从此，许振超带领他的队员们开始了痛苦的“培训攻关”：将全队司机作业效率从每小时 30 个自然箱提高到 40 个自然箱，他用了两个月的时间；从每小时 40 个自然箱提高到 50 个自然箱，他又用了整整半年！特别是提高到每小时 45 个自然箱以后，每提高 1 个自然箱的作业效率，都让他挖空心思，绞尽脑汁。他几乎琢磨遍了每一个作业细节，半秒半秒地抠时间。

几个月后，每个司机都达到了每小时 50 个自然箱的作业极限。

2003 年 3 月 26 日夜，“地中海洛丽塔”、“东方日本”、“中海汉堡”三艘国际巨轮，同时靠港青岛前湾集装箱码头。作业前，许振超给桥吊司机们打气：“咱工人就是码头的脊梁！青岛港在国际市场上的信誉，靠咱们扛！”

一夜鏖战，三艘巨轮全部完成装卸。世界上最大的集装箱船“地中海洛丽塔”起航时，意大利籍船长感叹地说：“10 小时完成装卸，不可思议的装卸效率！我到过欧洲许多大港口，这里是最优秀的。”

许振超目送三艘巨轮相继离港。1892 年 11 月 14 日，德国海军在青岛栈桥登陆，德国政府强行租借青岛为军港。100 多年后的今天，青岛港成为我国年货物吞吐量突破 1 亿吨的国际大港。“这是多么令人激动和自豪的事情啊！”许振超想。

更让他激动和自豪的是，他已经达成了 1600 标准箱左右的船舶 10 小时内就可以完成装卸的目标，超过了上海港的装卸效率，这是大半年前常德传局长给他的第一个指标。

但距离打破世界纪录，这还远远不够。

对队里的技术主管，许振超也提出了同样苛刻的要求，即要求桥吊做到无故障运行。按照国际惯例，桥吊的故障率被控制在每百小时有 3 小时故障即可，但他不同意，他坚持说，要创世界第一的效率，就必须把桥吊故障率控制在每百小时出现 1 小时之内。为此，他同样挖空了心思。他彻底改变了传统的设备养护模式，把桥吊使用的前期维护保养作为设备管理的重点，把大桥吊分解成电气、机械、液压、润滑和水密等单元，拉网式循环检查、紧固、调整、润滑、清洁。其中，光电气房内接线点、光缆通信接口等，粗略估计就有 2000 多个点，基本上两个月都要查上一遍，挨个螺丝拧一遍……

“还有什么需要改进和提高的呢？”

这几乎是许振超每天都要拷问自己的一个问题。

七　首创世界纪录

许振超没有想到的是，他的打破世界纪录，还有一个序曲。

据 2003 年 4 月 4 日的《青岛港报》报道，4 月 2 日，以许振超为队长的桥吊队，在对英国铁行公司“托米斯”号轮的货物装卸作业中，以每小时装卸 299.7 自然箱的单船效率和 62.8 自然箱的单机效率，刷新了中国内地集装箱装卸的最高纪录。其中，最高单机效率比原纪录提高了 13.5 个自然箱 / 小时，与世界最高纪录仅相差 5.2 个自然箱 / 小时……

虽然没有真正打破世界纪录，但常德传已经是喜出望外了，他甚至改变了与许振超的约定，提前以“振超效率”命名青岛港的保班名牌。4 月 15 日上午，在集团客运站礼堂，“振超效率”命名大会隆重召开，常德传在持久、热烈的掌声中，为许振超颁发奖牌。会上，常德传的副手、集团副总裁田广文宣读了集团关于命名“振超效率”的决定；“决定”中号召集团各单位以此次命名为契机，迅速掀起“学振超精神，创振超效率”活动的高潮……

那天，包括《人民日报》在内的十多家媒体参加了命名大会，并在会后对许振超进行了集中采访。

说真的，参加那次命名大会的许振超很勉强，因为那块“振超效率”的牌匾并不是他想要的。他心里很清楚，没有最终兑现给局长的承诺，他就没有资格接那块牌，虽然，4 月 2 日他们的成绩距世界纪录仅相差 5.2 个自然箱 / 小时，但即使是仅仅相差 0.2 个自然箱 / 小时，那也不叫破纪录！

所以，抱着牌的许振超一直显得闷闷不乐，在接受记者采访时也有些心不在焉。

他那时心里只有一个强烈愿望：早日真正打破世界纪录。

而在许振超的默默期待中，2003 年 4 月 27 日晚 7 时 25 分，国际巨轮“地中海法米娅”号停靠青岛港 78 号泊位，需装卸 3200 个集装箱。

望着船长 303.9 米的“地中海法米娅”号巨轮，许振超觉得自己的心里正燃着一团火：

一团激情之火。

他知道，那将是他桥吊生涯中的巅峰之战；他还知道，就在那个晚上，他将真正打破世界纪录，并最终兑现给常德传局长的承诺。

他要让自己在面对那块“振超效率”的牌匾时，心中踏实而无憾。

常德传当然知道许振超的心思。当晚7时，“地中海法米娅”号还没有靠岸，他就赶到现场，询问“地中海法米娅”号船的情况。

其实，常德传对于“地中海法米娅”号丝毫不陌生。2001年10月27日，作为世界第二大的“地中海法米娅”号就成功首航青岛港，作为拥有6750个标准箱位和世界第六代集装箱船的代表，“地中海法米娅”号也是当时停靠青岛港的最大一艘集装箱班轮。那一天，在“地中海法米娅”号靠泊的第45、46泊位，举行了隆重的首航仪式，常德传还与“地中海法米娅”号船长斯文·索恩森代表船、港双方互赠了纪念品。

常德传至今还清楚地记得，那次“地中海法米娅”号在青岛港装卸了1600个自然箱，而这次，需要装卸的是3200个集装箱。

边上的朱广太给常德传细细介绍“地中海法米娅”号的载货情况。

听完介绍，常德传感到了一丝担忧，对跟在他身后的许振超说：“香港现代货柜码头创造集装箱装卸纪录时，大多是利用空箱卸船作业，但这一次‘地中海法米娅’号轮的重箱比重大，占总装卸量的85.5%，而且重点舱箱量大，各作业线极不均衡，这也大大地增加了我们的作业难度——振超老弟，不容易啊！”

“局长，这些困难我考虑过了。我认为我们完全有能力克服。”许振超说。

“好，我今天就待在现场，为你鼓劲加油，呐喊助威！”

大战之前，常德传给现场参战人员发表简短讲话：“打破和创造世界纪录对青岛港意义非凡，而能够亲身参与这件大事，也必将是我们每个人一生中最难忘怀的记忆。我就在现场，我跟大家在一起，我期待着破纪录的那一刻。谢谢大家！”

“常局长在期待着我们打破世界纪录，我请大家告诉常局长，你们有没有信心？”现场总指挥朱广太大声问参战人员。

“有！”

回答他的声音如排山倒海。

然后是经久不息的热烈的掌声。

掌声中，朱广太对许振超说：“老许，今天你是主角，你得说两句。”

许振超走上前。夜幕下的明港码头一片灯火辉煌，海风送来阵阵寒意，他的心里突然涌起一股慷慨与激扬。他直了直腰杆：“我只想说一句话：咱工人是码头的脊梁，只要咱们挺起脊梁，世界将为之震惊。”

8 时 20 分，朱广太发出指令：“挑战世界纪录大会战，现在开始！”

橘黄色的高压钠灯立刻将宽阔的码头前沿照得亮如白昼。现场 8 台桥吊一字排开，每台桥吊之间的距离不足 10 米。吊具向船上迅速移动、下落，吊起的 8 个集装箱以优美的曲线，几乎同时轻轻落下船来……

作业在紧张和井然有序中进行着。桥吊“无故障运行”的制度显然发挥了最佳的功效：那天，直到全部作业结束，都没有一台桥吊中途停运。只是在作业两个小时后，27 号桥吊的运行速度有过短暂的减慢。许振超立刻断定，是控制吊具的限位器松动造成的。他拿起对讲机，指挥维修工，仅用了不到两分钟，即排除故障……

那天晚上，许振超大部分时间在全场巡视、检查，但在 28 日

0时，他特别在8号桥吊前站了下来。8号桥吊负责的是重点舱，作业难度最大，单机效率与其他桥吊总是差着一只集装箱。

“我来指挥！”许振超替换下8号桥吊的地面指挥。

整整一个小时，8号桥吊多抢出了5个箱子。

鏖战6小时15分钟，到28日凌晨2时35分，全部作业完成。许振超和他的桥吊队终于创出了单船效率339自然箱/小时、单机效率70.3自然箱/小时的世界纪录。

船方代表迅速发来的感谢信，确认了这一刚刚出炉的世界纪录。作业现场一片欢呼。

常德传一颗悬着的心终于落地，他与身边的朱广太热烈拥抱、击掌相贺，然后，抢将过去，一把抓住许振超的手：

“振超老弟，辛苦了！”

走下桥吊的队员们聚拢在许振超周围，听常德传讲话。常德传心情激动，面色红润：“同志们，今天，你们终于跨越了世界集装箱装卸的巅峰！你们为中国人、为中国的码头工人争了脸！请允许我代表集团公司，代表集团公司党委，向你们表示最热烈的祝贺！……”

置身于欢乐的人群中，许振超突然发觉自己身上软绵绵的，没有一丝气力。他真的累了，他只想好好地睡上一觉。

八　纪录就是用来打破的

时隔5个月，即2003年9月30日，在接卸“地中海阿莱西亚”号轮的作业中，许振超和他的桥吊队，又以每小时单船381自然箱的装卸效率，再次刷新了由他们自己创造的世界纪录。

接到报告后，中国交通部反复核实，并与世界权威机构沟通后，最终确认，这一成绩可以被认定为世界最新纪录。

到10月，世界航运业的权威杂志《港口与港湾》，又专门刊发了许振超团队创造的381自然箱的世界纪录。世界著名船公司、地中海航运公司专门写信到青岛港致贺："你们的效率简直令人不可思议，我们一定会把这种效率推介给别的货主和船公司。"

后来许振超把这封信复印下来，放在办公室里，经常美滋滋地取出来给队员们看："这说明了什么？这说明只要有付出就会有——"

"收获！"

他的话还没说完，边上的几个队员一齐叫道，然后大笑。

许振超也乐："去去去，干活去！"

新华社、路透社等国内外权威媒体也在第一时间相继报道了这一消息。"振超效率"由此声名大噪。

连破世界纪录的"振超效率"也帮助青岛港昂首走向世界。国际上许多著名航运公司纷纷慕名而来，上航线、换大船、加箱量。世界排名前20位船公司全部在青岛港开辟了航线。青岛港航线真正实现了全球通。2003年，青岛港以完成集装箱吞吐量424万标准箱的绝对优势，同时超过日本所有港口，列世界集装箱大港第14位，一跃成为东北亚地区的枢纽港。

当然，许振超和他的队友们并未停下打破世界纪录的步伐，从2004年12月到2019年11月，他们又先后7次打破世界纪录——

2004年12月10日，在"马士基多特蒙德"号轮作业中创造最高单机效率82.4自然箱/小时、船时效率473.78自然箱/小时、泊位效率 379.88 自然箱 / 小时的新纪录。

2005 年 11 月 11 日，在“诺德奔驰”号轮作业中，创出了平均单机效率 87.67 自然箱 / 小时、泊位效率 409.11 自然箱 / 小时的新的世界纪录。

2006 年 11 月 27 日，“中远北京”号轮在青岛港装卸箱量 10239 标准箱，创航运界单航次操作量纪录：经过振超团队的努力，一举创造船时效率、泊位效率等四项集装箱装卸世界纪录。

2007 年 5 月 1 日，在“中远中国”号轮作业中，创造了单机效率 96 自然箱 / 小时的新的世界纪录。

2008 年 2 月 8 日，在船长 263 米的“新丹东”号轮装卸作业中创出了桥吊平均单机效率 94.9 自然箱 / 小时、单吊具桥吊最高单机效率 105 自然箱 / 小时、船时效率 486.2 自然箱 / 小时的世界新纪录。同年 12 月 25 日，仅用 2 小时 55 分就完成了“地中海弗朗西斯卡”号轮全船 2581 标准箱的作业，创造了船时效率 498 自然箱 / 小时的集装箱装卸世界效率。

2019 年 11 月 24 日，在“马士基埃斯米兰达”号轮作业中，振超团队在相隔 11 年之后，以 514.7 自然箱 / 小时的船时效率打破了一直由自己保持的集装箱装卸效率世界纪录——创造这一纪录的时候，许振超已经 69 岁了，虽然不能亲自动手参加现场作业，但有他坐镇，团队成员似乎就有了自信和底气。当新纪录诞生的时候，许振超难掩激动之情。在随后举行的总结会上，他先是与每一个团队成员握手，向他们表示祝贺，然后目视大家——他们大多是他的徒弟和徒弟的徒弟——说道：“打破纪录当然可喜可贺，但不能因此就骄傲自满，要时刻准备着去打破你们今天创造的纪录，因为……”

他的话还未说完，大家就异口同声地接话：“……纪录就是用来打破的！”那是他在2006年底带领团队一举打破四项集装箱装卸世界纪录时说过的话。闻言，69岁的许振超笑了。

笑容中既有骄傲，更有欣慰！

九 履任新职

2003年12月，改革的浪潮再次将许振超送上风口浪尖。明港集装箱公司和英国铁行公司、丹麦马士基海运公司、中国远洋集团公司联合成立了一家规模庞大、实力雄厚的“三国四方”合资公司。许振超觉得自己年龄大，没学历，估计合资公司不会要他。

一天，他与朱广太在海边散步。朱广太已被指定在合资公司里担任要职。“我是不是该下岗了？”他问朱广太，神情很忧郁。

朱广太笑了：“你这个老许，你想到哪去了！你以为你就是一个开桥吊的？错！你是一个专家，没人能比的桥吊专家。不错，现在谈的都是市场经济，竞争激烈，甚至你死我活，但我要告诉你，无论竞争如何激烈，专家永远都是赢家，专家也永远不会下岗。”

朱广太的话，让许振超踏实了许多。他突然觉得，敢情自己这个土专家还是很有些分量的！这么一想，心情立刻愉快起来。

果然，2004年2月的一天，许振超接到正式聘书：合资公司聘请他为技术部固机部经理，不但管着桥吊队，而且管着全公司所有的大型机械设备和技术员，单工程师就有40多个。

也就是说，他这个年逾五十、只有初中学历的“老码头”，将要执掌前湾港这个中国最大集装箱码头最值钱的“家当”——顺岸24台超大型桥吊和77台轮胎吊，总价值20多亿元，相当于一个大型企业的“家底”。

对此，员工们反应平静。他们说：老许有这个实力。

这样的任命显然远远超出了许振超的预料，他此前最大的心愿就是在新公司里当桥吊队长，能继续和桥吊打交道，但现在一下子给他压上这么重的一副担子，他怀疑自己是否能挑得起来。按照国际惯例，固机部经理这个职务必须由资深的专业工程师担任。而他已经54岁了，有些机械他还从来没有接触过，他有能力管好吗？

去新公司报到之前，他到集团公司参加一个表彰会。会议结束后，常德传过来跟他握手，问了问他的近况。他把去新公司的事情说了，还谈到了自己的怀疑和担心。常德传听了，不禁大笑：“振超老弟，这可不该是你说的话。大风大浪面前，你什么时候退缩过？你是久经考验的人，有能力，责任心强。我相信，不管什么样的担子压到你身上，你都能干得好、干得出色。事实已经证明了这一点。所以，对自己，你应该有充分的信心。”

2004年4月1日，许振超上了一晚上网，将近子夜时分，才终于在康明斯公司的网站里找到了康明斯发动机的资料。在他所管辖的设备里，有一款大型机械使用的就是康明斯发动机，而他对之完全陌生。现在，找到了有关的资料，就好办多了。

从办公室走出来，海风吹在脸上，依旧带着些寒意。放眼望去，灯火通明的青岛港呈现在眼前，就像大海中的一艘巨轮。他一下子精神起来。眼前这个现代化的大港口，10年前还是一片荒滩，硬是靠1.6万名工人汗珠摔八瓣地干了出来。当然，这里面也凝聚着他的一份心血和汗水。所以，他有理由感到骄傲和自豪。

这份骄傲和自豪，同样也属于每一个创业者。

“常局长说得对，我应该对自己有信心。就是再难，我也要当好这个经理。”

他自言自语着……

然后，慢慢向宿舍走去。

十　奇怪的梦

那天夜里，他做了一个奇怪的梦，他梦见死去多年的田洪国在他面前伤心哭泣。田洪国是他的小徒弟，在十多年前的一场飓风中，牺牲在了岗位上：“师傅，咱们桥吊队破了世界纪录，你又当了经理！”

“傻孩子，破纪录是好事啊！咱桥吊队壮大了，师傅也当了经理，可以为港口作更多的贡献，也是好事啊！干吗要哭？”许振超说。

“可是这一切跟我有什么关系呢？”田洪国说，语调很悲伤。

“又说傻话！”许振超说，“谁说跟你没关系？你为咱桥吊队的发展作过那么大的贡献，最后连命都搭上了，桥吊队能走到今天，与你是分不开的。到什么时候，师傅和你的师兄、师弟们，还有咱全青岛港的干部和职工，都不会忘记你。桥吊队和青岛港的功劳簿上，都记着你的名字哪！”

“真是这样吗？”

“师傅啥时候骗过你？”

田洪国带着一脸的泪痕，腼腆地笑了。

然后，田洪国的身影慢慢淡去，消失在一片混沌之中。

许振超伸出双手，想努力抓住田洪国的手……

“洪国！”

许振超叫了一声。

梦就在这时醒了。

四周静静的，只有时钟的嘀嗒声，敲打着他内心无边的伤感。

有两行清泪，悄然滑过面颊……

第四章
男儿泪

男儿有泪不轻弹，只是未到伤心处。

为倒在岗位上的小徒弟他泪洒衣襟，为离世的二弟在午夜时分他黯然神伤，为帮助病逝的大徒弟家人他四处奔走，尽心尽力……

有情有义的许振超，有牵挂有眷念的许振超——

他的心火热！他的泪滚烫！

一　消失的桥吊

1991年7月20日早晨，6点30分。

许振超骑着自行车赶往港口上班。

骑到普集路中段，他习惯性地往码头看了一眼。

从那里，他能清楚地看见岸边的桥吊。

桥吊总是无声地矗立着，高大，威武；长长的吊臂和巨大的横杆，斜插向半空。

不知怎的，以往只要看一眼桥吊，许振超的心里就会感觉踏实。他会很愉快也很诗意地想：新的一天开始了！

但那天，许振超第一眼却没有看见桥吊。

他纳闷：咦，这是咋回事？难道我眼花了？

揉揉眼睛，一看，还是看不见桥吊。

他突然有了一种不祥的预感。

紧骑了几下，到一处稍高的路段，从车上欠起身子，看向码头。

在应该是一号和二号桥吊矗立的位置，躺着一堆巨型钢铁骨架。那不就是他的桥吊吗？

坏了！坏了！

他嘴里念叨着，头一下子大了。

然后，他是怎么到的码头，在他的记忆中至今都是一段空白。

二　安装往事

码头已经戒严。

隔着红色的警戒线，许振超看见一号和二号桥吊就像两个经过了一场剧烈角斗的巨人，相拥着倒在地上，它们巨大的横杆、长长的吊臂纠缠在一起，一台桥吊的大梁已经折断，驾驶室早已扭曲、变形。

曾经是那么威风凛凛的两台桥吊，此刻，只是一堆零乱的废铁架。

许振超能感觉自己的心口在一阵阵抽搐，一种尖锐的刺痛，啮噬着他全身的每一根神经。

是的，没有人知道他对那两台桥吊，特别是一号桥吊那种刻骨铭心的感情。1985 年，这台青岛港的 No.1 从上海运到港口时，他和郑来祥、简鸿达、孙道深一起，上船帮着把桥吊的散件搬到码头。跟他一样，郑来祥、简鸿达、孙道深也是青岛港的第一批桥吊司机。散件没日没夜地连着搬运了一个多星期，他们流了很多的汗，但心里充满着快乐。那可是港口最值钱的宝贝啊，而不久后他们就将成为这台宝贝的主人。他们将操纵着它，为港口集装箱装卸的发展，出力流汗作贡献，这是多么光荣的事情啊！

桥吊的安装用了差不多一年的时间。许振超和郑来祥、简鸿达、孙道深一起，天天都泡在安装现场。他们目睹了桥吊一点点长大的全过程。

应该说，四个人中，许振超是看得最仔细、最认真的，而且，还总有各种各样的关于桥吊的问题。桥吊生产厂家负责安装的工人和技术人员开始都挺喜欢他，觉得他好学肯钻研，难得。不久后，他就成了个不受欢迎的人，因为他太爱“管闲事”了，只要他觉得安装上有不对、不好、不合规程的地方，他就会不管不顾地上前与人家理论，如果人家不重新做一遍，他就脸红脖子粗地与人争执不休。

一台桥吊上有数千个螺栓，一个螺栓需要拧多大的力，都有特别的规定，但工人在实际操作中，常常是感觉可以就行了，而感觉又是常常不准确的，这是一方面；另一方面，是因为有的工人觉得拧每一个螺栓都要符合规定的话，未免费时又费力。所以，有人就时常偷个懒。譬如，紧固零件时，把原本应该拧70公斤重的栓只拧到50公斤。正常情况下，扭矩扳手将螺栓拧到70公斤力的时候，扳手会“啪”地响一下，证明已经达到要求了。许振超只要听不见这声响，就会上前查看、询问，人家的答复不能让他满意，一场争吵便免不了了。如果争吵还是没有个结果，他便愤愤地去找工头或者直接找厂方派驻安装现场的指挥。直到工头或指挥出面，逼着安装的工人将螺栓拧到底，他才肯罢休。

这样的事情重复出现，许振超当然招人烦了。

拧桥吊的螺栓都用专门的扭矩扳手，有的工人嫌扭矩扳手用不开，使唤也不方便，就改用简易的大扳手，方法是，在手柄上套上钢管，拴上绳子，两三个人合力一使劲，拧上几下就算大功告成了。其实这种做法特别容易出问题，首先是拧的力量达不到要求，其次是容易扭过量。比如说，拧一个螺栓要求70公斤重的力，两三个人合力拉绳转动扳手，力度根本控制不好，一旦超过了70公斤力，螺栓就极易受到损伤。而已经受损的螺栓在外观上什么都看不出来也检查不出来，但经过一段时间的运行，受损的螺栓会全部断裂。这时的桥吊，也就只能变成一堆摇摇欲坠、危机四伏的铁架子了。

在一份关于桥吊的资料上，许振超看到过相关的记载。

他绝不能容许相同的事情发生在他们的桥吊身上。

所以，只要是在不该使用的时候用简易的大扳手，他就上前制止："你们这样是不行的。""你是干啥的？不该你管的事情你最好少管。"对方冲他瞪眼。他不管，跟人家说道理："这种制式螺栓就该用扭矩扳手，要不你怎么掌握力度？力度掌握不了，不够或者过了都会留下安全隐患。你们不能因为方便就不考虑将来我们的使用……我们青岛港勒紧腰带买的这台桥吊，真的不容易。要是现在刚安装就出了问题，那以后我们操作起来还能保证正常运转吗？真要故障不断可怎么办？这个天大的责任谁来负？"

但他这番话没人肯听："得得得！以后的事情以后再说，现在请你走开，不要影响我们工作。否则，耽误了进度，你也负不起责任！"

见根本说不通，许振超直接去找厂方指挥。指挥对他已经很熟悉了，息事宁人地说："好了，许师傅，你别生气，我这就去找他们，让他们认真安装。"

"主要是规范！安装不按规程来，底子打不好，以后肯定要出事的。"许振超说。

"你说得对，我这就去现场。"

指挥说着，赶紧往外面走。到现场后，立刻制止了工人继续使用简易的大扳手。

那个工人只好扔掉简易扳手，但气呼呼地看了一眼站在指挥后面的许振超。

简易扳手的事情刚完，许振超又发现了焊接的问题。安装工艺上都明文规定了必须是连续焊，但为了省时，有人就是点焊。"你们这样不行！”他还是那句话。人家翻翻眼睛，瞅他一眼，不理，该怎么办还怎么办。他知道多说无益，又去找工头找现场指挥……

“那家伙要是再来啰唆，非拿刀捅了他不可！”

有一次，厂方几个安装的工人聚在一起议论，有人发狠，来了这么一句。那个工人曾经因为扭矩扳手的事情跟许振超激烈争吵过。

这话正好让郑来祥听见了，赶紧去找许振超：

“振超，你最近别去现场了！”郑来祥说。

“怎么了？”许振超问。

“我听他们说，你要再去，要跟你动刀子。”

郑来祥说，挺担心。许振超大笑：“想吓唬我？没门！”

站在一边的简鸿达说：“你也别不当回事，以后得注意点了。再说，你总跟他们吵没什么意思，直接找他们头儿就行了！”

第二天，许振超又准时准点地来到现场，而且，盯安装盯得比以前还要来得认真、仔细，一发现问题，还是照样上前去管。这让郑来祥他们很担心，像保镖一样跟着他，生怕出个什么事情。隔了几天，见一切都正常，这才放下心来。

桥吊在许振超的注视下慢慢长大、长高，他去现场也去得更勤了。每次，远远地看见他的身影，现场的工人都会互相提醒：“那个管闲事的又来了，都仔细点，别让他抓住什么把柄又去找工头。”

不过，对于现场的工人来说，他们对许振超已经有了一种很奇怪的感觉。他们确实挺烦他，有时甚至恨他，恨他的执拗和固执，恨他的多管闲事；因为他，他们没少挨训。工头和指挥动不动就拿他说事：“看看人家，一个普通的桥吊司机，对桥吊的那份感情，多深多厚！这叫什么？这就叫爱岗敬业。可以肯定，那人将来肯定是一个好司机。再看看你们，专业的安装工人，都有那么多年经验了，让人家挑毛病，一挑一个准儿。你们惭愧不惭愧？”

“是的，他就是一个自以为是的家伙！他凭什么无视我们的专业水准，总是在我们面前指手画脚？”

他们愤愤地想。

但是，如果哪一天许振超没到现场，他们还会一个劲地念叨他：“哎，奇怪了，那个爱管闲事的家伙怎么没来？”

这时，他们才明白，他们并不像自己想的那样，多么多么恨他。平心而论，他其实是一个挺不错的家伙，他认真，虽然看起来有点唠叨有点婆婆妈妈，但细心；这本来就是一个技术工人应该具有的职业素质啊！而且，他跟他们争吵全都是因为安装上他们做得不到家、不到位，或者没有按照应该的规范和规程，这一点，他们心里是承认的。

也因此，他们最后全都在心里原谅了这个曾经让他们无比腻味的家伙，虽然，在面对他的时候，他们依然不会主动上前与他说话、打招呼，但他们脸上的表情，柔和了许多。

现场工人的心理变化，许振超并不是很清楚，只是他发现，他们看他时的目光，已经不再像以前那么恶狠狠的了，这一点让他很高兴。更让他高兴的是，桥吊就要吊装成功了，他就要真正地开上他的桥吊了。

桥吊的主体框架搭好了，钢缆穿上了，斜撑杆和封板都焊接好了，后拉杆销轴对接成功了……一台真正的桥吊矗立在了码头！

站在桥吊下面，许振超惊讶了。他开了10年门机，在他眼里，曾经觉得门机是那么的高大，可与桥吊比起来，门机就太小儿科了。门机的电器控制柜有3个就足够用了，桥吊却需要18个，而且全部是集成电路的。

那天，站在桥吊下面，许振超看个没够，惊讶着，赞叹着。

正好有记者来采访，顺便就给他拍了一张。那是他平生跟桥吊的第一张合影。照片上的他，咧着嘴，眼睛笑成了一条缝，一脸喜气，特别动人。

此后的6年多时间里，他开着这台桥吊，练出了许多的绝活，创造了许多的业绩；这台桥吊还让他获得了青岛港最佳桥吊司机的殊荣……不作业的时候，他会细致地给桥吊搞保养、做维修。在他眼里，它就是他看着一天天长大的孩子，那份感情，寻常人是体会不出的；他为它究竟付出了多少，更没有人能够说得清：为了避免桥吊短路引发致命性故障，他曾经带电排查，一个人钻进电控柜，把所有的工友赶出去，冒着被440伏电压击倒的危险，赤手排查那间距只有几个毫米的集成电路；为了抢修紧急出现的桥吊滑轮故障，他冒着瓢泼大雨，趴在探到海里的50米高的桥吊前大梁上，被淋了整整6个多小时。事实上，他已经与这台桥吊融为了血肉相连的一体。

是的，他们——他和桥吊——是不可分割的。

然而，他的桥吊倒了，趴在地上，再也没有了往日的神气和威风。

他的如自己孩子一样的桥吊，就要毁了吗？他6年多的心血，转眼间就这么付之东流、成幻成空了吗？

他痛苦地想。

三 痛失爱徒

1991年7月20日《青岛日报》一版：

今日凌晨4点15分，高达11级以上的特大强台风，突袭青岛港区码头，持续20分钟。港区三个变电所跳闸，大面积停电，20多间房屋被掀掉屋顶，50棵树木折断，大型桥吊被刮倒。正在34区修理的'玲珑海'号万吨轮上，5根特制钢缆绳全部绷断。海航一个水上飞机场，台风扯断拇指粗的系留钢缆，将重达30吨的水上飞机刮出30多米，撞在路基上……

其实，那天凌晨2点左右就开始电闪雷鸣，随后，整个青岛都笼罩在一片风雨声中。当时，许振超的小徒弟田洪国正在52号泊位开着一号桥吊作业。雨越来越大，田洪国看了一眼驾驶室里的测风仪，见指针已越过7级，为安全起见，他立即用报话机向现场调度员作了汇报，并停止了作业。

4点15分，风停雨住，田洪国开着一号桥吊，又重新开始了装卸作业，当他刚刚将第五个红色集装箱轻轻放进"鲁丰"号船舱时，一股突如其来的飓风呼啸而至。霎时间，供电中断，整个码头顿时坠入无边的黑暗之中。现场4名装卸工被飓风刮倒在集装箱旁。闪电过处，值班员刘志贤、工人宋贤胜发现，已经采取了安全措施的一、二号桥吊，被飓风推着，像脱缰的野马，向轨道南端冲去。两人连滚带爬地用闸块去塞迅疾滚动的车轮。风一次次将他们吹倒在地，可他们又一次次爬起来，跌跌撞撞地冲过去，但塞进去的闸块怎能阻挡疯转的车轮？闸块被压崩，两台桥吊继续沿着轨道向南冲去。接着，他们听见一声恐怖的响动，两台桥吊撞击着、扭曲着，纠缠在一处，然后，慢慢倾倒。

事后查明，当时的风速超过了每秒45米，这样的风力、风速，在青岛是百年难得一遇的。而桥吊的设计抗风能力是每秒33米。

那天，因为故障，二号桥吊停止作业，所以驾驶室里没有人。一号桥吊上除了田洪国，还有许振超的大徒弟赵显新。

桥吊倒地的时候，田洪国不幸被椅背夹住颈部，窒息而死；赵显新则背部多处擦伤。

许振超是在去调度室的路上，听到田洪国遇难的消息的。当时，他想去调度室详细了解一下桥吊的情况。还有，田洪国和赵显新都当班，现在肯定也会在调度室里集中，他们知道的情况会更多一些。

快到调度室了，这时，有人拍拍他的肩膀："许师傅，您还不知道吧？您的小徒弟田洪国死了，赵显新也伤了，现在正在医院里。"

脑袋"嗡"的一声——

许振超呆立当场，全身发麻，连动一动的力气都没有了。

报信的人吓坏了，一把扶住他："许师傅，您怎么了？没事吧？"

半晌，许振超才渐渐恢复过来。

他开始发疯般的往医院跑。

一路上眼泪不住地流。

到医院时，田洪国的遗体已经被推进了太平间。"我是他师傅，我要看他一眼。"他嘶哑着嗓子对医生说。

"对不起，我们有制度，您现在暂时还不能看。"医生说。

转身又往病房跑，他的大徒弟赵显新也受了伤。

赵显新趴在病床上，神情紧张，浑身肌肉都控制不住地颤抖，医生甚至都不好给他注射。显然，夜里那恐怖的一幕把他吓坏了。

“真没出息！有什么好紧张的？大难不死，必有后福。你受伤了，可毕竟有一条命在。知道吗？洪国死了！”他冲着赵显新吼。

赵显新听了，这才稍稍缓过来，但马上又大哭起来：“师傅，洪国怎么会死呢？昨天我们还在一起，我们已经说好了，星期天要去游泳哪！”

“别哭了！”他上前抓住赵显新的手，好不容易止住的眼泪又汹涌而下，“听师傅的，现在什么都别想，好好养伤，争取早点出院。”

“我知道了，我听师傅的。”赵显新哽咽着说。

四　抢修

那些天里，52 号泊位的作业空前紧张，不断有船靠泊。

许振超天天泡在码头上。

与桥吊相比，门机的作业能力明显不足，而作业量未减。那台25 型门机就只有开足马力，全天候作业。

如此高强度的作业，对机器的检查和维护当然必须跟上，而且必须是在作业的短暂间隙，争分夺秒地做。

许振超的紧张程度可想而知。

紧张和压力，甚至已经让他没有时间为田洪国的死而悲伤了。

过了大约一个月的时间，情况才稍稍好转。

此时，上海港机厂一支 150 多人的队伍已经在对一、二号桥吊展开抢修。作业压力渐渐趋缓的许振超，开始密切关注桥吊的修复和进展。

第一次到抢修现场时，一号桥吊的大机房底盘已调整好，前后大梁已割开，拉杆、三脚架等正在修复、制造中。港机厂一位工程师告诉他：桥吊前后门框的修复已在北海船厂开工了，“很快就会出厂”。

在现场的人群中，许振超看见几张熟悉的面孔，是当初安装一号桥吊时的工人，其中一个壮实的中年汉子，就是曾经说要用刀捅了他的工人。

他们也发现了他，都抢上前来与他握手，神情都很庄重。他们是到现场以后，才知道在桥吊事故中丧生的司机，原来就是他的徒弟。

“许师傅，你放心回去吧！我们一定会加班加点，让桥吊早日重新站起来。”一个工人拍着他的肩膀说。

“现在泊位上没有船，就让我留下来帮你们干点什么吧！”他说。

他留在了现场。

以后，只要泊位上没有船舶作业，他就跑到抢修现场，帮人家递个扳手、配个螺栓或者搬个电焊瓶什么的。大徒弟赵显新伤好出院后，也跑到现场，不声不响地给抢修工人打下手。没过几天，他的其他几个徒弟、田洪国的师兄们，空闲时间里也都纷纷往现场跑……

1991年9月14日，许振超的日记上有这样一段记载：

一号桥吊抢修进展顺利；
海侧门框已经拼接好，喷砂、镗孔结束；
陆侧门框开始镗孔；

拉杆加工和机房调试已完成；

扶梯平台、画线、轨道安装等正在紧张进行，预计金属结构20日安装，25日可望结束……

其实，一号桥吊的抢修在9月22日就成功了。那天下午3点55分，一号桥吊便重新矗立在了8号码头。

按照惯例，再经过两周的调试，一号桥吊即可投入正常运行。

许振超站在桥吊下，高兴，眼圈又红起来。

自从田洪国出事后，他发觉自己突然变得多愁善感了。

在当天的《青岛港报》上，他看到一则新闻说："集装箱公司7月份完成了14202个国际标准箱的装卸任务，8月份虽然受台风影响，但仍然完成了13417个，而9月份前20天就已经完成了15138个，已经超额完成预定生产计划；21条航线、50家货主，一个没丢。"

五　恍惚间，二弟正冲他微笑

大约十年以后，许振超又经历了另一个人的死亡。

2002年11月17日晚上，黄岛前湾码头，他正在灯下编写《桥吊司机手册》最后一章，突然感到一阵莫名的心悸。

然后，电话响了，妻子焦急的声音让他如遭雷击：

"你快回来，振群快不行了！"

他疯一样赶到医院时，他的二弟许振群已经没有任何知觉了。他怎么拉、怎么喊叫，许振群都毫无反应。

许振超觉得自己的心，就在那一刻，碎了。

在家里的几个弟弟、妹妹中，他与二弟的感情最深。从小，他俩就志趣相投，都喜欢天文地理。长大了，两个人又都干上了机电。那年，他开上门机时间不长，想在门机上搞一个小革新，需要一种三极管，但跑遍整个青岛都没有买到。最后还是二弟到成都出差时，跑了好几家电器商店，才为他捎回了那只三极管……一直以来，他与二弟之间都有一种默契。出差在外，只要看到与港口机械有关的图书，二弟肯定会买来送给他；二弟在青岛染料厂担任机电车间主任，他如果听到什么相关的信息，也会在第一时间里通知二弟。他们是兄弟，但很多时候，更像志同道合的朋友。

二弟有高血压，他每次通电话，都要嘱咐二弟当心身体。他在前湾担任现场总指挥时，曾经千头万绪，举步维艰，二弟就常常打电话给他，为他出主意、提建议……怎么转眼之间，二弟就会不行了呢？

在许振超心里，对二弟许振群一直都存着一份怜惜之情。当初他刚刚就业，二弟就插队下乡，吃了很多的苦。上个世纪七十年代末，二弟留在荣成就业，过了好几年才调回青岛工作。这些年来，二弟工作刻苦，生活节俭，像一头老黄牛，支撑着小家庭。好不容易熬到该享享清福的时候，却又这么撒手走了！

二弟呀！

许振超欲哭无泪。

病房里，许振超握着二弟的手，整整守了24个小时。

他总觉得自己对二弟是有亏欠的。

记得2000年初夏的一个星期日，下午，二弟带家人来看他，他事先已经知道二弟要来，但中午的时候天色阴阴的，空中不断划过一道道闪电，他想都没想，立刻赶往码头。自从 1991 年桥吊倒塌、田洪国遇难后，他对天气总有一种特殊的敏感，一看天色不对，不管当时在哪里、在干什么，肯定会不管不顾地去码头盯着。那天，他在现场一直待了一夜。虽然风一直没刮、雨也一直没下，但他不敢掉以轻心，带着现场的工人和司机，一遍遍给码头上的每一台桥吊加固定闸块、加木楔子、穿紧固缆绳……

第二天回家，妻子告诉他，说二弟一直等他到晚上 9 点半才带着爱人和孩子离开。

他的心里闪过一丝愧疚，但他知道，二弟会理解他的。

因为各自工作都忙，他们弟兄俩平日里难得见上一面，所以春节就成了他们“法定”的聚会日，但 2002 年的春节，正是明港公司正式开业的节骨眼儿上，他一身三任，安全管理、新桥吊安装、组建新的桥吊队，忙得不可开交，根本没有回家的闲暇。所以，二弟在他们家待到晚上，又是没能见他一面就回去了，只是在他抽空往家里打电话的时候，兄弟俩才简单地唠了几句。谁知道，那竟是他们此生最后的话别。

后来他也才知道，就在春节期间，二弟的身体已经开始变得衰弱。

“老二，哥对不起你啊！”

对着昏迷不醒的二弟，许振超泪如泉涌。

二弟走了，许振超带着几个弟弟、妹妹办完了二弟的后事。二弟火化那天，年迈的父母要去殡仪馆，许振超死活不答应，他怕老父母感情上受不了，有个什么闪失。

二弟的后事办完了，他知道自己该去码头了。

还有很多事情等着他去做呢!

走之前，他在二弟的遗像前大哭了一场。

他知道二弟会理解他的。

此后多年，许振超还会常常想起二弟，有时候他会觉得二弟其实并没有离开他们。神思恍惚间，他好像看见二弟就站在他对面，冲他微笑，跟他说话。他想上前拉住二弟的手，但二弟又会突然间从他面前消失无踪。

“老二八成是到什么地方去了，等我退休了，咱们就出去找他，好不好？”他对妻子说。

妻子看着他迷迷茫茫的神情，就叹口气，什么都没说。

六　赵显新的心思

2008 年初冬的一天，刚刚出差回来的许振超得到了一个让他无比震惊的坏消息：他的大徒弟赵显新癌症复发住院了。而且，稍后从主治医生那里得到的信息更加让他绝望：癌细胞转移至多个脏器，医院已经回天乏力！

一年多前，赵显新被诊断出罹患肝癌。经过治疗有了明显好转，后来，甚至可以回港口上班了。这让包括许振超在内的许多人都感到很乐观。到 2008 年 3 月，许振超当选全国人大常委，还身兼多个社会职务，如全国总工会执委、中国科协常委，要参加的会议多、活动多，并且还要在全国十几所高校讲课、作报告，所以，基本上一出差就是二十多天，每个月能待在家里的时间少之又少。在如此忙乱的状态下，他也就疏忽了过问赵显新的病情。

谁承想，情况居然急转直下。

许振超迅速赶至医院。

推开病房门的一瞬间，许振超简直不敢相信自己的眼睛：病床上的赵显新瘦骨嶙峋，目光黯淡，在他身上，似乎很难感觉到多少生机与活力。许振超心中大恸，这还是那个意气风发、活泼灵动的大徒弟吗？

曾经的赵显新机灵聪明，学东西特别快。而这样的人往往都会抖抖机灵偷偷懒，但这些在许振超那里行不通。聪明机灵学得快？好啊，那就加量，逼着你多学多练，而且还要学得透练得精。在师傅的督促下，赵显新练就了不少绝活。其中名气最大的就是“显新穿针”：桥吊吊具下绑一根筷子粗细的钢筋，地面上放一个普通的矿泉水瓶，赵显新在50米高的桥吊驾驶室操纵吊具，吊具以1分钟至少120米的速度斜刺而下，插入矿泉水瓶，又快又准。“可以说，我这手绝活就是让师傅逼出来的。”接受记者采访的时候，赵显新说。也正是凭着这手绝活，赵显新在青岛港历年的操作技术大比武中多次夺冠，并在码头装卸实际作业中大显身手，屡创佳绩，为港口发展奉献了自己的力量。

如今，看着瘦得不成样子的大徒弟，回忆着大徒弟以前操作桥吊时的神采飞扬，许振超无语凝噎：难道自己又要不得不经历一次天人永隔与哀恸逾恒吗？

虽然内心伤痛，但坐在病床边上，许振超还是不断说着鼓励的话语，希望能给赵显新带来一些精神慰藉。

静静听着师傅的絮叨，气力不继的赵显新偶尔会回应几句。有时，他会看向自己的师傅，好像要说点什么，却几次欲言又止。许振超也感觉到了，“显新，你有什么问题吗？别担心，告诉师傅，咱们一起解决！”赵显新看看师傅，很快就垂下眼帘，摇摇头：“师傅，没事！”

那天，直到离开病房，赵显新什么都没有说。回去的时候许振超琢磨了一路，最后想明白了：赵显新有心思！

改天又到医院探望。看着大徒弟讷讷难言的复杂神情，突然想到赵显新正在读中学的女儿赵倩，许振超立刻醒悟过来：“你是在担心倩倩的事情？”赵显新听了，难为情地笑笑；许振超指着他：“你呀你呀，孩子的事情你有什么难于启齿的？放心吧，倩倩以后不管是读书、考学，还是毕业分配找工作，我都会尽力帮助的；再说了，还有你那么多师兄弟呢，有什么好担心的。”赵显新眼睛亮了起来：“谢谢师傅，让师傅费心了！”许振超摆摆手：“咱们爷俩在一起多少年了，这种话不必说。”又正色道，“你现在需要做的，就是积极配合医生的治疗。相信吧，只要你有与病魔抗争的勇气和信心，加上如今先进的医疗水平，就有可能创造奇迹……”

听着师傅的话，赵显新用力点了点头。

七　父女两代证婚人

奇迹没有发生。

2009年2月11日，赵显新去世。

接到电话的时候，许振超如遭雷殛，整个人的状态都是浑浑噩噩的，没有了精气神。

随后，他强打精神，带着一帮徒弟，尽最大的努力给赵显新的妻子、女儿提供帮助。他想让自己的大徒弟走得安心，走得无牵无挂。

但在赵显新遗体火化那天，一大早，许振超就接到集团通知，说领导上午要找他谈话。谈话结束时已近中午。等他紧赶慢赶来到殡仪馆的时候，赵显新的遗体已经火化了。没能看上大徒弟最后一面，也成了许振超深藏在心里的一大遗憾！

此后多年，许振超兑现了给赵显新的承诺：始终关注着赵倩在中学和大学期间的学习生活，并不间断地为赵倩提供着帮助。

大学毕业那年，整个社会的就业压力骤增，再加上所学专业没有多少竞争优势，赵倩一直都没有找到合适的工作。知道了赵倩的现状后，在一次向集团总裁汇报完工作后，他说起了赵显新，说起了“显新穿针”，说起了赵显新和“显新穿针”为青岛港发展作出的贡献。他请求总裁在赵显新的女儿遇到困难时伸手拉一把。当时，常德传已经离开青岛港。新总裁听完，稍稍沉吟了一会儿，说了一句让许振超大为感动的话：“我们不能忘记那些曾经为青岛港发展作出过贡献的人，为他们的家人、子女提供力所能及的帮助，我们义不容辞！”新总裁告诉许振超：“你写一份报告吧，把赵显新和他女儿的情况都介绍一下！”

报告交上去，新总裁第二天就签了字。

2014 年 1 月 29 日，农历大年三十的前一天，赵显新的女儿赵倩通过公司聘用程序，正式就职青岛港供电公司。

接到赵倩打来的电话，许振超长舒了一口气：可以过一个踏实安心年了！

在供电公司，赵倩踏实肯干，兢兢业业，赢得了单位上上下下的一致称赞，先后获得过青岛港集团优秀通讯员和青岛港集团先进工作者荣誉称号。2020 年开始从事工会管理工作，之后，连续 4 年获得青岛港集团优秀工会工作者荣誉称号，并被评选为山东港口集团工会积极分子。

2018 年 4 月 7 日，赵倩步入婚姻殿堂。婚礼上，由许振超担任证婚人。“……这对年轻人经过相知、相恋、相爱，他们缔结的婚姻符合《中华人民共和国婚姻法》之规定。本证婚人特此证明：他们的婚姻真实、合法、有效。真诚地祝愿他们永远幸福。证婚人：许振超。”许振超宣读完证婚词，新郎、新娘和所有参加婚礼的来宾都报以热烈的掌声。

值得一提的是，当初赵显新结婚时，证婚人也是许振超。为父女两代充任证婚人，一时间在青岛港传为佳话。

那天，看着婚礼上幸福满满的赵倩，许振超眼眶湿润，他想起了已经离世十年的大徒弟：“显新啊，倩倩今天结婚了，一切都很顺利，一切都很美好。你就安心吧……”

那天，一杯酒没喝完，许振超就醉了。

第五章
碧海蓝天

殚精竭虑，孜孜以求，向难而行。

许振超带领团队全力以赴攻关“油改电”技术革新项目，只为能给后来人留下一个干干净净的青岛港，一个没有烟尘没有污染的青岛港，一个空气清新、碧海蓝天的青岛港……

一 “油改电”的缘起

2005 年前后，作为青岛前湾集装箱码头有限责任公司技术部固机部经理，许振超掌管着 33 台集装箱桥吊，77 台轮胎吊。对世界上的所有港口、码头来说，轮胎吊都属于让人又爱又恨的大型机械设备。

轮胎吊克服了轨道式集装箱龙门起重机不能自由转场（由一个箱区转移到另一个箱区）的致命缺点，因为它可以“满场飞”，最大限度地减少了设备的配备数量，降低了设备资产投入。而所谓箱区是指集装箱堆场堆放集装箱的区间位置，从来都是一座港口和码头的核心区域。因而，世界各国港口在用的堆场集装箱装卸桥 95%是轮胎吊。青岛港自然也不例外，但“轮胎吊”的动力之源是柴油发电机。这种柴油发电机高分贝的振动轰鸣与其喷吐的股股黑烟，导致噪声与烟尘污染充斥港口码头作业区。有一年夏天，有台柴油发电机因做功产生的热度与室外 40 多摄氏度的高温两相叠加，发生了罕见的“心脏”破裂——铝合金活塞爆炸。这当然只是一桩极端案例，但其轰鸣噪声、惊人的油耗以及由此带来的废气排放，却是显而易见的。据统计，仅 2005 年固机部 77 台轮胎吊的总油耗就达到 700 万升，占公司全部油耗的 71%，是整个青岛港首屈一指的耗油大户。

耗能高的弊端让人心有戚戚，而轮胎吊的另一个弊病污染大更让人触目惊心。吊车作业时，柴油燃烧产生的黑烟就通过排气管

“突突”地往外冒。一台车一道黑烟或许看不出什么效果，但几十台车一起作业，几十道黑色烟柱升腾而起，也堪称壮观了。

关键是，这样的事情不是一天两天发生，而是长年累月地持续着的。这对于开始注重资源节约型、环境友好型港口建设的青岛港来说，实在难以接受，但轮胎吊“油改电”又是世界性的难题，没有经验可以借鉴。包括中国在内的世界上为数不少的生产商家和码头使用者都曾设想令电力驱动的轨道式集装箱起重机可以像轮胎吊一样自由转场，也有不少巧妙的设计，但一直没有实用的产品问世。

对轮胎吊的浓烟许振超是司空见惯的。有一次，从作业区对面的岸边经过时，抬头看见一排高高的轮胎吊正喷吐着浓烟，许振超突然不无忧虑地想：如果一直这么下去，几十年后，青岛港上空不就烟尘密布了吗？港口周边海域恐怕再也看不见碧海蓝天了吧！

恰好，就在前一天，集团公司刚来人给大家宣讲资源节约型、环境友好型港口建设的相关问题和要求。碧海蓝天都没有了，还谈什么资源节约、环境友好？许振超想。

或许，自己该做些什么了。许振超又想。

无风的天气，轮胎吊排气管冒出的烟尘是向上的，一般还影响不到当班司机；一旦起风，就变得很麻烦。“今天刚爬上去，烟就飘过来了，呛得都站不住。”一个司机下车后对同伴抱怨说。同伴回答道：“你这算个啥？昨天我本来是避着风上去的，没爬一半呢，风向就变了，黑烟喷了我一头一脸，难受得不行。”类似的对话，许振超听过很多次。“当时就想，怎么能把轮胎吊发动机改造了，让它不冒烟了。那时首先想到的就是‘油改电’，也就是拆掉柴油发电机，直接从电网取电！”“油改电”成功后接受记者采访时，许振超如是说。

许振超之所以首先想到“油改电”，还因为烧柴油的轮胎吊太影响作业了：发动机要烧油，烧完了怎么办？就要加油。一加油就得半个来小时，整个一条船的装卸作业就不得不停下来，等吊车加完了油再继续作业。现场调度意见就非常大，因为作业一停顿无疑就会影响生产进度。“许经理啊，怎么又停了？”调度很不高兴地质问。许振超也恼火也无奈啊！情况明摆着，加油可不就得停机嘛。

但轮胎吊“油改电”是整个行业内的一道技术难题，想改成功谈何容易？！所以，在萌生了“油改电”想法之后的很长一段时间里，许振超都没有下决心将想法付诸实施。

直到一次险情的发生。

那次他上驾驶室，按照习惯从离排烟口比较远的那一面往上爬。正爬着，一阵风吹过，好巧不巧将一大股黑烟迎面向他吹来，而他也正好张口呼吸，一大口黑烟呛得许振超差点窒息过去。好在那次命好，双手抓得牢，没有从高高的吊车上掉下去；但也正是那次细思极恐的经历，让他痛下决心：坐言起行，攻关“油改电”。

二　向“难”而行

从 2005 年下半年开始，一项在青岛港发展史上都必将会留下浓墨重彩一笔的“油改电”技术革新项目悄然启动。项目实施主体就是许振超和他带领的攻关团队。

按照最初的设想，他们准备在作业场架设高空电网，以为轮胎吊提供源源不断的动力；但仔细论证之后，便发现一系列难题赫然横在了面前：横在高空的电网会成为吊车装卸作业的障碍，吊车司机与中心调度室的无线通信联系亦会因此而被屏蔽；移动的吊车又怎样从固定的电网取电呢？低温雨雪天气会使电网覆冰断裂，这种现象在南方罕见在北方则常见……

许振超及其团队曾设想采用高精尖技术攻克这些难题，譬如取用高压电，但经过论证不可行，因为不安全，潜在风险不可控；也曾想效仿工业生产车间的天车，架设空中电网刚性轨，但在反复研究后依旧不可行，因为不仅不安全，技术上亦难以实现——多少个日日夜夜的苦思冥想，多少种技术方案的比对与优化，许振超和他的攻关团队一直没有找到最理想的“油改电”解决方案。

除了技术上的困难，科研资金的短缺也成了许振超团队前进路上的拦路虎。如果只是几千几万的投入，他们自己就可以自筹解决，但项目研究中涉及的控制系统、供电系统的设备投入，动辄需要十几万、几十万，这就完全超出了他们可以承受的范围。他们曾向公司提出申请，但公司是三国四方的合资公司（2003 年 7 月，青岛港集团携手丹麦马士基集团、英国铁行港口公司、中远集团，三国四方共同出资组建青岛前湾集装箱码头有限责任公司），外方股东一听说需要花许多钱，坚决不同意。

外方股东的短视让许振超无可奈何。

就在项目团队一筹莫展之际，青岛港集团决策层敏锐地意识到了项目广阔的应用前景，经研究决定，项目研发所需资金，集团出了。

科研资金问题的顺利解决，让许振超和他的团队得以心无旁骛地向着一个个难题继续发起冲击。

三　灵光闪现

一次在外地作完报告应邀参观厂家车间时，受该车间天车线接电驱动启发，许振超脑海中灵光闪现，随即首次提出了移动滑触线的供电技术方案，即在集装箱堆场的箱区内，架设滑触线供电线路。当轮胎吊在箱区作业时，关闭柴油发电机组，所需动力由专门设计的集电装置，将城市用电从滑触线输送到轮胎吊。轮胎吊沿滑触线移动，实现对整个箱区的工作覆盖。

随着这一方案的提出，“油改电”项目研究过程中遇到的所有难题似乎都迎刃而解了，而一连串的奇思妙想逐渐清晰明朗，许振超和他的团队也得以实现了一系列突破：首先是逆向思维，将高空轨道电网植根土地，就像体育器械单杠——这里的“地”不是一般意义上的大地或地面，而是当轮胎吊采用机上发电机组供电运行时，其整体钢结构作为轮胎吊整个供电系统的接地极，在轮胎吊采用市政电网供电运行时，其整体钢结构则通过滑触线的 PE 线与传统意义上的大地连接。其次是刚柔并济，用柔性材料连接钢铁吊车与刚性轨道电网。最后则是借鉴飞机空中加油的操作思路，在轨道电网上安装滑轮送电器，为移动作业的轮胎吊跟踪送电。

在许振超的记忆里，项目攻关成功前的那几十天里，是他这辈子最难熬的时间。那些日子里，他不断地结合负荷计算、交直流供电、电压等级、变电所与滑触线受电点位置，通过与中性点接地方式的比较，研究、论证不同供电方案的优缺点，以便最终确定，在充分满足装卸作业的前提下，哪一种方案才是最佳的供电方案，才能真正达到经济性、可靠性相协调的要求。

经历近 500 个日日夜夜的钻研攻关，2007 年五六月间，许振超带领团队终于啃下了“油改电”这块“难啃的骨头”：在国内外首次采用移动滑触线供电技术方案，使轮胎吊完美地兼容了轨道式和轮胎式集装箱龙门起重机的优点，填补了这一领域的世界空白。改造后的轮胎吊既实现了灵活变换堆场作业，又消除了原有的重大缺陷，而且以投入技术改造费用低、能耗低、维修保养成本低及噪声小（轮胎吊噪声由原来的 100 分贝左右降到后来听起来仅相当于一台变频空调工作时的声音）、零排放等硬核实力，展示出了其潜在的巨大“含金量”。

随后，青岛港对集装箱码头岸线所有的 81 个箱区全部上马“油改电”，年可节约成本在 2000 万元以上，并极大地增强了设备运行的安全性。

除此之外，还节省了原轮胎吊发动机每一万小时就要进行 D 级保养、每 3—4 年就要进行大修，以及平时需专人维护等费用开支，平均每台机械年节省维修成本在 6.6 万元以上。

“油改电”成功后，许振超做了多次测试：以完成一个特定工作指标为例，单位时间（作业一个标准集装箱）使用柴油需 1.2 升，当时合 5.9 元，使用工业用电需 2.5 度合 2.3 元，能耗成本直接下降了 60% 以上。

四　利在千秋

公司的轮胎吊司机最先感受到了“油改电”成功给他们工作环境带来的好处。他们不再被迫忍受那些挥之不去的噪声，也不用再忍受浓烟对他们的侵袭和困扰，工作量也少了很多，至少不必再定期定点地去检查油、检查水，而且电压更稳定，设备故障也少了。原来的柴油发电机一加速就咕嘟咕嘟地冒黑烟，冒一阵子如果转速上不去，电压就会呼地落下去；电压一落，立马跳闸……现在这些毛病都成过去时了，省时省事。

“油改电”项目正式验收那一天，交通部科技司专门派员做了实地考察，考察的结果是，认可并高度评价了许振超“油改电”科研团队的成果。大约两年后，交通部正式下发文件，明确要求今后新建集装箱码头场地轮胎吊一律不再使用柴油发电机组，这也从另一个层面凸显了“油改电”科研项目的价值和意义。

这一技术成果填补了国际空白，后来荣获首届全国职工科技创新成果一等奖，并经由中央电视台的现场报道，在包括上海港、宁波港、舟山港、大连港在内的全国各大港口迅速得到推广应用。

其实，不只是国内其他港口，新加坡、澳大利亚、英国等国家的港口码头也纷纷效仿，开始推行轮胎吊“油改电”。

能够在世界港口和航运界成为领风气之先的先行者和领潮人，是一件非常令许振超感觉身心愉悦的事情，但这种愉悦感并没能持续多久，因为他突然又想起了项目研发过程中遇到的种种艰难和挑战。如果当时没能坚持下来，如果遇到的那几个大难题始终无法解决，那么情况将会怎样？要知道，青岛港为研发团队投入了几千万资金，决策层又都对他和他的团队寄予厚望，结果研发却失败了，对于青岛港将会造成多么大的负面影响啊？！

不敢想，简直不敢想！

还有他自己。那时，他已经获得全国五一劳动奖章，并被授予“全国劳动模范”荣誉称号；2006 年 6 月，“油改电”项目的研发正在紧锣密鼓地进行中，他又被中组部授予“全国优秀共产党员”荣誉称号；他成了人人称颂的时代骄子，成了人人争相学习的劳模、先进，成了全国产业工人的代表，全国各地都掀起了学习许振超热潮，青岛市更是广泛开展了规模宏大的“单位学海尔、个人学许振超；个人创一流业绩、企业创一流品牌、社会创一流环境”的“双学三创”活动。这么多荣誉集于一身，让许振超在感觉无比荣耀的同时，也感到了无比的压力。

“当时确实压力很大。坦率地说我不能‘打盹’，不能有丝毫放松。为什么？因为大家都在盯着我。‘老许这个团队到底怎么样？老许这一锤子能不能敲得响’，这一定是他们心里的疑问。而我是不能失败的，因为我不能让集团和公司的上上下下失望，不能让那些关注、关心着项目进展的人失望，更不能让团队成员失望，他们中有我的工友、同事，更有我的徒弟，他们付出了那么多心血和汗水，作为领头人，我有责任顶着重重压力，带领他们走向成功的彼岸，这是我的责任，无法逃避。所以你说我那时的压力大不大？！当然大，‘亚历（压力）山大！’”

多年以后，在接受记者采访时，许振超如此描述轮胎吊“油改电”研发过程中自己内心的真实感受。

好在，苦心人天不负，项目研发最终大获成功。

“油改电”的成功让青岛港和公司年可节约成本2000万元以上，有人因此盛赞许振超，说他一年就为国家节省出了一个大型企业。在许振超心里，相比节约成本，他更加看重“油改电”的另一重功用，那就是对污染的防治，对环境的保护，实现了青岛港的绿色生产，节能减排，减少大气污染，完全可以称得上功在当代、利在千秋。干了一辈子港口，这才是让他特别引以为自豪的事情：眼前看是为青岛港作贡献，长远看则是造福子孙后代。想想看，能给后来人留下一个干干净净的青岛港，一个没有烟尘没有污染的青岛港，一个碧海蓝天的青岛港，当然值得骄傲，值得自豪！

而实际的状况也让许振超倍感欣慰。多年来，珍爱环境、力行环保、节能减排，为美丽中国建设贡献青岛港力量，已经成为青岛港上上下下的共识和不变追求，且成效显著。青岛港周边海域海水越来越澄澈、天空越来越蔚蓝，便是最好的证明。而许振超所在的前湾集装箱码头有限责任公司，更是各种与节能、环保相关的嘉奖和荣誉拿到手软：从 2010 年到 2012 年，在中国港口集装箱码头年度评比中，公司就连续三年获“每标箱消耗电力和燃油最低集装箱码头奖”；2020 年 12 月，被中国设备管理协会授予“设备节能降耗标杆企业”荣誉称号；2022 年，又被中国港口协会评定为“中国绿色港口”……

五　幸福是奋斗出来的

2012 年 11 月 8 日，中国共产党第十八次全国代表大会在北京召开。党的十八大报告指出：“着力推进绿色发展、循环发展、低碳发展，形成节约资源和保护环境的空间格局、产业结构、生产方式、生活方式，从源头上扭转生态环境恶化趋势，为人民创造良好生产生活环境，为全球生态安全作出贡献。”此次大会上，首次提出“美丽中国”的概念，强调要把生态文明建设放在突出地位，融入经济建设、政治建设、文化建设、社会建设各方面和全过程。事实上，心系低碳环保、厉行节约资源，保护我们赖以生存的环境，一直都是许振超的行动自觉。

“油改电”获得成功之后，许振超把节能省电的目光投向了冷藏箱场地。公司共有冷箱插座平台 79 座，冷箱插座 3792 个。每年冷藏箱堆存用电超过 5000 万千瓦时，占公司总用电量的 77%，电费支出 4600 多万元。“存在的不一定是合理的，要把用电量减下去，把费用合理地省下来！”许振超多方联系节电器材厂商，最后选择了一个国外先进技术产品进行实验。他选用压缩机同一型号、同一厂家、同样新旧程度的两个 40 尺冷藏箱，在其电源侧各装一块电度表，一个箱不接节电器，一个箱接入节电器，在同一时刻同时通电测试。测试结果显示该产品节电率为 13%。他大为欣喜，觉得节电大有文章可做。

接下来，许振超精心设计了改造方案，为公司 70 多个平台、154 个配电柜配置了智能降损滤波节电器。经过一段时间的实际运行，证明生产用电已经得到大幅度下降。又经过仔细测算，确定这一节电改造方案实施后的年回报利润将高达 8000 万元。

还有振超团队自主设计完成的创新项目“船舶岸电项目”：当船舶停泊码头后，通过接入码头的岸电电源从而代替主机作业供电，无须使用自身的柴油发电机组，极大减少污染气体排放，对于打造“双碳”绿色港口意义重大。

还有“轮胎吊混合动力”项目：这个项目也被看作“油改电”项目的延伸和拓展。轮胎吊“油改电”技术改造虽然取得很好的节能减排效果，但电轮胎吊基础建设费用高，且转场时需要发电车和人员配合。为此，通过不断研究，进行了混合动力的改造，用大容量储能装置，将集装箱下放时势能回馈的能量存储到电池组中再利用，既节能降耗，又保证了转场灵活性……

“中国码头工人是把港口的事当成自己的事来办的，有这么好的工人，我们与青岛港的合作会越来越好。”脸上笑出一朵花的外方经理拍着前湾集装箱码头有限责任公司总经理的肩膀说。

此外，由许振超带领团队完成的“集装箱岸边智能操作系统”，在世界集装箱码头率先实现“桥板头无人”。该项目也是集装箱码头行业首创，解决了集装箱桥板头日常作业时经常可见的一些风险问题。不久，他又带领团队打造了“48 小时泊位预报、24 小时确报”服务品牌，这一品牌每年可为船公司节约燃油 1.26 万吨，成为青岛港又一金字招牌……

2019 年 9 月 25 日，“最美奋斗者”表彰大会在人民大会堂举行。“最美奋斗者”学习宣传活动是经党中央批准，由中央宣传部、中央组织部等部门共同组织在全国范围广泛开展的庆祝新中国成立 70 周年重要活动之一，许振超众望所归，获得“最美奋斗者”荣誉称号，并作为代表在大会上发言。发言中，许振超讲述了自己作为码头工人的奋斗历程和初心追求。当然，他也说起了当初的“油改电”项目，说起了那段艰难困苦、玉汝于成、筚路蓝缕、斩棘前行的攻关经历，也跟与会者分享了项目成功后他与攻关小组成员们那种洋溢在心间的幸福和喜悦。发言的最后，许振超动情地说：“习近平总书记讲过，幸福是奋斗出来的。我觉得，奋斗本身就是一种幸福。在我们这一代人心里，任何岗位都是与企业、与国家的发展联系在一起的，都可以作出理想的业绩。关键就看我们能不能沉下心来，在一个岗位上脚踏实地、坚持到底，勇于担当、努力奋斗！”

第六章
传　承

从许振超的“一钩准”、“一钩净”、“无声响操作”到“王啸飞燕”、“显新穿针”，是一种传承；

从师徒三代同心协力，接续奋斗，到一次次创造国际航运界集装箱装卸新纪录，也是一种传承；

而站在数字化转型、工业互联网赋能时代风口下的郭磊和他的师兄弟们，不断弘扬、光大新时代工匠精神，更是一种“青出于蓝而胜于蓝”的传承，一种不断超越的传承……

一 “王啸飞燕”

1995年，王啸成为一名桥吊司机，师从许振超。

直到今天许振超还记得刚见到王啸时的印象：“那年刚刚21岁；个子不太高，脸色黑黑的，两个眼睛特别有神，还特别容易害羞。”

许振超开始暗中留意这个沉默、羞涩，但两眼炯炯有神的新徒弟。果然，王啸很快从同一批的司机中脱颖而出，别人需要一年才能学到的技术，王啸两个月就熟练掌握了。许振超为此很是自得，觉得自己眼光不错，挑了个好徒弟。

可如此的顺利，也让年轻的王啸迷失了，他沉浸于成功的喜悦当中，干活开始有些急躁。在一次作业中，他把船上两侧栏杆都撞坏了。当时是一个重点舱位，箱量非常大，王啸觉得自己在操作方面已经没有任何问题了，于是在心情浮躁的情况下操作出现失误，掉了舱盖。

那次下来后，王啸被师傅狠狠批评了一顿。许振超知道王啸聪颖内秀，领悟力强学东西快，是个不可多得的好苗子，但他更知道“响鼓更要重锤”的道理，所以批评起来如疾风暴雨毫不留情面。而王啸也领会了师傅的苦心，下定决心要沉下心来继续苦练基本功。从那以后，他几乎把所有的时间都用在了钻研业务上，为了操作更加准确，他还细心地去研究过每一条停泊在码头上的货船。慢慢地，王啸的技术越来越成熟，可他依旧不满足。“一个因为一点小成功就骄傲自满的人是不会有出息的。”那天师傅批评他时说的一句话，他一直牢牢记在了心里。那时候，桥吊经常会出现故障，而大部分的故障是起吊和落下的速度太快、钓具和集装箱碰撞造成的。对此，客户们意见非常大。于是许振超要求大家在操作中做到“无声响操作”，并身体力行，在青岛港首开“无声响操作”之风。有师傅珠玉在前，作为徒弟的王啸自然要紧随其后。

为了练好师傅首创的“无声响操作”，除了向师傅讨教诀窍和心得，王啸把啤酒瓶放在吊具上，反复演练，希望能做到吊具不晃、啤酒瓶不掉。他的工友们都觉得不大可能，因为想要让啤酒瓶在原本晃晃悠悠的吊具上屹立不倒，听上去像是一个天方夜谭，但王啸还是废寝忘食地练了起来。在驾驶室里，经常一待就是七八个小时。

王啸的工友们记得，很多时候他们都去食堂吃饭了，王啸自己带着饭盒留在车上，争分夺秒地琢磨“无声响操作”的技术要领。有时候他们都下班了，王啸还留在单位上，潜心研究着一摞摞似乎永远都看不完的技术资料。

经过几个月艰苦的练习，王啸终于可以在操作过程中让立在吊具上的啤酒瓶纹丝不动了，也真正达到了师傅许振超“无声响操作”的要求。2004 年的一天，王啸在集装箱桥吊装卸作业中，吊箱起落技术精湛，如飞燕般轻灵、稳健，青岛港集团总裁常德传看了之后，大为赞赏，并以王啸的名字将这项绝活命名为“王啸飞燕”。

二　师兄弟

2004 年 10 月 11 日，青岛港集团在青岛港国际会议中心召开命名大会，隆重命名“显新穿针”、“王啸飞燕”、“义明千钧”、“娥香面艺”、“毓春划线”、“青生焊接”、“利帮保洁”、“淑华真情”、“进军灌装”、“召利全能”十项员工品牌。

坐在观礼台上，许振超笑得见牙不见眼。

两个字：开心！

说实话，不管是“显新穿针”还是“王啸飞燕”，单纯从技术角度而言，丝毫不逊色于他的“一钩准”、“一钩清”、“一钩净”和“无声响操作”等绝活，甚至已经有所超越。“弟子不必不如师，师不必贤于弟子”，《师说》里的这两句话他常常跟徒弟们说，以此鼓励徒弟们在技术上精益求精，超越自己。看到“显新穿针”和“王啸飞燕”同时入选集团十项员工品牌，他内心的喜悦可想而知。

两年后，2006 年 2 月 18 日，交通部授予青岛前湾集装箱码头有限责任公司操作部桥吊司机赵显新、王啸“全国交通技术能手”荣誉称号。而就在两年多前，许振超被授予 2003 年度“全国交通技术能手”荣誉称号，几年时间里师徒三人相继获得同样的荣誉。作为师傅，许振超还是那两个字：开心！而且，从自己的“无声响操作”，到“显新穿针”、“王啸飞燕”，他看到了一种传承：不只是技术上的传承，更是一种立足本职岗位努力拼搏、追求卓越、精益求精的工匠精神的传承。而青岛港的事业和发展，也必将通过这一代代人的接续努力，薪火相传下去。

那天的授奖仪式上，王啸与师兄赵显新并肩而立；在许振超的众多徒弟中，彼时，王啸与师兄赵显新的感情应该是最深的。平时工作中两人配合默契，操作技能上彼此切磋，共同进步。敬服于师兄“显新穿针”的神异，王啸在练成自己的“王啸飞燕”绝活后，又不断向师兄请教，苦练“显新穿针”。赵显新则毫无保留地将技术要领和操作诀窍一遍遍讲解给师弟听，如果对方有不明白的地方，便上车操作、演示，直到王啸能够毫无瑕疵地操作出“显新穿针”。后来，两人先是同时入选十项员工品牌，不久又同时获得“全国交通技术能手”荣誉称号。在整个青岛港，王啸与师兄赵显新成了人人羡慕的一对师兄弟。他们俩的技术绝活也尽人皆知，对于“显新穿针”和“王啸飞燕”，似乎谁都能评说一番：“想知道什么是‘显新穿针’和‘王啸飞燕’，那还不简单？这两个绝活的意思是操纵吊具要像穿针一样准确，像飞燕一样轻巧。可懂？”

令王啸无比遗憾的是，师兄赵显新不幸在2009年2月11日因病去世。闻听噩耗，王啸悲恸欲绝，很长一段时间里，赵显新的音容笑貌，都会在他的脑海不断浮现。

让王啸稍感安慰的是，师兄虽然去了，但师兄的绝活“显新穿针”传承了下来。在一次操作演示现场，在重达15吨的桥吊吊具上，绑着一根红白相间的竹竿，地上放着一个空啤酒瓶。年轻的司机操纵着吊具从50米高的半空降下，在离瓶子几米高的上方停住，通过吊具的自然摆动，然后慢慢定位，之后突然下降，竹竿准确地插入瓶中。有幸观看者无不啧啧连声：这就是蜚声青岛港的著名技术绝活“显新穿针”。而在刚才，一个名叫周强的桥吊司机以38秒完成了“显新穿针”的表演，一举将赵显新创下的44秒的纪录提升了6秒钟。

凡是见过这一技艺演示的，无不发出由衷的赞叹，因为这看似简单的6秒钟，却整整花了周强6个月的时间。平均每个月，周强都要通过勤学苦练，硬生生地挤出1秒时间。

而更让观者动容的是，周强正是赵显新的亲传弟子。

周强现已成长为青岛前湾集装箱码头有限责任公司操作一大队副队长，连年被评为先进工作者。他带领的班组先后荣获青岛市质量信得过班组、全国青年安全生产示范岗等荣誉。

那天，王啸也在演示会现场，看着洋溢着青春朝气的周强，王啸感慨万千：虽然自己也掌握了“显新穿针”的要领和技巧，但这一绝活能够经由师兄的弟子传承下去，并得以发扬光大，毕竟是一件让人感到快慰的事情。

三　三只老虎

王啸也有自己的徒弟，几十个。

这些徒弟中，肖琛钦是他比较中意的。

有人后来惊讶地发现，从许振超、王啸到肖琛钦，师徒三代人，居然一个属相：虎。

许振超，1950 年，庚寅年虎；

王啸，1974 年，甲寅年虎；

肖琛钦，1986 年，丙寅年虎。

师徒三代三只老虎，不免让人称奇。

肖琛钦 2006 年来青岛港之前，在青岛港湾职业技术学院学习了 5 年，学的是港口机械专业。

到港口后先学台吊；学了一段时间，队里从学习台吊的新人中选了几个上桥吊，他很幸运地跟着王啸学习桥吊。与师傅王啸特别相似，肖琛钦脑子灵光，学什么都快，即使是复杂的桥吊操作技能，他基本上学习几遍就能快速上手。他曾在 2016 年青岛港集团“技术大比武”桥吊项目中获得第一名，荣膺“比武状元”称号。

通过潜心钻研，肖琛钦还在桥吊起升高度、小车操作、跑车换贝等各个桥吊作业环节中采取记忆参照物对位法，最大限度地减少吊具、小车、大车的运行线路，显著提升了桥吊的作业效率。青岛港集团由此授予他“琛钦巧匠”个人技能品牌。师傅王啸特别高兴。徒弟拿了第一，拥有了个人技能品牌，作为师傅，脸上有光，但王啸并没有对肖琛钦多作夸赞，而是讲了一句话，“一个因为一点小成功就骄傲自满的人是不会有出息的”。然后他告诉肖琛钦：“这句话是很多年前我师傅、你师爷说给我的话。今天，我把这句话传给你，希望能对你有所启示。”

看着师傅郑重的神情，肖琛钦用力点了点头。

肖琛钦果然没让自己的师傅失望。在工作岗位上，他勤勤恳恳，从未懈怠对于操作技能的磨砺和锤炼，并在8年后的2024年高调回归，再次斩获青岛港集团“技术大比武”桥吊项目第一名。

王啸现为青岛前湾集装箱码头有限责任公司操作四大队桥吊二班班长，而徒弟肖琛钦就是他麾下的兵。

肖琛钦现在不是定车人员，也就是不是某一台固定吊车的司机，“师傅安排我做替车司机，哪台车有需要，替车司机必须随时上车操作，所以单纯从技术角度看，替车司机的技术要求更高一些：因为车型不一样，性能有所区别，操作时要做到如臂使指，对替车司机的技术要求自然更高。”肖琛钦说。

“很多年以前，师傅通过自己的努力，取得了优异的成绩，没有辜负师爷的期望。今天，我也将勇毅前行，力争上游，不断提高工作水平，不辜负师傅对我的期望！”

肖琛钦又说。

四　有徒郭磊

如果问现在的许振超：你最得意的弟子是谁？许振超的回答一定是：

郭磊。

在很多场合，许振超都说过这样一番大致相同的话："郭磊是山东港口的骄傲，也是新时期产业工人的骄傲。在弘扬新时代'振超精神'、加快建设世界一流海洋港口的新征程中，我们很高兴地看到又一颗青年岗位明星的冉冉升起……"

话里话外，掩饰不住对郭磊这位徒弟的褒奖和喜爱。

郭磊是1999年初从部队退役被分配到青岛港的。开始只是一名装卸工，后来又先后成为集卡司机和轮胎吊司机。直到2004年，才被选定为桥吊司机。而师傅，正是大名鼎鼎的许振超。

但师傅的名气和影响力，并没有给郭磊带来"梦幻般的开局"。

最初的那段时间，郭磊每日按照单位规定的每小时至少装卸30个集装箱的效率进行练习和工作。操作的规程和技术都是从师傅那里学的，他觉得自己操作得合规合矩，没有什么错漏，因此心里还很得意。然而一次在驾驶室操作时，下面负责指挥的工友对着喇叭，用一种恨不得让全世界都听见的声音大喊："上面是谁在装卸啊？怎么这么慢？如果干不好就下来换人吧！"

直白的话语让郭磊不由一愣：自认为没有什么毛病的操作，在别人眼里居然如此不堪吗？平素的努力为什么只换来别人的轻蔑和无视？他有些不解，更多的是不服。

郭磊从车上下来，上去了一个经验丰富的司机继续操作。站在码头上认真观看着，从那位司机毫不拖泥带水、如行云流水一般的操作中，郭磊才发现真的是自己技不如人。而这次经历也宛若当头棒喝，让郭磊意识到了什么叫“师傅领进门，修行在个人”，什么叫“台上一分钟，台下十年功”。

从此，他开始刻苦学习桥吊装卸技能，立足本职把每一天的工作都当作研究技术、改进技能的课题来钻研，努力提高自己的综合素质和港口装卸业务水平。

在操作技能日新月异、飞速进步的同时，郭磊针对集装箱装运的货物附加值高的特点，积极探索桥吊操作的新技术、新方法，开创了两个特色绝活“高空穿靶”和“飞箱穿障”。前者是在重达13吨的桥吊吊具下端系上钢针，司机在50多米高空驾驶室内，操控钢丝绳连接的吊具做抛物线运动，用吊具上的钢针穿中地面上直径只有5毛硬币大小的10环靶心。而“高空穿靶”的最大难点便是钢针穿靶时摆动幅度要控制在2厘米范围内，同时保证吊具平稳，并在5分钟内先后对两个靶盘进行精准射击。“飞箱穿障”则是在吊具四周摆放4个啤酒瓶，啤酒瓶上再分别摆上鸡蛋的情况下，操控吊具平稳着箱并进行装卸，整个过程既要无声又要保证鸡蛋和酒瓶的平稳——这一操作要求堪称空前绝后，郭磊在经历了无数次失败的痛苦和煎熬之后，才终于苦尽甘来，修得正果：在操纵吊具顺利完成集装箱作业的同时，百分百做到酒瓶不晃鸡蛋不掉。这一令人为之叫绝的绝活，也让郭磊在山东省港航比赛和青岛市第十四届职业技能大赛中，均以理论、实操双第一的成绩一举夺冠。

苦练技术技能之余，郭磊还以极大的热情投入传统桥吊的自动化升级改造，在升级改造的过程中，郭磊和他的创新团队成员相互协同，先后优化百余项流程，对超过200项程序进行了合理化改造，并全程监督优化过程，测试检验整改效果，直至达到标准要求，出色完成了传统桥吊与自动化桥吊的创新融合。

针对传统码头远程操控桥吊没有规范性、统一性、权威性的培训教材，郭磊提前着手，争分夺秒与桥吊电气工程师交流、探讨，结合多年的操作心得编写了行业内首本《8070双起升半自动远程操控桥吊安全操作规程》培训教材，用于对港口200多名桥吊司机进行培训，大大缩短了司机的培训时间。

勇于创新、不断进取的郭磊，在山东港口建设智慧、绿色港口的进程中，也一跃成为一名不可多得的领军人才。

有人经过研究发现，郭磊与他的师傅许振超之间，无论在技术技能的发扬光大，还是在风格特色的接续上，都有一条清晰可见的传承线。

师傅许振超有精深厚重、独步天下的“振超工作法”；郭磊则在工作中探索运用“弧”形钩行路线代替传统“门”形钩行路线操作模式，结合大车三步定位法创出了有助于提升装卸效率的“‘两快一抢’操作法”，每小时装卸可提高3个自然箱，在桥吊司机中推广后，每年可以多装卸10万标准箱，能为公司创收2000多万元。30多年前许振超编写了《集装箱装卸桥司机操作培训手册》，成为青岛港吊车司机的“必读书”；郭磊则紧随师傅的脚步，致力于为港口培养一支技能过硬的人才队伍，把自己总结编写的《桥吊司机培训教材》、《桥吊安全操作规程汇编》等无私传授给身边的同事们。许振超的许多技术绝活早已闻名全国；郭磊则在传承的基础上又别出心裁，首创“高空穿靶”和“飞箱穿障”两大岗位绝活，后者更是获山东港口集团青岛港岗位绝活一等奖，该绝活使桥吊装卸效率更高，能耗更低，成为青岛港每年员工培训和考工晋级考试中必考的项目。许振超情系莘莘学子，是数十所大专院校的兼职教授，为学生作报告、讲座无数，并出任青岛港湾职业技术学院“产业教授”；郭磊则“萧规曹随”，在师傅之后，也被聘为青岛港湾职业技术学院“产业教授”，还相继担任青岛电子学校“劳模精神指导教师”、日照工匠学院“工创导师”，多次受邀前往高校、职校、企业、劳模工匠大讲堂等作专题培训，并主动参与员工岗前培训、技能鉴定授课、赛前授课等，很好地发挥了一名领军人才的模范带动作用。许振超有“国家级许振超技能大师工作室”、“许振超劳模创新工作室”，育人无数，且成果丰硕；郭磊则是“郭磊创新工作室”的带头人，组织创新团队自主研发了“桥式起重机下集装箱拖车的视频定位装置”、“集装箱岸边无人智能生产系统”、“8070 双起升半自动远程操控桥吊”等创新项目近 50 项，完成技术革新 150 余项，申报国家专利 40 余项……

如今，不只在青岛港，在整个山东港口集团，郭磊都是名动一时的中青年拔尖人才，让很多人羡慕、钦佩。而作为师傅的许振超，看着正值壮年的徒弟还在向着事业的顶峰不断攀登，内心的满足感和自豪感是藏都藏不住的：

有徒如此，夫复何求！

五　师傅的背影

2020 年，是郭磊进入青岛港的第 21 个年头。

2020 年，也是他的好运之年。

郭磊的好运是从当年的 1 月 5 日开始的。那天，他离开青岛港，赶到省会济南，参加“齐鲁大工匠”的颁奖活动。

当天晚间的颁奖现场，作为获奖者之一，组委会给了他一个大大的惊喜。当山东电视台的节目主持人对他作了例行采访后，高声说道：“下面有请我们的颁奖嘉宾，为郭磊先生颁奖。”郭磊侧脸一看，竟是师傅，脸上正带着温煦的笑容向他走来。“师傅，怎么是您啊？！”“怎么，我来给你颁奖你不高兴？”“怎么会不高兴，当然高兴。”郭磊连声地说……

郭磊后来跟人说，一定是师傅给他开了个好头，所以他的2020年才好运不断。

——4月11日，在8000T重点船的作业中，他驾驶的44号桥吊当班平均单机效率达到每小时56自然箱，以全公司桥吊装卸箱量第一名的成绩，携手振超团队其他成员完成当班作业箱量17258.75标准箱，再次创出了集装箱单班装卸新纪录，以耀眼的成绩擦亮了“振超效率”的金字招牌。

——5月，由他领衔的“单机平台+组网互通”技术攻关项目获得圆满成功。这一项目是针对在桥吊装卸箱时集卡车司机因安全意识差观察不周，在桥吊吊具未上升离开集卡车时就启动车辆运行的安全隐患而展开的攻关课题。项目从2019年就启动了，经过漫长的理论论证和近百次技术改进，最终在2020年的5月攻克了此项难题，从根本上杜绝了集卡车拖曳吊具的发生，填补了世界非自动化集装箱码头这一领域的空白。

——9月，他荣幸地成为2020年“振超奖”的获得者。6年前的2014年9月26日，青岛市第十三届职业技能大赛首场决赛在海尔集团赛区举办，来自海尔、海信、青岛整流器制造有限公司的近300名选手现场竞技，进行8个工种的比赛。其间，组委会宣布，大赛首次设立“振超奖”，并定下了每个获奖选手的奖金数额：10万元。郭磊其实在2016年青岛市第十四届职业技能大赛中就夺得了电动装卸机械项目的第一名，但直到5年后，他才首次获得这一以他的师傅名字命名的奖项……

郭磊的2020年可以说是好运不断，喜事连连，但真正在他心中留下难以磨灭的深刻印象的，却是一个背影——

师傅的背影。

时间拉回到1月5日，郭磊领取“齐鲁大工匠”奖章的那个晚上。

颁奖活动结束时已经是晚上十点多钟，因为第二天要去北京参加一个重要的会议，组委会就专门安排了司机和一辆轿车，准备送许振超去北京。当晚济南大雪，许振超谢绝了组委会的好意：“雪天开车本来就不方便，司机来回实在辛苦。我还是坐火车吧，睡一觉就到了，还能节省不少汽油呢！”他笑着说，然后就请人为他订了张午夜时分开往北京的火车票。

郭磊送师傅去济南火车站。到站前广场，许振超停下来，对郭磊说：“太晚了，早点回去休息。”见郭磊还想说点什么，就轻轻摆摆手：“别担心我，没啥问题。回吧，回吧！”

说着，许振超转身走向进站口。

郭磊怔怔地站在那里，看着师傅离去的背影。

一件普通的羽绒服，一个双肩包。那个双肩包在郭磊的记忆里，似乎一直都在。很多年了，师傅的荣誉、地位每年都有所变化、有所提升：全国党代会的党代表，全国人大常委会的委员，中国科协的常委，全国总工会的兼职副主席……但不变的是那个双肩包，依然是师傅每次出差的必备。

不变的当然不只是那个双肩包，还有面对地位升迁时的那份朴实与低调，经受磨砺后的那份沉静与平和，还有那份看尽繁华的厚重、踏遍青山的从容和荣誉加身后的谦逊与淡然……

突然，郭磊发现，师傅两鬓的白发在站前广场的灯光下，正反射出一丝刺目的光。那一瞬，郭磊感觉自己的心也被刺痛了：师傅老了啊！

是啊，70岁的老人了，早已不年轻了，但作为徒弟，他是多么希望师傅能一直年轻下去啊。那样，不管遇到多大的困难，他就有了依靠，有了战胜所有困难的信心和勇气！

师傅的背影一点点消失在郭磊的视线里。

“师傅，您可一定要保重身体啊……”郭磊喃喃自语。

眼睛，渐渐湿润。

那天晚上之后，师傅的背影就一直烙印在郭磊的脑海。

因为在工作中表现出色，郭磊获得了很多的荣誉，比如获得全国技术能手、“齐鲁大工匠”、交通运输部首届“最美港口人”等荣誉称号，获得全国五一劳动奖章，不久又成为享受国务院政府特殊津贴的高技能人才……这些荣誉和奖励，任何一项拿出来，都足以令人产生自得与骄傲之情，但烙印在脑海里的师傅身背双肩包的背影，每次都会浮现出来，将他心里刚刚显露的一丝丝张扬和浮躁，瞬间驱散！

然后，内心变得一片透亮。

“脑子清明了，心胸随之舒张开来，整个人似乎都变得万毒不侵了。”郭磊笑着说。

青年时代的许振超。（青岛港供图）

许振超在工作现场。（青岛港供图）

作为中国当代产业工人的杰出代表，许振超数十年扎根一线，干出了一流的工作业绩。（青岛港供图）

许振超和工友们在一起。（青岛港供图）

在许振超带动下，青岛前湾集装箱码头有限公司桥吊队 80% 以上的工人都熟练掌握了许振超的绝活。（张天宇摄）

已经 70 多岁的许振超，仍然对机器充满热爱。（张天宇摄）

许振超和他的妻子许金文、女儿许玉雪在青岛港。（青岛港供图）

2024 年 9 月 29 日，许振超获得“人民工匠”国家荣誉称号。（青岛港供图）

六　天赐的幸福

如今的许振超已经离开一线，他的精力和时间大多花费在“国家级许振超技能大师工作室”与“许振超劳模创新工作室”上。在工作室里，他与徒弟们、与振超团队的成员们交流技术，将几十年的工作经验和心得分享给大家，或者围绕某一个创新项目，展开讨论，寻求突破的路径和方向。

每次活动结束，他会给某个徒弟或某个团队成员提个问题，那就相当于老师给学生留的家庭作业。

被留家庭作业最多的，是郭磊。

有一次活动结束，郭磊送师傅出门。告别的时候，许振超好像无意间突然问：“为什么桥吊起升电机制动间隙不能大于1毫米？”觉得自己已经与桥吊打了多年交道了，对桥吊甚至可以说是了如指掌了，“大于1毫米的话，制动时间会延长嘛”，答案刚要脱口而出，许振超拦住他：“先别说，回去考虑考虑，下次见面再告诉我。”回去后郭磊赶紧翻书查资料，包括通过互联网寻求答案，结果让自己大为汗颜。因为他所知道的大于1毫米会延迟制动时间只是其中的答案之一，还有一些更加重要的原因，比如制动间隙如若大于1毫米会给机械造成振动和摇摆，会影响整车架构的运行安全……

下次见面时，郭磊将答案告诉自己的师傅，许振超脸上露出笑容：“不错，看来回去后确实下功夫了。”

这件事给了郭磊极大的启示，那就是学习桥吊技术是一个漫长的从不会到会、从粗浅到精湛再到融会贯通的过程。一个新时代的桥吊司机对自身必须有精益求精的高标准、严要求。而郭磊也深切地感受到了师傅对他个人成长的关怀，因为师傅正是通过这样一种看似寻常的问答的方式督促他不断学习、不断进步。

在黄岛前湾港区，现有桥吊 41 台，郭磊开的桥吊编号是 44 号。

2024 年 8 月的一天，许振超到码头巡视，路过 44 号桥吊，他抬头看了看，听现场调度说刚刚结束一艘货轮的装卸作业，现在是歇车状态，就点点头，然后坐电梯上了桥吊。郭磊见了，赶紧将老爷子迎进驾驶室。“别管我，你把车动起来。”许振超说。郭磊就把吊具往下吊，吊到一定高度，许振超叫“停”，吩咐郭磊说：“跑一下小车（驾驶室）。”郭磊明白过来，敢情师傅是要考校自己操作稳不稳啊！赶紧收敛心神，按照要求跑了一会儿小车。许振超再叫停，“你这表现，80 分吧！”郭磊苦着脸：“师傅，分数咋这么低啊？”许振超在徒弟的脑门上敲了一下：“小车过鞍梁中缝时，小车跟吊具摆动的方向没能完全同频，跟进的速度略慢，造成摆动……你现在在科研创新上是尖子是带头人，这是好事；但桥吊操作是咱们吃饭的手艺，是根基，什么时候都不能懈怠。”郭磊赶紧点头：“师傅说的是，我记下了。”

在驾驶室里又看了看，许振超说：“忙吧，我回了。”

目送师傅离去，郭磊无言感慨：能有一位年已 74 岁的老爷子经常考校自己、鞭策自己、警醒自己，谁能说这不是一种天赐的幸福呢？！

当然，对于郭磊来说，关于师傅远远不止这些。很多时候，当他遭遇挫折、面临困难、无所适从，不知道路在何方的时候，或许师傅只是一句简单的提点，就能让他有一种如拨云见日般的清醒和顿悟，正如七年前他曾经历的那样。

七 醍醐灌顶

一个集装箱转锁（锁垫）几十斤重，在港口直取箱作业模式下，以前都是人工摘锁垫，一台桥吊下，大箱通常需要两个人，小箱需要三到四个人。

这也就形成了传统集装箱码头作业时的历史性难题：人工摘锁垫，使得效率低下；装卸工人车交叉作业，更存在操作中高空坠物等安全隐患。

为了攻克这一历史性难题，2016年，郭磊将研发“集装箱锁垫自动摘除装置”作为自己的攻关目标。

经过多次实验，自动摘除装置可以将锁垫打开了，却不能百分百打开。不能百分百打开就意味着项目的失败。

郭磊认为可能是装置的宽度与大小跟锁垫不能完全契合，便反复对装置的大小和宽度进行各种微调，失败后甚至不断从装置的材质和硬度上进行各种调整，郭磊没有意识到，他那个时候已经钻进了牛角尖。持续的实验失败让他陷入紧张、焦虑、自责甚至暴躁和愤怒的情绪中，一个多月的时间里，整个人暴瘦了十多斤……

茫然无措中他去请教刚从外地出差回来的师傅。师傅听他说完，沉吟了一会儿：“能不能转换一下角度，从寻找准确的开锁倾角入手？”

师傅的建议令郭磊如醍醐灌顶般瞬时明悟。

是啊，如果倾角不对，达不到完全开锁的尺寸要求，集装箱锁垫当然就无法自动摘除。

郭磊转变思路，做了无数次推倒重来的论证和实验，光图纸就画了几百张。最后，找到了最准确的开锁倾角，并将吊具作业时集装箱下降的势能转变成开锁的动能。随后，新装置所做的数十次实验取得百分百成功！

“集装箱锁垫自动摘除装置”的研发成功，在世界非自动化集装箱生产中第一个实现了无外接动力自动锁垫拆除。它除了具有无外接动力、纯机械式结构的特点外，还有造价、维护成本低、使用方便等优点，可适用于60%的船舶直取作业；而且能够有效降低人员劳动强度，降低生产作业成本，提高作业效率。该项目先后荣获青岛港集团岗位创新成果一等奖，中国港口协会2018年度科技进步奖三等奖，还众望所归地成为中华全国总工会2017年度职工创新资金补助项目，并获得国家发明专利。

自从“集装箱锁垫自动摘除装置”在港口各作业区广泛使用，现在两台桥吊只需要一个人监护就可以了，极大地减轻了人员劳动强度，更消除了人车交叉作业存在的安全隐患，保证了港口的生产安全。

不过，郭磊并未在成功的喜悦中驻足太久，因为师傅的一句话又让他找到了新的攻关方向：“你现在的锁垫自动摘除装置只能摘除一类集装箱锁垫，能不能通过改进、升级，让装置可以摘除多种集装箱锁垫？”

收拾起心情，瞄准“集装箱锁垫自动摘除装置”系统升级目标，郭磊整装再出发！

八　三代同框

郭磊同样有几十名徒弟。

受师傅许振超的影响和熏陶，郭磊是严师，但严得有章程有要求，严得有温度有包容。对有些暂时不能达到技术要求的徒弟，郭磊不是一味苛责，而是给他们自我反省的时间，让他们在自我反省中细细琢磨自己的操作哪个环节有问题？该如何解决？等想清楚想明白了，再上车操作……

在郭磊看来，出现问题不可怕，只要勇于直面问题，勤学苦练，迎头赶上，那就一切 OK！如果某个徒弟出了问题却选择“躺平”，既不勤思也不苦练，从你一动车时的起步状态，从小车与吊具的运行轨迹，郭磊一眼就能看出问题所在。

那么，你就等着慢慢消受来自严师的“疾风暴雨”吧！

教授徒弟时，郭磊从来不会要求一步到位，而是选择循序渐进。比如教徒弟练习自己独创的技术绝活“飞箱穿障”，他在难度上是逐渐加码：先是保证吊具走线平稳，然后在吊具四周摆放 4 个啤酒瓶；吊具带着啤酒瓶可以平稳着箱了，再在啤酒瓶上分别摆上鸡蛋。当然，徒弟练习的过程中，郭磊会不断地给予纠正、提点，以完善其技术动作，达到操作要求。

有这样的严师，想不出高徒都难。

刘起便是高徒之一。

身处 50 多米高的驾驶室，刘起正在争分夺秒地进行着一艘外轮的装卸作业。

透过脚下透明的地板，能看到微微律动的海面，幽蓝而深邃。

吊机下降，对准 4 个锁孔，确认闭锁，平稳起吊集装箱……十几层楼高的半空中，如此“穿针引线”般的华丽操作，刘起一气呵成。

随着最后一个集装箱稳稳地落定，刘起结束了当天的工作。

走出驾驶室，眺望正在离泊的集装箱大船，刘起疲惫的脸上写满了自豪。

刘起曾经多次跟人谈起过，他是因为上学的时候听过许振超技能成才的事迹之后，才树立当一名桥吊司机的人生理想的，最终他也实现了自己的理想。“而且，命运似乎还特别眷顾我。我得以拜郭磊为师，而我的师傅郭磊，正是许振超的徒弟。此后相当长一段时间里，我常常会骄傲地告诉别人：我师傅的师傅是许振超。对我来说，许振超不只是一个简单的人名，而是一个符号、一种象征，是可以让所有人听了之后都能眼前一亮的存在。”刘起说。

在郭磊的一众徒弟中，刘起入门晚，但成长速度惊人。

他用心钻研桥吊驾驶技术，仅用数年时间就创新“精准一步到位”、“望点问核”等工作法，被青岛港集团授予“刘起巧吊”员工技能品牌。2021 年，刘起获得交通运输部“最美港航人”荣誉称号；2022 年，获得“山东省五一劳动奖章”、“山东青年五四奖章”，并先后获评“齐鲁首席技师”、“全国交通技术能手”、“山东港口劳动模范”。

2019 年 11 月 25 日，国内多家媒体刊发报道——

“厉害了！青岛港振超团队第九次刷新世界纪录！尘封 11 年之久的集装箱装卸世界纪录被打破！”

报道中说，前一天的 5 点 43 分，在“马士基埃斯米兰达”号轮作业中，山东港口青岛港“振超团队”经过连续奋战，以 514.7 自然箱 / 小时的船时效率刷新了 2008 年 497 自然箱 / 小时的船时纪录，第九次打破世界纪录，这是三代码头工人接续奋斗的结果。

报道中提到，那艘长 366 米的“马士基埃斯米兰达”号海运货轮原计划 11 月 21 日抵港，在港装卸总量达 10509 自然箱，其中 9299 箱为中转箱，单船中转装卸量为山东港口青岛港集装箱作业历史上最多的一次。掌握船舶信息后，“振超团队”提前从泊位安排、场地分配、设备保障、人员配置等方面设计出一套精细的作业方案，计划安排 11 条作业线，力争夺高产、创高效。

但中间却出现了意外。“21 日傍晚，该船因故障延期到港，按照新时间安排，只能靠泊 83 泊位，并改为 9 条作业线。虽然船舶出现问题，船期变了，作业机械少了，挑战增大，但整个团队上下形成了一种自发的拼劲，最终完成这场生产攻坚战。”

报道中还说，2003 年，许振超和他的团队首次创造了单船效率 339 自然箱 / 小时的世界纪录，饮誉国际航运界的“振超效率”由此诞生。如今，69 岁的许振超虽然离开了工作一线，但以郭磊为代表的第二代桥吊司机“全能精兵”延续着“振超精神”，“而此次参与破纪录的年轻桥吊司机刘起已经是第三代”。

很快，人们就都知道了许振超、郭磊、刘起三人的师承关系，而“师徒三代携手同心，接续奋斗，不断创造和刷新国际航运纪录”这一事实，让所有人为之击节赞叹！

几年后，师徒三代人又一次同框出镜：2023 年 5 月 1 日晚，铺展时代画卷，镌刻劳动之美——《“中国梦 · 劳动美”——庆祝“五一”国际劳动节心连心特别节目》在央视综合频道、综艺频道，央视频、央视新闻、央视网以及文艺之声广播等多个平台同步播出。特别节目由中华全国总工会、中央广播电视总台联合举办，通过聚焦新时代劳动者的精神风貌，展现各行各业在奋进新征程中的新图景，奏响自信自强、团结奋斗的时代乐章。

节目中有一个环节名为“传承”。在这里，许振超、郭磊、刘起师徒三代组合作为山东港口青岛港的代表亮相节目现场。

三代劳模工匠身着蔚蓝色山港工装，在镜头中分享了自己眼中的海港，生动再现了一代代山港儿女秉持匠心、薪火传承的动人故事，展现了海港职工继承和弘扬“新时代振超精神”，全面提速“双一流”企业建设的信心和决心。

那天晚上，看着站在自己身边的郭磊和刘起，73岁的许振超笑了。

笑得开心！

笑得满足！

第七章
责　任

为新时期产业工人队伍建设改革建言献策，利用一切机会倾心宣讲工匠精神，大声疾呼“拿出工匠精神来培养技术工人”。

作为人大代表，许振超把代表全国产业工人发声当成自己神圣的责任！

一　新角色、新责任

2008年，许振超当选第十一届全国人大代表。赴京前，面对家乡父老，他郑重表示："在人代会上，我要认真履行好代表的义务，担负起一个人民代表应尽的责任。"

他至今仍然记得当初第一次以人大代表身份走进人民大会堂时的情景，"进了人民大会堂，确实有一种庄严感、神圣感，也确实紧张，就觉得心在跳，跳得比平时快多了，好像脚也不太听使唤了，有点飘。当然这是第一次，第二次就好多了，就想着自己是人大常委会委员，这是我们工作的地方，是参政议政、履行代表职责的地方。这么一想，心态自然也就平静下来。"

虽说是人代会上的"新面孔"，但58岁的许振超作为新时期产业工人的杰出代表早已享誉全国，而且，就在一年前，他光荣当选党的十七大代表，并成为十七大主席团成员。所以，许多驻会记者对他一点都不陌生。

"我是新当选的人大代表，新角色自然有新责任。"许振超告诉记者。而他对"新责任"的定位就是"讲基层话说百姓事"。因为，"作为来自基层的人大代表，代表老百姓反映基层声音，说出他们想说的话，本来就是题中应有之义！"

让农村孩子上好学，进一步促进教育公平——这是许振超在人代会上所提的一个建议。"虽然国家这些年来采取了很多措施，但农村教育设施条件仍需要大的改善……教育不公平，是最大的不公平。”许振超建议，在当前国家推行免费师范教育政策中，要鼓励毕业生到农村等不发达地区教书，提高农村教育的质量，国家要保证这些老师的待遇。

许振超还特别指出，当前农村留守儿童的教育问题尤其显得严重。这些孩子的父母都到城里打工，孩子在家里受的教育和关爱不够。随着时间的推移，这些孩子长大后，很容易造成社会问题。这需要引起有关方面的高度重视。

凭借“技术绝活”创出“振超效率”的许振超，还有一个身份是中国科学技术协会常务委员会委员。他高度认可国家倡导的自主创新工作，并提出了自己的建议：“自主创新应该鼓励更多的一线工人甚至农民工，搞发明创造！”

他提出，应该增加国家科技进步奖中的“工人农民创新奖”数量，由目前的2个提高到“8到10个”。

“国家提出要充分发挥企业作为技术创新主体的作用，这离不开工人的技术攻关！”许振超说，“如果奖项增加，就会激励更多的工人（包括农民工）去动脑子，去搞发明创造。”

呼吁教育公平、社会公正，提高农村教育质量，关注农民工和农村留守儿童问题，鼓励一线工人包括农民工搞发明创造——与2008年许振超的这几条建议相似的内容，在他此后作为人大代表的十多年里，还会屡屡出现在他的建议中。

——2010年，他在建议中指出，由于户籍的“不准入”制，直接导致很多外来务工人员在生活上、工作上存在很大的不便，此外，这也成为农民工子女在上学、升学问题上的最大障碍之一。因此，他建议有关部门可以根据城市的发展情况，分期、分批解决部分外来务工人员的户口问题。

——2011年，国务院常务会议3月1日讨论并原则通过《个人所得税法修正案（草案）》，个税起征点有望提高。许振超提出："个税起征点提高固然是好事，可我们还要看到，还有很多人的收入水平达不到现在的起征点。应该在相关政策制定上，考虑进一步缩小目前收入分配上的不公。"许振超建议，改革的步伐要迈得稳一些，因为中国经济就像一列高速行驶的列车，转方向太快或急刹车太快，是会翻跟头的。这就需要有一套与之相适应的征管措施的配合与保障，否则在理论上较为公平的税制设计在实际操作中可能反而带来更大的不公平。

——2012年，许振超通过调研发现，在青岛，同样是退休人员，在企业退休的退休金仅1500元，而在事业单位退休的退休金能达到4500元到6000元。他建议，应逐步取消国有企事业单位退休职工退休金"双轨制"，缩小贫富差距，以体现社会公平正义。

——2013年，许振超再次将目光投向农民工子女。"最近几年，青少年犯罪案件越来越多，其中很大一部分孩子是留守儿童。"许振超说，留守儿童父母进城打工，照顾孩子的责任就落在老一辈的身上。"在农村，爷爷奶奶本身的文化水平就不高，让他们辅导孩子往往力不从心。"在他看来，缺少正确引导，经常会造成留守儿童在心理和思想上走歪路。此外，许振超在调研中还发现，山东省农村教育依旧存在缺失现象，尤其是在早教方面，存在较大空白。许振超因此建议，应设立专项资金，为农村建设更加优质的公办幼儿园，填补早教缺失的空白。"要让农民工的孩子在家乡享受到良好的早教，因为他们没有父母的陪伴，更需要培养健康的心理。"

……

这些建议，也充分兑现了许振超当初的承诺：代表老百姓反映基层声音！

二　累，并快乐着

2009年是许振超当选全国人大代表和十一届全国人大常委会委员的第二年。说起一年来的感受，许振超说：挺累，但很充实，很快乐！

2008年当选全国人大代表后，许振超又被选为全国人大常委会委员，每两个月就要来北京开一次常委会。除此之外，他还身兼许多社会职务，比如科协常委、全国总工会执委，也有很多事务。他还在全国十几所高校讲课，所以一年到头四处奔波。

3月2日许振超随山东团到达北京参加两会。有记者采访他，问他抵达北京的这几天都在忙什么？他告诉记者：足不出屋，每天晚上看很多资料，来完善自己的议案和建议。

许振超说，本来议案和建议应该提前写出来，但因为一直四处奔波，没顾得上。2月28日，他刚在北京开完全国人大常委会会议，审议《食品安全法》等法律，当天赶回了青岛，3月1日从青岛到了济南，第二天又随山东团赶到北京。

说起这种生活，许振超感叹："说实在的，这一年确实很累。"他说，"从去年（2008年）8月开始，我每月在家的时间只有两三天。要参加的会议多、活动多，基本上一出去就是二十多天，飞来飞去赶时间。"

而他，又是个特别认真的人，做哪样工作都力求做到最好。所以，他会比别人花更多时间来为会议、讲座做准备。"虽然累些，但我心情很好，感觉很快乐，因为我始终认为我干的这些工作是有意义的。”许振超微笑着说。

当然，还有压力。“如果说去年刚当上人大代表还很兴奋的话，今年最大的感受就是压力大。”许振超告诉记者。

他是全国人大常委会委员中唯一的工人代表。全国人大常委会每年要制定、修改很多法律，这对他的法律水平提出了很高的要求。而法律知识的欠缺，正是许振超成为全国人大常委会委员后遇到的最大困难。

“我常年在码头一线工作，对法律不是很了解，但我多少占了点便宜，因为我从事过管理工作，熟悉技术标准、规章制度，它们可以说是法律的组成部分，所以自己还算有些基础。不过到了全国人大常委会，这点法律知识是远远不够的。因此，我面临的最大问题就是尽快学习法律。”

这一年来，他把大部分时间用来学习法律，用他的话来说就是“恶补”法律条文。全国人大常委会给他们发了厚厚一本法律书，新中国成立后的法律都在里面。许振超说，这么一大本，自己不仅要认真看完，还要思考。

许振超说，因为自己是唯一的工人代表，当然要代表工人发表意见，这让他感到压力很大。“因为我知道我和其他常委会委员有不小差距。很多常委会委员以前就是干部，对政策、法律的理解肯定比我强很多，但我要努力不使自己差太多，所以我是在拼命地撵，抓紧一切时间学习。”

除了来自尽快提高自身素质和法律水平的压力外，还有一种压力来自对形势的忧心：受金融海啸冲击，我们国家企业不景气，一些企业开工不足，出现裁员。农民工返乡，大学生找工作难……尤其是大学生就业问题。“虽然国家采取了很多措施帮助大学生就业、创业，但吸纳学生就业主要靠企业，现在企业不景气，大学生找工作就尤为困难。”许振超说。

对此，他认为，全社会应共同努力解决大学生就业难题，“一副重担众人挑”，学校不应一毕业就把学生推向社会，而是应该让学生继续在学校待一段时间。当然，这段时间不是学文化知识，而是由学校组织学生去一些企业实习。同时，政府拿出一部分补贴，把学校的资源、企业的资源结合起来，让学生注重产学研相结合，跟着导师做项目。这样，一方面可以让学生学习一些新的东西，增加学生的实践经验；另一方面则可以提高学生的生存能力，让他们逐步接触社会加快实现就业。

“我为什么关注大学生就业？因为民生之本就是就业。这是老百姓最关心的问题。而老百姓关心的问题，便是我们人大代表关心的事情。”许振超说。

要做的工作很多，要考虑的问题很多，要读的书也很多，还要不断修改、完善自己的建议，还要马不停蹄赶往外地的某个大学作报告……所以，他常常会感觉时间不够用，身体也会有一种疲累感。

但只要睡上一觉，眼睛一睁开，便又满血复活，继续心无旁骛地履行自己作为一位人大代表的职责。

三 “工人代表”

2008年许振超当选全国人大代表，2013年连任，是全国人大代表中少有的产业工人代表。

对自己的身份定位，许振超一直有着清醒的认识。

因此，他的许多建议都与产业工人直接相关，涉及对他们的技能培养、素质提升、权益保护。

2016 年的人大会议上，许振超的建议便与技术工人密切相关，核心点就是提高技术工人待遇：在法治社会中，技术工人的权益需要法律保障，希望技术工人的职业待遇也能像公务员一样制定一部专门的法律作出明确规定。

2017 年是十二届全国人大代表任期内的最后一次上会，许振超带来了关于加强产业工人职业技能培训方面的议案。两年前的 2015 年两会期间，他和 100 多名代表联名提交了关于《制定职业技能开发法》的议案，得到了相关部委的答复“将就相关工作开展研究分析”。两年过去了，立法工作似乎一直没有动静，而他作为代表的任期将满，这让他很着急。

因此，结合中央刚刚审议通过的《新时期产业工人队伍建设改革方案》，他将《制定职业技能开发法》的议案再次提交两会。“我希望能乘着国家又出了一个改革方案的东风，能够尽快把一些原则敲定下来。毕竟，全国的技术工人都在关注着，他们的利益怎么保障、素质怎么提高？”

在这份议案初稿中，许振超写道：“据有关统计，目前我国每年参加各类职业技能培训的约 1.5 亿人，不足全国就业人员的 20%，培训内容与企业和社会的实际需求相脱节，模式较为单一……职业技能开发立法对于加快技能人才队伍建设、稳定和促进劳动者就业有着重要意义，建议要加快职业技能培训立法，构建全体劳动者终身职业培训体系，明确职业技能培训的培训类型、培训对象、政府职责、实施机构、社会监督、政府购买服务制度等内容。”

到2020年两会，许振超已经卸任全国人大常委会委员，转而担任全国人大社会建设委员会的委员。这一年他的议案简单、直接、明了：希望努力推进职业技能培训立法的进程，依然是前几年议案的延续。

2021年，许振超建议要“拿出工匠精神来培养技术工人”。他提出：“立足新时代，推动高质量发展，高技能人才是必不可少的。近年来，对技术工人的技能培训，政府、企业、职业院校都很重视，并且力度在持续加大，但仍有待加强和改进。”通过调研他了解到，为应对企业自身的转型升级，适应新时代高质量发展，各行各业确实都加大了对技术工人技能素质的培训。虽然培训方式方法因行业领域、企业自身特点不同而不同，不过，大多采用了名师带徒、课堂教学、现场操作、模拟操作等模式，但许振超发现，绝大部分技术工人培训受培训理念影响，培训内容、过程、方法几乎数年、数十年没有大的突破，即使是在岗技术工人的再培训，也大多是初级培训内容的重复。“方法陈旧、内容泛泛，考核标准不高。仅满足于技术工人能干、能顶岗，应付生产需求。更有一些所谓创新方法的培训，即使加进去一些网络、IT内容，仍脱离国内企业生产实际、管理现状实际，脱离技术工人素质能力缺陷的实际，花钱不少，效果不佳。”因此他强烈建议，要“改革技工培训模式、更新培训理念”。

许振超的这些议案都是关于工人，也来自工人的。他习惯在平时听听身边工友们的建议，后来也陆续在杂志上、网络上开通了“振超通道”，以便收集外地工友的意见。几乎每个月都有全国各地各行各业的工会干部、班组长、职工通过“振超通道”反映问题。而对这些来自基层、带着现实生活浓郁气息的问题的梳理和深刻思考，则不断丰富着他的议案。

“我每年都是会前一两个月就开始做准备了。代表全国的产业工人提出言之有物的合格议案，这是我作为一名人大代表应尽的神圣责任。”

许振超说。

四 “设馆授徒”

2016 年政府工作报告提出“要实现《中国制造 2025》确定的目标和任务，从制造大国变为制造强国 、从中国制造转向中国智造，尤其需要培育和弘扬工匠精神”。

2017 年政府工作报告再次提到“工匠精神”：“质量之魂，存于匠心。要大力弘扬工匠精神，厚植工匠文化，恪尽职业操守，崇尚精益求精，培育众多‘中国工匠’，打造更多享誉世界的‘中国品牌’，推动中国经济发展进入质量时代。”

同年的 12 月 12 日至 13 日，在江苏省考察时的讲话中，习近平总书记明确指出：“广大企业职工要增强新时代工人阶级的自豪感和使命感，爱岗敬业、拼搏奉献，大力弘扬劳模精神和工匠精神，在为实现中国梦的奋斗中争取人人出彩。”2019 年 8 月 20 日，在甘肃省张掖市山丹县考察山丹培黎学校时的讲话中，习近平总书记再次提及“工匠精神”：“实体经济是我国经济的重要支撑，做强实体经济需要大量技能型人才，需要大力弘扬工匠精神，发展职业教育前景广阔、大有可为。”

一年后的 2020 年 11 月 24 日，在全国劳动模范和先进工作者表彰大会上的重要讲话中，总书记更是对“工匠精神”的科学内涵作了精辟阐释，那就是“执着专注、精益求精、一丝不苟、追求卓越”。

至此，“工匠精神”成为社会热词。而如何培育工匠精神，怎样才能培养出更多的大国工匠，更成为社会各界特别是职教和技工院校关注的重点。

将工匠精神发挥到极致的许振超对于如何弘扬工匠精神、培育更多技艺精湛的大国工匠，一直都有自己的思考和探索——

古往今来，无数工匠以“虽九死其犹未悔”的执着与韧性，专注手艺、敢于创新、精益求精、孜孜以求，用自己的名字为产品铸魂、为品牌奠基，熔炼成不朽的“工匠精神”。

工匠是品牌的灵魂。无品牌，产品难以流行和传世；无工匠，则没有一个个品牌的横空出世。

工匠为质量托底。在产品上刻下名字是底气，是保证，更是激励。新时代新阶段的发展是高质量发展，高质量的品牌是高质量发展的坚强保障。工匠精神正是“质量第一”的完美诠释，这种精神，是对质量的执着坚守，是对精益求精的热烈追求，更是人类智慧与才能的极致展现。

也因此，在比较早的时候，许振超就开始了自己的工匠精神实践之旅：2011 年 11 月 29 日，青岛市高技能人才队伍建设现场会暨“许振超技能大师工作室”揭牌仪式在青岛港隆重举行。中央、省、市领导参观青岛港高技能人才技改成果展示，并为“许振超技能大师工作室”揭牌。这也是人力资源和社会保障部揭牌的全国第一家“技能大师工作室”。位于青岛港前湾集装箱码头职工候工区的工作室分为展示区、工作研讨区、实训区三个区域。展示区主要展示集装箱轮胎吊“油改电”模型、无动力装车模型、装车机模型、减速器模型等教学模具，方便开展教学；工作研讨区主要提供各类专业图书资料和培训教材等，方便职工进行相关资料查阅；实训区主要有门机模拟操作实训系统、钢丝绳探伤仪器等设施设备，可以直观地进行模拟操作培训。

在这里，许振超“设馆授徒”，将自己几十年积淀的经验和技能传授、分享给公司的青年工人和技术人员。

在这里，许振超根据工作实际和科研创新需要，大胆设想，仔细求证，奋勇攻关，实现了生产技术攻关、新技术应用以及新项目、新产品的开发与技能人才培养的有机结合。其中一个成功的案例就是，他带领团队成员成功打造了“48小时泊位预报、24小时确报”服务品牌，每年为船公司节约燃油1.26万吨，成为青岛港又一金字招牌，轰动一时。

2014年8月的一天，青岛职业技术学院找到许振超，带来了他们准备开办“振超班”的整体思路和具体办法。“振超班”的主旨就是实施“卓越人才培养计划”，培育“技高品端”人才，造就一批信念执着、品德优良、知识丰富、视野开阔、思维活跃、创新能力强、适应经济社会发展的高素质技能人才。同时通过“振超班”培养试点，探索卓越人才培养的新途径，引领学院人才培养模式改革，提升学校办学整体水平和人才培养质量。

许振超听完，当即表示：大力支持！

2014年11月3日下午，青岛职业技术学院举行首届“振超班”开班典礼。首届“振超班”学员以青岛职院海尔学院（机电学院）2013级学生为主，同时吸纳2012级优秀学生，涵盖机电一体化技术、电气自动化技术、数控技术、模具设计与制造、制冷与空调技术 5 个专业。首届班级规模为 67 人。

开班典礼在全体学员的庄严宣誓中礼成。青岛职业技术学院党委书记刘鹏照在开班典礼上表示，许振超同志是新时期产业工人的楷模，是敢想敢干、能干会干、苦干实干的优秀代表，是广大学生学习的榜样。“振超班”是学院实施品牌办学的又一张名片，希望通过“振超班”，让“振超精神”落户学院，实现“技高品端”的人才培养目标。

随后，许振超为同学们送上第一堂课“做国家建设新时期的合格劳动者”。

“我国高技能人才占产业工人总数的比例只有 7% 至 7.5%，很多技术工人甚至达不到一般标准要求，而西方一些发达国家的高技能人才占比达到 25%、30% 甚至 40% 以上。同学们需要认清形势，找到方向和目标，努力成为社会主义建设急需的掌握尖端技能的高级工匠……”

那天，许振超如此殷殷寄语台下的同学。

五　行走的“工匠精神”

古语有云：玉不琢，不成器；人不学，不知义。工匠不是一天练成的，由“工”变“匠”需要岁月的雕琢和打磨。这种雕琢和打磨体现在师徒“传帮带”的传承和超越上，体现在各种专业技能的培训和提升上，而作为培育工匠的摇篮，职业教育的作用更是无可替代。

关于职业教育，许振超在参加 2010 年人大会议时，就有鉴于对彼时生产一线缺乏高级技工状况的忧心，提交了相关议案。在那个议案中，许振超指出：中国制造业的技术含量不高，掌握的核心技术太少，要创造名牌，需要技术人才，需要各种能工巧匠，尤其是生产一线的高技术人才。政府应当更加重视培养技术人才的职业教育的发展，在政策上应当给予适当的倾斜……

多年后，当“工匠精神”成为社会热词，许振超发现，企业和技工院校虽然都在呼唤培育工匠精神，但很多连什么是工匠精神，工匠精神的本质和精髓是什么都说不清楚。

这一点让许振超感到痛心。

也因此，他会利用一切机会宣讲工匠精神。他相信，终会有一天，崇仰工匠精神会成为全社会的共识和风尚。

只消稍稍翻看一下 2019 年间媒体上关于许振超的报道的标题，就可以清晰地感受到许振超对传扬工匠精神的热情和不遗余力。

“改革先锋”许振超走进大学校园　讲述如何践行“工匠精神”

全国著名劳模许振超报告会　诠释“工匠精神”本质特征

济工职院万名师生同上一堂课　听大国工匠许振超讲述“工匠精神”

不忘初心　牢记使命　全国劳模许振超与黄海学院师生畅谈“工匠精神”

争当大国工匠　技能报效祖国　许振超到青岛市技师学院讲授“工匠精神”

……

“一年参加几十场报告会，为了什么？就是希望通过分享我个人成长的经历和感悟，鼓励莘莘学子尊重劳动、热爱劳动，传承弘扬工匠精神，成为有担当能力的技术工人，成为合格的新时代中国特色社会主义的建设者。”许振超说。

2024年5月14日，在山东2024职业教育活动周期间，由人民日报、新华社、中央广播电视总台等15家媒体组成的中央媒体采访团以及部分省内媒体深入山东考察采访，以青岛为首站走进青岛西海岸新区中德应用技术学校、青岛港湾职业技术学院和青岛职业技术学院三所院校。

考察采访过程中，有一幕场景引起了多家媒体记者的注意：作为青岛港湾职业技术学院客座教授，74岁的许振超正为一群学生讲解桥吊“一钩准”绝活。讲完了“一钩准”的运行特点、诀窍，解答了学生提出的疑点、难点问题，许振超又跟大家谈起了工匠精神，谈起了工匠精神对于品牌塑造和城市发展崛起的价值和意义，勉励大家尊重劳动，提升个人技术能力，干一行、爱一行、懂一行、精一行；要有志气、有底气、有骨气，努力争当大国工匠，为建设新时代中国特色社会主义奉献青春力量！

看到这一幕，有人感慨万分：许振超老师就是行走的“工匠精神”啊！

闻者尽皆点头。

信哉，斯言！

第八章
情比金坚

半个多世纪相知、相恋、相守的岁月，是一段绵长而又美好的爱情旅程。

如今，那些无私的爱与关怀，那些难忘的生命瞬间和意蕴悠长的美好过往，似一杯茶，在灯光下散发出淡淡的清芬。

花开无声，岁月静好！

一　青梅竹马

2024 年 9 月 29 日上午，中华人民共和国国家勋章和国家荣誉称号颁授仪式在人民大会堂金色大厅隆重举行。习近平主席为许振超颁发了“人民工匠”国家荣誉称号奖章。

颁奖现场庄严、肃穆……

那天，许金文和女儿就在颁奖现场，母女俩怀着激动的心情，从头至尾观看了整个仪式。有电视台记者认出了她：“您最想对他（许振超）说点什么？”

“我觉得太多的话也没法说，就想等他下来的时候抱他一下，我觉得这个会让他感觉特别温暖。”

许金文说。

许金文，许振超的妻子。

这是一个勤快贤惠、心地善良的女人，说话时眼边嘴角总是挂着浅浅的笑意。因为许振超在家里的兄弟姐妹中排行老大，所以许金文总喜欢叫他“许老大”。在许金文眼里，许振超是个责任心强、会干活也懂得生活的好男人，是个顶天立地、靠得住的好男人。他既全身心地热爱着港口的那个“大家”，心里也总是装着他们辛辛苦苦建立起来的小家。当初，集装箱码头搬到黄岛后，许振超常常一个礼拜只能回来一次，他就时常打电话来家问寒问暖，在电话里跟妻子说些温情和体己的话。他平时是不喜欢逛商店的，休息时，却总要提出带妻子上街逛逛。许金文有时看他累得不行，就先说自己累，不去了。许振超的心许金文当然明白，他是在尽力去弥补自己对小家庭、对妻子的亏欠啊……

一个女人能找到这样一个男人作为自己生命中的另一半，那当然就是个“幸福的女人”了。很多时候，许金文都会觉得这一定是自己前世修来的福分。

“我真的很知足！”那时的许金文人前人后都这么说；说这话时，脸上总是洋溢着一种陶醉和满足。

许金文与许振超大约要算是青梅竹马了，因为她五岁时就和许振超成了邻居，对这位日后的夫君“知根知底”：上小学时，许振超家里生活挺困难，他就可劲地帮大人干活。他妈给街道上加工网兜，他就在一旁帮着缠梭子，上学前他会缠好大一堆，他说：“起码要够妈一天用的。”邻居街坊都喜欢他，许金文的父母也整天夸他。

许金文到现在还能记得第一次跟许振超见面时的情形。那是1957年冬天，许金文那时候刚刚五岁，他们家搬到一座新的居民楼，正好跟许振超家是邻居。搬家那天，一向活泼的许金文高兴地从一楼跑到四楼，从四楼跑到一楼，跑得满身大汗后回家了，正看见她妈妈和许振超的妈妈站在各自的门口说话。许金文听见许振超的妈妈指着许振超说：这是我们家的大儿子，今年七岁了。

见许金文上楼，许金文的妈妈就摸着她的头，也介绍说：这是我小女儿，今年五岁了。一摸许金文头上大汗淋漓的，就说：你上哪去疯了？怎么这么一头汗啊？又一指许振超，说：你看那个小哥哥，他坐在小板凳上看小人书，静静的，多好。

那也是许振超给许金文的第一印象，印象还特别深。因为从那天开始，她就知道了他们家邻居有一个比自己大两岁的小哥哥。很多年以后，许金文旧话重提，说起当初的这一幕，许振超摸摸头说：有这事吗？我怎么一点印象都没有！许金文听了，就撇撇嘴，嗔怪地说：你那会正忙着看书呢，哪顾得上看我这个疯丫头啊！

二　能人“许老大”

许振超和许金文现在都说不出他们开始谈恋爱的准确时间，只记得那大概是 1975 年。至于谁先主动的，就更不太好说了——他们对外的共同说法是“反正俩人待在一起感觉挺好的，后来就很自然地走到一块了”。

不过，私下里许振超毫不讳言自己当初为了接近许金文，还是很费了一番心思的。比如，许金文的父亲修表的技术特别好，他就再三恳求许大爷收下他这个徒弟。看他学艺如此心切，许大爷很快就答应了。本来，他跟许大爷学艺是为了常常能够见到许金文，但学着学着，他就钻了进去，一天到晚满脑子都是发条、指针和各种零件，他甚至差点忘了自己学艺的初衷了。而这种痴迷也大见成效，三个月后他就敢修西铁城，技术比学了三年的许金文还好。许大爷见了高兴得不得了，背地里跟女儿说：“振超这小伙子不错，心灵手巧，肯钻研，以后能成事！”

“他基础好呗！您忘了，他上初中时就会自己组装矿石收音机，还是青岛二中科技组尖子呢！”许金文说，心里也挺美。

“不错不错，我知道。”许大爷说。

还有一件事情许大爷不知道：许振超初中毕业后，有半年时间没有工作，就待在家里。父亲害怕他出去参加“打砸抢”，就狠狠心，从有限的生活费中拿出钱来，给他买了零件和电器书，让他自己在家组装收音机。那是许振超第一次动手装收音机，所以费了很长时间。几天后他终于把收音机捣鼓出动静来，高兴得要命，举着收音机找人来听。那个人就是许金文。

或许就是从那个时候开始，许振超爱上了无线电。在许金文的记忆里，许振超是从1974年开始订阅《电子技术》杂志的，这一订就是30年。30年间，一本都没间断过。“现在的人都崇尚知识，对他那时的行为都可以理解，可当时却是个知识无用的年代，一个初中毕业生却这么爱学习肯钻研，而且既有决心也有恒心，是一件多么不容易的事啊。我家许老大这人那时确实挺让我钦佩的！”许金文说着，洋溢着一脸的骄傲。

当然，后来钦佩许振超的就绝不止许金文一个人了。若干年后，许振超在青岛港大名鼎鼎，人人知道他是个“能人”。除了工作上的“绝活”和“技术大拿”外，在日常生活中，他对电器几乎无所不精。谁家电器坏了，比如电视机突然没影像或者不出声了，就会有人建议说：“还不快去找许振超许师傅，他可是大拿，修电视，小菜一碟！”

而只要有人来找，许振超答应一声，拿上几件小工具，跟着人家就走。因为都是单位的同事和工友，许振超的电器修理从不收钱，很多时候他还得贴钱为人家买相关的零配件。时间长了，他成了青岛港无人不知的义务电器维修员。有时许金文走在路上，常有职工家属上前跟她打招呼。“你家老许是个大能人，也是个大好人！”提到许振超的时候，她们都会这么说。

许金文听了，每次都感觉特别自豪。

当然，为了这份自豪感，许金文也付出了不小的代价。

曾经，许振超换过好几款手机。他换手机不像有些人那样是为了赶时髦，他自己掏钱买新机型是为了研究。每次看丈夫把崭新的机子拆得七零八落的，许金文都有些心疼，那毕竟是几千块钱买来的东西啊！但过不了多久，就有工友拿着出故障的手机找上门来，当丈夫三下五除二地将手机修好、工友满脸欢喜告辞而去的时候，许金文又会觉得那几千块钱花得值。

市场上出现数码相机后，许振超买回一台，并买来相关的专业书反复研究。很快，他不但能熟练使用，而且对一般性的毛病，手到病除。

对录像机、电视机、电冰箱等电器，许振超也都是这样，自己先钻研透了，然后才开始为大家义务维修。

许振超的钻研都是在家里、利用业余时间进行的。以前，他们家的房子特别窄小，桌子和床几乎都让他给占了，电子零件、各种图纸、参考书，摆得到处都是，结果，许金文做饭的时候只能端着菜板，蹲在楼道的地上切菜。

后来，他们有了一套大一些的住房，许金文再也不用蹲在地上切菜了，她挺高兴，但不久发生的一件事却让她后怕了好长时间。一个星期天，许金文在厨房里用高压锅忙活着做饭，外面有人叫她有急事，走时她嘱咐丈夫扣好高压锅盖，正忙着查阅资料的许振超答应了一声，起身到厨房把锅盖扣上转了一下，放上安全阀，又回屋坐下继续看资料。一会儿许金文回来了，和丈夫说了两句话，转身要进厨房，这时只听“砰”的一声，门窗一下子就都鼓开了。许振超开始还以为外面工地在放炮施工，但一看厨房全是蒸汽，骨头汤喷了满厨房都是，高压锅盖把抽油烟机都砸扁了，又飞到墙上，砸了个大坑。这时再看许金文，衣服上溅了不少汤水，连气带吓满脸都是泪。许振超赶紧扶许金文坐下，又捡起锅盖一看，这才知道是自己闯下了大祸，原来他迷迷糊糊中只将锅盖扣了不到一半。许金文后来一想起来就后怕，如果自己再往前多迈一步，那有多危险啊！但她一点都不怪她的许老大。她知道丈夫正是凭着这样一股痴迷般的拼劲和执着，才坚持了近30年的自学。家里与机械电气有关的书籍、报刊、工具书，摆满了书橱！学习几乎成了他生活、工作的第一需要！许多书籍、字典的边角都被抓破了。经常用的几本书，光包书的皮都换了好几遍。面对这样一个爱学习肯钻研的一家之主，许金文想怪都怪不起来！

很多年里，许金文对许老大的钦佩从来就没有改变过，甚至都不曾有过稍稍的减弱，因为他总是在不声不响中，不断创造出让妻子钦佩自己的理由。

比如那辆特殊的“私家小汽车”。

那是2001年10月许振超花5000元钱从出租车司机手里买来的一辆二手汽车。许振超队里的技术主管高吉凯曾经告诉一位记者：“若是换了平常人，那辆破车连1000元钱也没人要，因为买回去就是一堆废铁。”但是，让高吉凯更让许金文惊讶的是，许振超居然能把那么一辆破破烂烂的车开得挺欢实，而且还能轻轻松松地在高速公路上跑到120公里的时速。每次回家，他会挺得意地告诉妻子：“开我这车感觉一点不比身边的本田、奥迪这些名牌车差。”许金文说：“毕竟是旧车，你还是要注意安全！”许振超说：“会的会的。”

许金文当然知道，丈夫对那辆车的技术性能，心里其实是很有把握的，因为车买回来后，丈夫特意找人从北京捎回汽车的相关书籍，边学边修，把那辆老爷车拆了又修，修了又拆，从里到外地折腾了个遍。所有的电路都查了，该换零件的换了零件，结果那辆车跑起来特别有劲，但有一次许金文却着实担了一把心。那天晚上，许振超开车送几个队友回家，半路上车坏了，修了十几分钟后，车走起来。走没多远又坏了，又下来修。就这样修修走走，走走停停，最后好不容易到了家。等丈夫回家的那几个小时里，许金文的心一直悬着，生怕丈夫在路上出点什么事。第二天，正好轮上休息的许振超把汽车拆开，修了 3 个多小时，终于找到毛病的根源，原来是一根连线接触不良。这个毛病一修好，那辆车后来就跑得很顺，也很少再出问题。

直到报废期限的最后一天，许振超才恋恋不舍地与自己的爱车告别。

但丈夫毕竟将一辆破车捣鼓得有模有样，并且稳稳当当地跑了几年，这一点还是让身为妻子的许金文钦佩不已。

三　爱情信物

或许正是因了这份发自内心的钦佩，1975 年前后，许金文与许振超携手相恋。

但他们的爱情之路上也有一些小插曲。许振超到青岛港工作之初，整天和一些装卸工待在一起。当时，港口的物质条件比较差，几乎没有什么正常、健康的文娱活动，大家聚在一起，说话聊天时嘴里就会带出许多粗话。渐渐地，说话从不会带上一个脏字的许振超，也学会了说粗话。有一次跟许金文在一起，许振超脱口就冒出一句。许金文皱起了眉头：“你别跟别人学！”“周围的环境就是那样，时间一长，不想学也会了！”许振超为自己辩解。许金文打断他，说：“周围人说粗话你跟着学，那周围的人要是去违法犯罪，难道你也跟着学吗？”许振超一听，金文说的是这么个理啊，就赶紧保证说：“好，以后我再不说粗话了。”

但过了一段时间，有一次两个人约好去看电影，路上，不知说起一件什么事，许振超张口又说了句粗话。许金文扭头看了看许振超，一张粉白的脸立时涨得通红：“你说话不算数，我不跟你去看电影了。”说着，转身就走。

许振超呆呆地站在那里，半天才醒过神来。他想赶上去把许金文追回来，可看看四周，正有人向他张望，还有人在窃窃私语，显然是在议论他。一股男子汉的自尊心让许振超停下脚步：“不去拉倒！我自己一个人去。”

那天，许振超独自坐在电影院里，看得无滋无味。

以后的几天，许振超没有去找许金文，但许金文的音容笑貌总是在眼前不停地出现。好几次他都下了决心要去找许金文，可找到以后怎么办呢？赔礼道歉说软话？我也是个堂堂男子汉，也有我的自尊和骄傲呀！

这么一想，许振超犹豫了。

又过了几天，经过几番思想斗争的许振超到底还是推开了许金文家的门。因为他想清楚了一个道理：自己订杂志学知识，不就是希望自己能成为一个有文化的文明人吗！可一个经常说粗话的人，文明吗？金文不让自己说粗话，难道不对吗？这么一想，许振超不再犹豫了。

在许金文家里，许振超诚心诚意地向许金文道歉，请她原谅，并坚决保证，以后自己永不再说一句粗话。

一直紧绷着脸的许金文笑了，一对恋人重归于好。

恋人之间一般都会彼此送些小礼品，以作为他们爱情的信物。

许金文和许振超也不例外。

上世纪七十年代初，许金文刚参加工作，在青岛电炉厂当工人。当年，青岛市市北区召开运动会，许金文赛跑得了个百米冠军，奖品是一个红色塑面的笔记本，挺鲜艳挺好看，许金文自然就挺珍惜的，在家放了好几年不舍得用。到了 1975 年，俩人的关系基本上确定下来了，许金文就把笔记本送给了许振超。

二十多年后，有记者采访时问许金文，许振超是否也给她送了信物。许金文就笑笑，说："他呀？也送我东西了。知道是什么东西吗？是两个杏，他妈买的，他和弟弟一人分了两个。还别说，那杏又大又饱满，现在可看不到那样的杏了。他没舍得吃，就送给我了。我吃完以后把两个杏核留着，放在小盒子里。结婚的时候忘带了，等我再回家找的时候，怎么都找不到。原来是我爸爸看小盒子里放了两个杏核，就给我扔了。这让我心疼了好半天……"

许金文送给许振超的本子很快就派上了用场。许振超在本子上写满了字，记的多是门机的配件资料和一个个技术名词，还有一首《水调歌头》的词。后来他们先后几次搬家，东西扔了一大堆，可许振超将那个红本子完好地保留着。

那个红本子曾经被许金文扔了两次，但每次刚扔掉又被许振超给捡了回来。许振超后来对记者解释说："那怎么能扔呢？这有两重意思。一是那是她给我的定情物，别看现在不起眼，可当初在我眼里就是个宝贝；二是里面有我最初开始学习技术时的一些珍贵的记录，各项指标啊、数据啊什么的，还画了很多草图，到啥时都有用。"

四　幸福与满足

生活中的许振超一直都是个极为简朴的人。他们家吃饭也一直很简单，两菜一汤。许金文偶尔多做一个菜，许振超就要嗔怪：奢侈！许金文对此不以为意。她知道丈夫从小受过苦，知道节俭。

但对队里的工友，许振超却总是表现得很大方，只要发现谁有困难，他都会无私帮助。他们桥吊队有个不成文的惯例，只要工友有了难处，许振超便会带头发动大家捐款。许金文清楚地记得，前些年，一位工友的妻子得了尿毒症，许振超就组织全队为他捐款4000多元，而许振超自己一个人就掏出了2000元。当然，掏钱之前，他知会过妻子。几年来，为这样的事情许振超已经捐了上万元。他还常说，只要在桥吊队这个集体里工作过，全是自家人，人走茶不凉。他至今还与已经离开桥吊队的几个农民工保持联系，听说有人生活上出现困难，他总忘不了让人捎去一两百元。

对许振超的举动，许金文从来没有表示过异议。她理解丈夫，而且，丈夫越是这么做，她越觉得丈夫是个重情重义的男子汉。

许振超穿着不讲究，早些年上班下班都是那套旧工装，他说穿上工装不管走到哪里，自己的感觉都特别好。许金文知道他的品行，也知道要是给他买几件时兴的新衣服肯定会惹他不高兴，就顺着他说，你要是感觉好就那么穿呗！

后来情况有了些变化，因为在青岛港，许振超好歹也成了“港口名人”，大小也算是个干部身份，再像原先那样一年四季穿工装总有些不合适，这才狠心买了两套西装，隔三岔五的有个活动穿穿，不过，穿来穿去，也就是那两套西装而已。

但许振超知道“武装”妻子。1994年他去了趟荷兰和香港，自己什么都没买，却给许金文买回了两套套装。其中有一套，是素色的底子衬着朵朵大红花。许金文有一次笑着告诉记者，说那套衣服她穿了好多年，“姐妹们都说好看”。

结婚以后，他们一直住在一间13平方米的房子里。

后来，单位给许振超分了一套两居室住房，许振超孝敬父母，就把父母接到了这套新房里，自己带着老婆孩子依旧住到只有13平方米的旧屋里，一住就是好多年。再后来，家里的经济条件好了，许振超便东挪西借，凑钱买了一套商品房。“我是个大男人，哪能总让你们跟着受苦呢？”许振超说。许金文听了，心里感觉很甜蜜。

许金文退休后在家，除了做做家务，平时没什么别的事。因为许振超喜欢花，她就养了一窗台。许振超一回家，她便变着花样地给他做吃的。许振超其实也能做几个菜，做得还很好吃，像油菜、粉条包子，就是他在烹饪方面的“绝活”。

只不过，因为在码头上太忙了，他很少有时间下厨房亮亮他的“绝活”。偶尔亮一回手艺，许金文跟闺女小雪就高兴得像过年。小雪知道爸爸工作紧张，下回厨房不容易，就总是菜没吃到嘴里就大声夸她爸做得好，说是比饭店里做得都好。许振超得到了闺女的夸奖，就很骄傲，立刻自卖自夸起来，说：“就凭你老爸的手艺，要是开家饭店，保准会是全青岛最火的饭店。什么一级厨师、特级厨师的，跟你爸比不了。”吃了几口，大概自己也觉得粉条包子虽然好吃，但跟人家大饭店大厨师的水平毕竟还差着一大段距离，就抬起头来，看着女儿，认认真真地说：“丫头，爸知道你的意思，就是想让爸多给你跟你妈做几次饭。爸爸想这样做，可你瞅瞅，咱青岛港的工作那么紧张，爸爸实在是没有时间整天窝在厨房里。这样吧，等以后爸爸退休了，一定好好研究菜谱，保证天天给你跟你妈做好吃的。”女儿听了，就伸出手跟他老爸拍一下掌：“那还有啥说的？理解万岁呗！”说完，爷俩就又高高兴兴地埋头吃饭。

爷俩这么你一言我一语的时候，许金文就在边上坐着，听着他们的谈话。听着听着，心里就充溢着一种说不出来的幸福感和满足感。丈夫勤奋刻苦，人前人后都是个站得起、立得住的男子汉，女儿又懂事乖顺，知道努力上进，全家总是这么亲亲热热、和和睦睦的，她这个做妻子、当母亲的，还有什么不满足的呢？这样的日子，让她过十辈子也没个够啊！

五　妻子的眼泪

许振超是个非常爱孩子的人，但女儿有一次跟许金文说：“妈，我觉得我爸更爱桥吊。他一定是把桥吊当儿子了！”许金文嗔怪道：“这孩子，净瞎说！”但许金文知道，女儿其实说得并没有错。

有一件事情给她的印象特别深。那是1991年的夏天，港口遭了风灾，大风把许振超他们的两台桥吊刮倒了，其中一台，就是青岛港的第一台桥吊。那天许金文正在做饭，许振超推门进来，许金文说：“你回来了！”许振超没答应就进屋去了，等许金文做好饭出来一看，许振超阴沉沉的脸，铁青铁青的。她急忙问：“怎么了？出什么事了？”“昨天晚上刮飓风，把一号、二号桥吊刮倒了。”许振超说，声音嘶哑。许金文看他那么沉重，就想让他稍微轻松一点，就说：“刮大风把桥吊刮倒了，大桥吊睡觉了，你也休息休息吧！”许振超一听这话立马就不高兴了，把眼一瞪，喊道：“你怎么能这样说话？”刚说完，眼泪“刷”地就流了出来，然后背过身去捂着脸，不再理许金文。许金文觉得自己的心都抖了一下，她知道丈夫真是把大桥吊当成自己的孩子了，桥吊倒了，他的心能不痛吗？她后悔说那句话了。她当时好像什么也不会说了、也不会笑了，只会反反复复地说："你洗洗脸吧、吃饭吧！"说来说去，就剩这两句话了。可许振超根本没心思吃饭，刚把饭碗端起来，突然又重重地放下，说："不行，我得走！"许金文赶紧说："你这么累，还是休息休息吧。"许振超说："我得走！我得去现场。"

许振超穿上衣裳就走了，这一走就是好几天没回家。

看着丈夫的背影，许金文心里也很不好受。许振超是青岛港第一代桥吊司机，青岛港的第一台桥吊，从船上一个部件一个部件往下卸的时候，就是他们当时那几个人卸的。以后又眼看着一个螺丝一个螺丝地拧，最后才把那台桥吊装起来，调试好，投入使用，然后又每天进行维护、检查。可以说，那台桥吊凝聚了他太多的心血。他的感受，真是局外人很难体会的。而作为妻子，许金文也只能在心里默默祈祷，希望倒掉的桥吊能够早一天重新装起来。

许金文属于那种性格比较开朗的人，不太像别的女同志那样动不动就哭。她记得自己有两次哭得很伤心，都跟许振超有关。一次是在 2002 年，那时他们公司刚开业，而许振超的风湿当时正特别严重。怕耽误工作，他一直坚持在码头一线。因为左腿风湿比右腿严重得多，许振超就用右腿拖着左腿走。久而久之，他的右脚鞋后跟被磨掉了一大块。这个秘密被女儿发现了，但因为怕她担心，他们父女俩竟合伙把这个秘密瞒了许久。直到有一天女儿不留神讲他爸爸两个鞋后跟不一样高，许金文一追问，女儿就招了。

那天晚上，许振超正好回来取一份资料。他一进门许金文就去检查他的鞋，一看，右脚鞋后跟真的已经被磨掉了一大块，再掀起他的裤管一看，右腿又青又紫。许金文当时就哭了，说你怎么这么不拿你自个当回事啊！你的腿不想要了？许振超赶紧安慰妻子说："没事！现在已经不怎么疼了！"许金文不听，当时就逼着丈夫去医院。许振超一看妻子态度挺坚决，就坐下来和妻子说道理："你看，码头上千头万绪那么多的事情等着我去做，队里的人也都在加班加点地干活，你要我这时候去医院，你说说，我能待得踏实待得心安理得吗？再说，我现在要真是腿疼得不得了，我自然会去医院，我也不是铁打的。不过，我答应你，等忙完了这阵子，我一定听你的话，去医院好好治治我这腿……"

听许振超这么一说，许金文沉默了。

趁这工夫，许振超拿起资料就匆匆走了。

许振超走了，可许金文在家里越想心里越不是滋味。许金文是真的为丈夫感到心疼啊！她甚至还有些自责，觉得自己没有尽到一个做妻子的义务。可是话说回来，丈夫总是待在码头上，她又能怎么样呢？

另一次更早些，应该是2001年底，许振超当桥吊安装总指挥的时候。当时许振超已经连续近40天泡在码头上了，许金文跟女儿不放心，乘轮渡跑到码头上去看他。这一看，许金文克制不住地哭了。只见许振超眼里布满血丝，嘴上裂着口子，一脸掩不住的憔悴和疲惫。而前湾码头一片荒凉，只有两个铁皮集装箱小屋，撂在离岸边50米远的空地上，那就是他的办公室兼卧室，里面主要的家当只有三样东西：一把电水壶，一件军大衣，一张硬纸壳。当时码头上没有水，那把壶用来接消防栓里的水烧着喝，那张硬纸壳就是他的床铺，那件军大衣就是被子。因为太忙，无法回宿舍休息，一到晚上，许振超就把纸壳铺在地上，裹着大衣睡一觉。看着屋门口脸盆里的水都被冻成了冰疙瘩，许金文边哭边说：“你的身体怎么受得了？”许振超笑笑说：“啥事都没有，我身体硬朗着呢，吃得消！”

那次从码头回来，许金文好几天都睡不着觉，一想起丈夫办公和睡觉的那个集装箱小屋，她就总想流泪。

六 “许老大，好男人”

2004年3月间，青岛市妇联曾邀请许金文作报告，报告的内容是向与会者介绍和讲述生活中的许振超。作报告的过程中，许金文说了这样一句话，大意是：别看我家许老大干起工作来风风火火、一副拼命三郎的样子，可在生活上，他其实也是个非常细心的人，也特别懂得心疼人。

许金文这么说当然是有根据的。那一年她生女儿玉雪，许振超为了多攒一星期的产假，之前两个月一直都在和工友倒班，没休息过一天。那时两家的老人身体都不好，帮不上什么忙，许振超就一个人照顾她们娘俩：熬鸡汤、做饭、洗衣服、给孩子换尿布……他全包了，不让妻子伸一把手，还说月子里一定要养好，否则以后落下什么毛病，那可是一辈子的事情。

还有一次，许金文腰椎摔伤，许振超什么都不顾了，哪里也不去，守了许金文十几天。别人告诉他，要养好腰椎伤，关键在于平躺着休息，他就命令许金文躺在平板床上一动不动，连喝口水都是他亲自喂，根本不让许金文起身。结果，许金文的伤愈合得特别好，现在即使干重活都没什么感觉。

所以，虽然现在很多时候都是许金文一个人在家守着电视机，虽然很多个节日甚至春节都只有她跟女儿一起度过，但她依然感到心里踏实、稳妥，因为只要是她最需要丈夫的时候，丈夫肯定就会在她身边。

“我家许老大是个靠得住的好男人。在这一点上，没有人比我更有发言权了。”那次报告会上，许金文还说了这么一句话。

结果，话音刚落，台下就响起一片热烈、持久的掌声。那掌声让许金文感动了好几天。

在许金文的记忆里，自从他们有了女儿小雪以后，许振超就经常说要带她们娘俩“走南闯北”，去全国各地的风景名胜旅游，但工作那么忙，业余时间里又一门心思地学知识、练技术，根本就没有时间和空闲让他兑现给妻子和女儿的承诺。所以，在这方面，他也只能当个“口头革命派”，但许金文从未埋怨过丈夫一句，因为知道丈夫没有虚度光阴，他干的都是对国家、对单位有益的正经事。而且，2002 年的“五一”时，他终究还是带着自己跟女儿一起去了一趟济南。那两天里，他们一家人一起欣赏了重新喷珠吐玉的趵突泉。对于许振超来说，整整 48 个小时把心全部放在妻子跟女儿身上，这已经很不容易了，所以许金文和女儿都感到非常开心。

许金文记得回青岛的火车上，许振超告诉她说，等他退休后，他要带她到西藏转转，让她好好看看世界屋脊到底是什么样子的。许金文听了，就幸福地点头，一脸神往的样子。那时，只要是她的许老大说的话，许金文都会无条件地选择相信。

当然，因为种种原因，丈夫终究没有带她去“看看世界屋脊”，但多次带着她离开青岛，参加各种活动，也让她感受到了另一种人生风景……

七　值得记一辈子的事

许金文与许振超是1979年结的婚。婚礼的第二天，许振超带着妻子去了一趟上海，有点旅行结婚的意思。在许金文的记忆里，那是她这辈子跟丈夫两个人的第一次外出。那时还不兴照穿婚纱的结婚照，但在上海的那几天里，许振超听说一家照相馆可以照婚纱照，就硬拉着许金文去照了一张。到2003年，许振超参加省总工会十二大，许金文那次是特邀代表，跟许振超在省会济南待了好几天。那要算是他们两个人的第二次外出了。第三次就是2004年4月，他们俩一起到北京参加在人民大会堂举行的"学习许振超先进事迹座谈会"等活动。其实他们俩不是一块走的，许振超13日就到北京了，许金文则是4月15日下午从青岛坐飞机到北京的。许振超从会务组知道妻子坐的飞机5点到，就悄悄找领导，要求去接机。领导们考虑到他需要休息，决定还是让别人去接。许金文后来听人说，那天下午许振超早早地就在报告团驻地的宾馆前溜达，足足等了一个多小时。直到下午6点多，接许金文的车子才到饭店，司机师傅没有看清正在焦急等待的许振超，车子从他身边滑过去，停在了另一个接人的同事面前，被甩在后面的许振超就飞快地跑过来，正好迎上要下车的妻子。边上有人见了就打趣他，他不管，对妻子说："跟着我走吧！"从那时起，一直到回青岛，不论参加什么活动，出席何种场合，许振超总是要时不时地回头望上许金文一眼，悄悄提醒她一句"跟在我后面"，好像妻子随时会丢了一样。

4月20日晚上，作完报告的许振超终于松了口气。那天晚上是他和许金文唯一的一次外出购物的时间。他们先在王府井书店泡了两个多小时，买了三套业务书，其中《电气维修工艺》一样买了三本。许振超说要带给队里的其他几个工友。他们还买了《幽默，超越困境的最佳策略》和鲁迅的《呐喊》、《朝花夕拾》，是许振超准备送给两个侄子的礼物。

从书店出来，他们又跑到“东方新天地”购物广场转了好大一会儿，为的是给女儿小雪买一个八音盒。那也是许振超一向的风格：他给女儿买东西从来跟别的父亲不一样，从小到大，他很少给女儿买过洋娃娃什么的，倒是净买些构造比较精细的玩意儿，他说里面包含着很多机械原理，女儿接触多了，以后当个工程师什么的，肯定没问题。

那是许金文第一次跟丈夫一起在北京逛商店，虽然没给自己买什么东西，但这次经历，她说值得自己记一辈子。

不过，说完这话不到4个月，她又有了一次“值得自己记一辈子”的经历：8月中旬，党中央、国务院邀请全国110位专家和高技能人才在北戴河度过了一周休假时间。作为“产业工人的杰出代表”，许振超与妻子一起成了党中央、国务院的“贵客”。

夕阳西下。许振超挽着妻子的手，漫步在沙滩上。

工作几十年，他还是第一次带着妻子出来休假。“受到这么高的礼遇，以后我工作再忙，加班再晚，你也会理解支持我的，对不对？”

“没有给我这个最高的奖赏，我不照样一直在支持你吗？”妻子许金文笑着说。

许振超也笑了。随即正色道：“像我这样一名普通的产业工人，青岛港的一个桥吊司机，能成为全国高技能人才的代表，我深深体会到在我们国家劳动者的光荣，也真切感受到党中央、国务院对我们产业工人的关心和爱护，我很自豪。”

“作为你的妻子，我也很自豪。”许金文说。

许金文说这句话的时间是2004年。10年后的2014年夏天，在全国人大常委任上的许振超，有了一次去北戴河休假疗养的机会，而且可以带上家人。那时他们的小外孙刚刚11个月大。于是，许振超就带着妻子、女儿和小外孙在北戴河悠闲自在地度过了七八天。那段时间，常常是在日暮时分，女儿挽着父亲的胳膊，外婆抱着咿咿呀呀的小外孙，一家四口漫步在沙滩，脚下是缓缓涌来的潮水，半空中有海鸥在飞翔，而夕阳的余晖洒在他们身上……

“第二次来北戴河太好了，值得我记一辈子。”

许金文说，很愉快。

许振超就笑话妻子：“哎呀，值得你记一辈子的事情太多了。”许金文白了丈夫一眼：“我乐意记。”许振超赶紧说：“好的好的，你乐意记就记。”

果然，又过了十年，许金文又有了一件“值得记一辈子的事情”，而且，不只是“记一辈子”。2024年9月29日上午，中华人民共和国国家勋章和国家荣誉称号颁授仪式在人民大会堂金色大厅隆重举行。许金文与女儿就坐在台下，当看到习近平主席为许振超颁发“人民工匠”国家荣誉称号奖章的那一刻，许金文因为巨大的幸福而激动得双手都在微微颤抖……

颁授仪式结束，回宾馆的路上，她对女儿说：“今天发生的一切，都值得我记一辈子。不，是记八辈子、十辈子。”女儿就笑着说：“这话你该等下告诉老爸！”“对，是得告诉你爸。”许金文说完，自己也忍不住笑了。

八 “这是我应该做的”

从本质上讲，许振超是一个热爱生活的人，从小就吹得一口好笛子，会弹钢琴，还是铁杆的京剧票友，最爱听的是《包龙图》和《铡美案》；他还喜欢潜水，他说他喜欢浪花，曾经梦想有一天能潜到海底，探寻那蔚蓝深处的秘密……但是因为工作太忙，这些爱好早已封存进记忆深处。

那时候，他们还年轻；有时从单位回到家里，吃完饭，许金文会把丈夫往钢琴跟前拉：“弹一个吧，就当作休息了！”女儿也在边上凑趣：“老爸，弹首《致爱丽丝》，我跟妈妈都喜欢你弹的这首曲子。”拗不过，许振超就坐下来，像模像样地弹了一首《致爱丽丝》。弹完，经不住妻子、女儿的热情和要求，又弹了一首《北京的金山上》。

弹完，也乏了，就朝沙发上一倒，把脚搭在皮垫上。许金文见了，就赶快给他沏上一壶茶。

每到这时，许金文喜欢坐在一边静静地看丈夫品茶，看着看着，她会有一种感觉，仿佛岁月都溶化在那渐渐淡去的茶水里了，而在丈夫身上，则凝聚着她对以往岁月的所有记忆。

许金文总是觉得，作为一个女人，能嫁给像许振超这样的好男人，还有什么不满足的呢！

也因此，再到后来，当丈夫成了全国人大常委，成了全国总工会的兼职副主席，还先后获得了许多的荣誉和奖励，地位和社会影响越来越大，要出席的会议、参加的活动越来越多，他在家的时间、能陪伴她的时间也随之越来越少，有时候一个月在家甚至都待不了两天。而她，不仅毫无怨言，还甘之如饴地静静地守在家里，为丈夫打理着自家这方小世界。等丈夫一身疲惫、满脸倦色地回到家里，她已经提前准备好了热腾腾的饭菜。等丈夫吃完，习惯性地往沙发上一倒，她就赶快给他沏上一壶热茶。“这些年家里就你一个人忙活，辛苦你了。”丈夫说，眼神里透出一丝疼爱与怜惜。

“这是我应该做的。”她说。

“这是我应该做的。”这句话她很久以前也说过。2004 年 4 月 20 日，北京人民大会堂小礼堂春潮涌动，由中宣部、交通部、人事部、中华全国总工会、中共山东省委联合主办的“许振超同志先进事迹报告会”在这里隆重举行。那天的上午 9 时，时任中共中央政治局常委、国务院副总理的黄菊亲切会见了报告团全体成员。黄菊一进门，就拉着作为报告团家属代表的许金文的手说：“感谢你这么支持振超，振超同志能有今天的成绩，离不开你啊！”自己的付出得到了中央领导同志的肯定，这让许金文很感动：“这是我应该做的。”她说。

或许是从妻子的这句回答想到了曾经的那一幕场景，许振超笑了。

许金文也笑了。

第九章
振超印象

在女儿眼里，他是世界上最好的爸爸；在老队长眼里，他是名气大了地位高了，可谦逊、质朴的本色一直没变的“振超老弟”；在队员眼里，他是毫不吝惜奉献自己爱心的“许队”；在继任者眼里，他是有着高尚人格魅力的长者……

在九个人的娓娓述说中，“人民工匠”许振超的形象更加丰满、立体！

一 “像爸爸那样工作和生活”

许玉雪，小名小雪，许振超的独生女；现在山东海事局船员培训中心工作。20年前，曾有记者采访小雪，对她的描述如下：身材高挑，鹅蛋脸，是个令人赏心悦目的漂亮女孩。小雪喜爱粉色，平常总爱穿一件粉红色毛衣，浑身洋溢着一个花季少女的青春气息。与小雪聊天时，你会发现她黑黑的大眼睛里总是闪烁着快乐的光芒，很动人……

很多年了，我房间的陈设一直都很简单，一张床，一张书桌，一台电脑。不过，挂在墙上的粉色钟表和放在电脑上的粉色花瓶，还是让陈设简单的房间有了一丝明媚的色彩。是的，我自小就喜欢粉色。其实，与我的喜好一样，我的内心和我走过的人生道路也是一片粉色世界，充满了单纯、光明和幸福。而这一切，都是因为我有一个世界上最好的爸爸。

爸爸是个劳模，而且还是个闻名遐迩的劳模，但爸爸并不是个只知道忙工作的人，他很爱我，甚至称得上溺爱。在我40年的人生记忆里，爸爸一直都是个慈爱的好父亲。

上幼儿园时，有一次爸爸到上海出差，给我买回了一身新衣服，款式和颜色当时在青岛很少见。我穿上白色的长筒袜，和那身带着粉色花朵的小白裙，漂亮得像公主。幼儿园里的小朋友们都羡慕死我了。而且，爸爸给我买的袜子是两双，能替换着穿。

那时候，爸爸经常牵着我的手，在大海边散步，看海面上成群的海鸥，看大海的潮起潮落。当然最多的还是看那些庞然大物一般的轮船，看大吊车忙忙碌碌地装卸货物。我知道爸爸就是开大吊车的，能指挥大吊车吊那么重的东西，我觉得爸爸真了不起。

长到六岁，当我再淘气时，爸爸就开始教我画二极管，画各种电阻器。看着爸爸拿回来的那些实物，我觉得很好玩，就自己坐在那里安安静静地画。我画得有模有样了，爸爸才开始告诉我电阻是干什么用的，正向通电、反向通电是什么意思。

上小学时学画画，别的同学画大海、画山水、画鱼鸟，反正都是些有诗情画意的东西，可我画的却是电阻器、桥吊和二极管。

后来，爸爸变得越来越忙，与我待在一起的时间也越来越少，我甚至连他的面都很难见到了。常常是早上我醒来，爸爸已经走了；晚上我睡着了，爸爸才回来。可是，我知道爸爸从没有忽视我，也从来没有放弃对我的关怀和爱。常常在我熟睡之际，爸爸走进我的房间，将放得到处都是的书籍轻轻收拾好，然后，在我的文具盒里留下一张纸条："丫头，你今天的作业做得不错，如果能养成整洁的习惯就更好了！"

这样的纸条我保留了很多，对于我来说，这已经成为我跟爸爸交流的一种独特的方式了。纸条上的话有很多我都记得很牢："丫头，你什么时候能改掉丢三落四的毛病呢？""丫头，该好好练字了。很多时候，字就是一个人的脸面。一个字迹潦草、粗糙的人，将来会失去很多机会的。"……说实话，就因为爸爸的纸条，我改掉了许多不太好的习惯。爸爸的纸条，也让我变得更健康、更积极、更上进。

对于我来说，爸爸的纸条，就是我一笔珍贵的人生财富啊！

因为爸爸，我觉得骄傲和幸福。

1997 年 3 月，那时我还在读高中，中远美西干线“东河”号轮因台风影响晚到港十几个小时，得知船方要求青岛港为他们抢回班期的消息后，爸爸二话没说，从家里打车赶到港口，挑上几个得力干将，立即投入保班会战中。他们一口气干了 16 个小时，仅用 3 台桥吊就装卸了 1573 个箱子，为船公司争取到 8 个小时的宝贵时间，挽回了上百万美元的损失。

也是那一年的 11 月份，由于美国西海岸各大港口工人闹罢工，全球联盟的美西干线“鳄鱼智慧”号轮到青岛港时，班期已经拖延了 48 个小时。当时，船公司都做好了减挂下个港口的准备，而如果下个港口的箱子不能上船及时地运到目的港，势必给船公司、货主、港口三方带来损失。看着急得团团转的船长，在现场的爸爸平静地告诉他，青岛港保证在 12 个小时以内完成作业，确保该轮乘着高潮顺利挂靠下个港口。船长几乎不相信自己的耳朵，用怀疑的眼神打量着爸爸，说：“你们真能为我纠正班期吗？”爸爸没多说什么，因为，在那个时候，事实最有说服力。整整一夜，爸爸在当时的 3 号集装箱桥吊上操作，一心想啃下这个硬骨头来，让外国人见识一下中国码头工人的实力。在工友们的密切配合和紧张操作下，仅用了 11 个小时就完成了作业。后来，船长激动得说什么也要再见爸爸一次，当面致谢。那位船长可能不知道，当装完最后一个箱子时，爸爸神经一下子松弛下来，浑身麻木，动都不能动一下，是被工友们扶下桥吊的。船长走后给爸爸留下了一封信，说：从你的身上，我看到了中国码头工人的精神……

这两件事情后来不知怎么被我们班上的一个同学知道了。一天下课后，她钦佩地看着我说：许玉雪，你爸太了不起了！我真羡慕你！

我们有些同学被人羡慕，大多因为他们的父母是社会名人或大款、企业家，而我爸只是个普通的桥吊司机，也能为他的女儿在同学面前赢得由衷的尊重和赞美，所以，我觉得我爸确实是个了不起的人。

在青岛港，爸爸是有名的义务维修员，谁家电器坏了都找他。

爸爸修电器有一股子韧劲，不修好不罢休。这也是我最佩服爸爸的地方，遇到困难不解决不罢休。有一次，他给别人修录像机，连续修了几个晚上，一个线头一个线头地找，不会的就查书，终于修好了。

爸爸修手表也是一绝。我小的时候，他每次给人修理手表，就把我叫到身边看，边修边告诉我这个螺丝是什么、那个轮子是干什么用的。有的手表里有宝石颗粒装饰，爸爸说："你看宝石漂亮不漂亮，来，我教你怎样把宝石取下来。"然后，把着我的手用小镊子夹出宝石，然后再装上去。我那时真是觉得好玩极了，常常待在爸爸身边，一玩就是半天。

别人家的女孩子喜欢各种各样的娃娃，但爸爸却从来没有给我买过娃娃。爸爸给我买的最多的是遥控汽车，每次买回家，他都陪着我一起玩，或者干脆就把汽车拆了，再教我一点一点地重新拼装起来。

我就这样迷上了电器。我觉得电器一点也不枯燥，我玩它就像别的女孩子玩毛毛熊玩具一样。1999 年夏天，我被青岛大学电气工程专业录取时，爸爸高兴地说："你毕业后也进青岛港，可以和我一块工作了。”

我到了学校才知道，我们这个专业的90名学生中只有9个女生，刚好十分之一。看来，喜欢电器的女生，还是少数。

不过，喜欢电器也让我经受了一次很大的挫败感。那还是大学一年级的时候，我们有一门必修课程，叫《电器基础理论》。不知道怎么搞的，原本感觉很有意思的东西却突然间觉得枯燥乏味起来。我学得很吃力，成绩特别不理想。我感到沮丧，甚至想到了换专业。

有一次回家，我把想法跟爸爸说了。爸爸听后，半晌没有吭声，而是起身过去和妈妈商量了一会儿，然后对我说："走，跟爸爸上街！"我问干吗？爸爸说："咱们去电脑城买点零件回来，组装一台电脑给你学习用，好不好？"我简直不敢相信自己的耳朵，我说："爸爸，我们不懂电脑，能行吗？""试试看。"爸爸说得很自信。

那天，爸爸对着一张电脑图纸动嘴指挥，我自己动手，捣鼓了好几个小时，才终于把电脑组装成功。

看着这台没有牌子的电脑，爸爸问我："丫头，知道这台电脑为什么能组装成功吗？"我说："是爸爸指挥得好呗！""不对！"爸爸说，"一个毫无电器基础知识和理论的人，我指挥得再好，也不可能像你这样组装成功。"我认真想想，爸爸说得还真对，原来我已经不知不觉地把一些电器的基础理论运用到组装电脑的过程中了。"看看，只要与具体的操作结合起来，理论其实并没有想象的那么难，而且还是很有意思的，是不是啊？"爸爸说，一脸慈爱。

从那以后，我再也不提换专业的事了。后来，我才知道，为了拿出几千块钱给我买电脑零件，妈妈曾经犹豫过，担心万一电脑组装不成，那几千块钱就白瞎了。那时，我们家里的经济条件并不宽裕，几千块钱可不是个小数目。但爸爸说："我们要帮助小雪克服对电器理论课的恐惧心理，花多少钱都值。"

大学二年级时，我在学校里开始学焊接。爸爸怕烫着我，就忙里偷闲地抽出半天时间，手把手地教我，那份细致、耐心和严格要求，就像在教徒弟，而我也很快就大功告成。一个最简单的电路板上也有 100 多个焊点，只要一个点焊接不好，造成虚焊，整个电路板就会不通。很多电器初学者没有人指点，看着焊上去了，很漂亮，实际上里面并没有焊好，电路根本不通。我就不同了，有爸爸这么一位"名师"，我想不当个"高徒"都难。这么说吧，每次实验课上，我焊接的水平，连班上的一众男生都不得不佩服。

爸爸还把自己最喜欢的烙铁交给我，让我带到学校用。烙铁后来让我给用坏了，爸爸一点没生气，而是笑笑说：

"我家丫头长了本领，坏了块烙铁，值！"

2003 年初，我的毕业论文《五层五站客梯控制系统》交了上去，然后我就开始准备论文答辩。老师会问些什么问题呢？我该做些什么准备呢？我觉得心里乱乱的。爸爸知道以后，就帮我一起分析论文中涉及的各个方面的问题，并和我一起探讨正确的答案。

答辩那天，我特别自信，老师提出的问题，我全部对答如流。老师很满意，当时就给我的论文判了个"优"。

"许玉雪，你怎么知道得那么多？"老师问，还挺纳闷。

当时我笑笑说："老师您过奖了。"心里却想，那是因为我背后有个高参爸爸啊！

夏天，我从青岛大学毕业。按照爸爸的设想，我应该到青岛港工作，但青岛港那时只招研究生，不招本科生。我记得自己听到这个消息，当时就哭了，哭得还很伤心。爸爸知道了，拍拍我脑袋说：“大气点嘛！凭我女儿，难道还找不到一条自己的路吗？！”

曾经有人给爸爸出主意，说：“你只要去找找常局长，你女儿的工作还不是小事一桩！”

但爸爸听了，只是笑着摇摇头。

我当然知道爸爸的个性，他是绝不会为自己的私事去找领导的。

因为暂时找不到工作，我又不想改行放弃自己喜爱的电气专业，于是，就只好待在家里。爸爸鼓励我说：“我的女儿要靠自己的本事找工作。”

爸爸还给了我一个建议，让我好好温书，准备报考研究生。我自己也觉得有必要，因为我已经强烈地感到，社会的发展和进步实在是太快了。我刚上大学时，社会上许多行业和单位都非常缺电气专业的大学生，但没有想到的是，仅仅过了 4 年，这个专业的大学生就供过于求了。如果我不能迅速提高自己的知识层次，将来别说是到青岛港工作，与爸爸做“一个战壕里的战友”，就是找个糊口的工作，怕是也难。

所以，爸爸是对的，要想有工作有事业，我就必须更上一层楼。

就在我努力温书准备考研时，突然有了个去山东海事局工作的机会。对是选择继续考研还是去海事局工作，我有些犹疑，就跟爸爸商量。老爸说了四个字：“遵从内心！”爸爸这是把选择权完全交给了我。

最终，考虑到未来的不确定性，我选择了海事局。而且，我还想着，海事局是处理海上航运过程中突发情况的机构，与爸爸工作的港口业务上也是有所联系的，没准将来哪一天我会因为工作上的事情，去港口找爸爸接洽呢！这么想着，我就很愉快地去海事局报到了。

但爸爸还是再三叮嘱我："工作上勤奋、努力，这是必需的；空余时间不能荒废，要学习，要读书，除了读与海事工作相关的书，以前的专业书也不能丢下。"

我郑重点头："是，爸爸，我都记下了。"

在单位里，我先是搞了一段时间的技术工作，司职船舶监造，我学的电气专业也有了很好的发挥空间。后来因为工作需要，我被调到船员培训中心，负责学员的考核工作。按照老爸说的，我工作特别努力，业余时间也不断学习，提升自己的专业水准，充实自己的文化知识。因为我们培训中心就是负责船员的再学习再培训的，作为培训者，自己首先不能停止继续学习的脚步。

因为自己的勤奋、努力，我也获得了一些表彰和荣誉，比如2011 年 12 月获直属海事系统先进个人荣誉称号，2012 年 1 月获评山东海事局先进工作者，还先后获评山东海事局政务标兵、山东海事局优秀青年等。当然，这些小成绩跟爸爸是完全没有可比性的。

如今，我已过了不惑之年。在我迄今的人生记忆中，24 岁的生日是我极难忘怀的。记得那天爸爸早早就开始张罗，把爷爷、奶奶、叔叔等一大家人都约在一起。爸爸送给我的礼物是一个 12 寸的大蛋糕，那个蛋糕其实是很有些来历的。那天，爸爸本来是想着要早些回家的，但快下班的时候，单位里的一台桥吊出了点故障，爸爸修完桥吊，又给几个司机讲了讲，结果回来就晚了。等他赶到蛋糕店，蛋糕店已经快要关门了，而且只剩下做蛋糕用的坯了。爸爸就跟人家商量：“今天是我女儿生日，我这个当爸爸的要是连块像样的蛋糕都不能给女儿送，我也太不称职了。师傅，帮帮忙，花多少钱我都买……”

蛋糕店的人被爸爸说动了，就用店里的蛋糕坯做了个巨大的蛋糕。爸爸在“生日宴”上对我说：“丫头，这些年爸爸总是忙工作，没有给你过过生日，这是对你的补偿。”

那天，我觉得自己是世界上最幸福的女孩。

爸爸是一个以码头为家的人，心里装的是“世界纪录”，是他的“事业”，是青岛港的发展。所以，他的时间似乎总也不够用。这也就是他很少给我和妈妈过生日的原因，没时间啊！

不过现在好了，他的时间相对充裕了一些，就会想着做些弥补。比如前年，2022 年的 4 月 21 日，是妈妈的生日。那天，爸爸很早就带着妈妈出门了，说是要给妈妈买一块手表当生日礼物。爸爸很久以前给妈妈送过一块表，但早就坏了，不能戴了。那天，爸爸陪着妈妈逛了很长时间，才终于为妈妈挑选了一块坤表。妈妈对那块表显然是满意至极，因为她是戴着表回家的。一回家就冲我亮起手腕：“闺女快看，你爸给我买的手表好不好看？”

“好看，好看！”我赶紧说，“特别好看。”

——我能说不好看吗？

——我敢说不好看吗？

今年妈妈的生日有些不一般，因为再过几个月正好就是她和爸爸结婚 45 周年，是正经的蓝宝石婚，其意义仅次于 50 年的金婚。所以，生日宴上，我就问爸妈，他们 45 周年的结婚纪念日准备怎么庆祝。爸爸说："等金婚的时候再好好过一下吧！"我说："蓝宝石婚意义也是非同一般的，必须得好好庆祝。"爸妈听了，对视一眼，同时点头道："好吧，随你！"

我一听就笑了，因为从爸妈雀跃的眼神中，我能明显地感觉到他们对即将到来的结婚纪念日的期待。

2024 年 9 月 29 日上午 10 时，我有幸陪着爸妈在人民大会堂观看了中华人民共和国国家勋章和国家荣誉称号颁授仪式。有电视台的记者采访妈妈，之后又问我，想为爸爸做些什么。我回答说："就想拉着爸爸的手，我们一起回家好好庆祝一下。我做菜还不错的，我爸爸很喜欢吃。"

记者笑着问："是海鲜大餐吗？"

我说："是吧。就是去我们家附近的菜市场，买些鱼啊虾啊，还有青菜什么的，然后拿出我生平所学，用心给爸爸做一顿美味的晚餐。爸爸肯定开心。"

据说后来有老爸的工友问："许队啊，你闺女说要给你做一顿海鲜大餐，怎么样？做了吗？味道如何？"爸爸就很骄傲地告诉工友："一顿？告诉你吧，不止一顿，好几顿呢！味道如何？闺女的手艺，你说说，能差吗？！"

要说关系——现在我们家和我爸关系最铁、最亲密的，不是别人，正是我儿子。

我儿子 2013 年出生，生他那天早上，是爸爸送我去的医院。我儿子出生是在中午时分，而那天下午爸爸要乘车前往北京开会。所以，儿子出生后，老爸只匆匆看了小家伙一眼，就赶回家收拾参会的材料，然后赶往车站……虽然爸爸会议结束后就马不停蹄地回到青岛，帮着老妈一起伺候我坐月子。但对我儿子，老爸似乎总有一丝丝的歉疚，所以他总是尽量地多抽出时间陪伴自己的小外孙。孩子慢慢长大，跟姥爷的关系也越来越好。孩子能满地乱跑了，老爸只要有空闲，就会带着他去海滩疯玩，捡贝壳，捞海星，捉螃蟹……玩累了，祖孙俩就坐在沙滩上，静静地看潮涨潮落，看燕飞鸥翔。

有时，老爸会收回目光，静静地看着自己的小外孙，他眼神中的慈祥、怜爱与温情，让人动容。每当这时，我就会想起鲁迅先生的诗：无情未必真豪杰，怜子如何不丈夫？！

二　“这是俺老队长”

刘旭章，原青岛港码头服务队队长。年轻时的他，高大健壮，快人快语，是一个热情豪爽的山东汉子。刘旭章当青岛港门机队长时，许振超是队里的一位门机司机。

我是1977年当门机队长的，一直持续到1995年，算起来干了整整18个年头。

当初我们门机队的全称是青岛港第二作业区机械四队。今天回过头来看看，我们机械四队大约算是青岛港的黄埔军校了，因为从机械四队出去的人，后来大多是青岛港集团的中、高层干部和骨干力量。比如，当时和我搭档的党支部书记包东顺，后来曾任集团副总裁兼大港公司总经理；班长兰信明，中港公司总经理；司机孙成理，北港公司总经理；电工于成恩，油港公司副总经理；电工姜清和，集装箱公司总经理助理；修理工吴传志，轮驳公司副总经理；司机刘斌，大港公司机械队长，集团劳模，优秀共产党员……

像这样的名单我还可以列出长长的一串。当然，这其中给我留下印象最深刻的还是许振超。

如果让我来评价许振超，我认为这样四个字是最合适不过了，那就是：肯钻能干。

那时，我们队里的门机如果坏了，都由修理工来修理。而修理工一来，当班司机都会离开驾驶室，找个地方抽空休息一下，但许振超却与众不同，因为他总是留在机上，看修理工怎么找毛病、怎么动手维修，时而请教几句。时间长了，他自己也成了大半个修理工。到最后，他开的门机坏了，基本上都不用找修理工，他自己三下五除二就能给摆弄好。我曾经看过他修理门机，特别干脆利索。

那时我就想，这家伙，可不是个等闲人。

我们那时不吃食堂，大伙来上班时都拎个包，包里装个饭盒。但许振超的包里除了饭盒，还总是要装上几本书。当时队里有个规定，上班不准看书。规定的出台是缘于我发现有人在上班的时候看武侠小说之类的闲书。队里的工人，特别是门机司机在操作时看闲书容易分心，而一分心就特别容易出事故。所以，我觉得，出台这样的规定是必要和必需的。

隔了一段时间，有个班长向我反映，说许振超当班时总看闲书。这不是公开挑战队里的规章制度吗？我觉得问题很严重。一天下班之前，我找到他。

“你不知道上班不允许看书吗？”

“知道。但规定里说的书应该是闲书。”

“看就看了，你不要给自己找理由。”我有点不高兴。

许振超听了，没说什么，从包里把书拿出来递给我。我仔细一看，那些书全跟队里使用的机械有关。我再往周围看看，见他开的门机的配电箱上贴满了机车控制的线路图。

“队长，我没什么别的想法，就是希望车子坏了我自己能够当场处理。如果总找人来修，那得浪费多少时间啊！”许振超诚恳地说。

说实在的，听了他的话我感到很震撼。我们总在提倡每一个工人都应该爱岗敬业，许振超的所作所为不正是“爱岗敬业”的最好证明吗？

第二天我就跟包书记（也就是后来我们集团的包副总裁）讲了许振超的事情。“我们原来的规定是不是该改一改？”我征求包书记的意见。

包书记想了想，点头同意。

不久后，我们就把原来的规定作了修改，改成“上班可以结合生产过程中的实际情况看一点技术方面的书”。

一个普通工人以自己的行为改变了单位的规定，这在全国，大约也是不多见的。

许振超在我们门机队一直都是个与众不同的人，他的与众不同表现在很多地方，比如，他工休时从来都不与人打闹、嬉戏，总是闷头看书，或者拿着一张电路控制图在那里研究、琢磨。还有就是他的苦钻技术，也到了近乎痴迷的程度。我们门机队有一个独特的工作标准，叫“四稳”、“四满意”。“四稳”是起钩稳、落钩稳、转杆稳、变幅稳；“四满意”是自己满意、工班满意、调度满意、领导满意。而这一切的根基则取决于操作门机的技术是不是过硬。门机司机都知道，门机操作的关键在于操作杆，变换的速度、力度、幅度，全指着操作杆来控制。比如你一推杆，吊杆伸出去，钩头自然就跟着摆荡过去。如果吊杆停下而操作跟不上的话，钩头还会依照惯性，继续摆荡过去。这时，就要不停地收拢和变换操作杆的位置，将吊杆与钩头和下面的抓斗找齐、找正，如此才能保证门机操作的稳定。

因此，对操作杆的感觉和掌控能力，是检验一个门机司机的试金石。就为了彻底掌握住操作杆的掌控力，我曾经不止一次看见许振超下班后待在驾驶室里一遍一遍反复地在操作杆上找感觉。他后来在门机司机中脱颖而出，成为青岛港第一批桥吊司机，正是缘于他的勤奋、好学和苦练。

应该承认，作为一个门机司机，许振超对我这个队长也产生了很深的影响。跟许振超一样，我也是个初中毕业生，为了跟上形势的发展，把本职工作做好，我也需要不断地给自己充电。利用业余时间，我补完了高中课程，又用三年时间拿下了经济管理专业的大专文凭。那时，我们队里每台门机的使用率都很高，因为每天货船不断，自然门机也就经常出现机械故障。我这个当队长的，只能每天都泡在一线，下班回到家，身子累得都快散了架。但我不能躺到床上休息，还有大专班的功课要做。我用冷水洗把脸，在灯下抱起了书本，直到凌晨两点……

想想那时真是很难，而许振超则是我的精神动力。累得快坚持不住的时候，我就想：许振超跟我起点一样，他能拼命自学成才，我为什么就做不到？我相信，只要勤奋刻苦，只要坚持不懈，我就能够取得最后的成功。

幸运的是，我坚持了下来。我想这其中应该也有许振超的一份功劳。

1986年，许振超调离门机队，去新成立的新港八号码头桥吊队当司机。从那以后，我们的联系就少了，只是偶尔通通电话。

1996年，我被评为青岛港年度优秀共产党员，而许振超则同时当选为劳模，我们俩居然在时隔十年后同台领奖。那天，表彰大会结束后，他拉着我的手，对每一个他认识的人介绍说："这是俺老队长！"

2001年底，在黄岛码头，许振超被常局长任命为桥吊安装的现场总指挥。听到这个消息后，我既为他感到自豪和高兴，更为他悬着一份心：现场那么多能人，比他学历高、职务高的比比皆是，那些人能服他这个初中生吗？更重要的是，那两台桥吊毕竟是当时最先进、造价最昂贵的，科技含量肯定特别高，在技术上他能攻下来吗？

那时他在黄岛前湾，我在老港区，中间隔着胶州湾，彼此音信不通，我只能通过《青岛港报》来了解现场安装的进程。每当看见报上说安装又遇到了什么问题，我就如身历其境般地跟着着急；一听说安装取得了一些进展，我就比谁都高兴。

那年的最后一天，桥吊终于在计划时间内吊装成功，我得到消息后的第一反应就是想马上给他打个电话，表达我的祝贺。但又一想，没日没夜地忙碌了40天，他一定是疲倦得不行，我就别去打扰他了。

我后来干服务队队长，算是离开了装卸一线，可许振超有时还会跑到我这里来，说是要来学学我们后勤的管理经验。我说，你已经是咱青岛港的大名人了，我这里有什么好学的？可他说：“老队长，您永远都是我的队长，到您这里请教、取经，那是我的荣幸啊！”

听了他的话，我感到很欣慰。

让我更欣慰的是，再后来许振超成了全国人大的常委，级别那么高的领导了，可每次见了我都会主动上来打招呼，亲热中透着尊敬。振超名气大了地位变了，可他谦逊、质朴的本色一直没变。

三　向许振超学什么？

常德传，原青岛港董事局主席、总裁。在许振超的成长过程中有三个关键环节都与常德传密不可分：1994 年，许振超被常德传派遣到德国、荷兰、丹麦等世界著名港口考察学习，立下创造桥吊装卸世界纪录的决心；2001 年，在青岛港战略西移、大型桥吊安装工期不保的情况下，常德传破例指定许振超为总指挥，保证了工期和港口工作的正常运行；2003 年 1 月，常德传与许振超订下君子协定：如果许振超率队打破世界纪录，青岛港将以许振超的名字命名青岛港保班名牌。

1994 年，派遣许振超随专家组到鹿特丹、阿姆斯特丹等世界著名的港口考察学习的命令是我签发的。出国考察学习，开阔视野、增长才干是人们向往的事情。当然，具体派哪些人出国，港口有一个严格规定，从优秀的干部、优秀的知识分子、优秀的一线技术工人中选拔产生。按照这三个层面，经过各级层层选拔后才能产生。我的签字，只不过是对选拔结果的认可。一线的优秀技工出国学习在青岛港是家常便饭，已经形成制度。凭本事吃饭，凭本事上岗，在青岛港已经形成风气。在青岛港，我们重视人才，最突出的一点是，让最有本事的人干成事，干最适合的活。我们的原则是，用人必须不拘一格，不唯身份，不唯学历，不唯老幼，不唯资历，只看本事。

有记者曾经问我，为什么要以许振超的名字命名青岛港的保班名牌？我认为，这是为了劳动者的光荣和尊严。青岛港企业文化的理念是“一代人有一代人的贡献，一代人有一代人的作为，一代人有一代人的牺牲”。在实践中，我们把有贡献的工人的名字命名在班组、工艺等他所作出贡献的地方。

2003 年 4 月 28 日，在“地中海法米娅”号的装卸中，许振超和他的队友一举创造了两项集装箱装卸的世界纪录。在现场，我亲自向许振超献花。青岛港举行专门的大会，向许振超颁发以他的名字命名的青岛港保班名牌“振超效率”。

当然，时势造就英雄，环境也造就英雄。许振超这个典型人物诞生在青岛港绝不是偶然的，没有青岛港这片育人的沃土，就没有后来的许振超。青岛港“以人为本”、“人人是人才”的人才观和育人、用人机制，对许振超的成长起到了至关重要的作用。

自从 2004 年“许振超同志先进事迹报告会”在全国举办以后，各地就兴起了学习许振超的热潮。我们最应该学他什么呢？我认为，就要学习他“干一行，爱一行，精一行”的敬业精神。这种精神在我国高技能工人尚未完全适应经济快速发展需要的情况下尤为可贵。

据统计，那时我国技术技能劳动者有7000多万人，而高级技工仅占4%。在发达国家，这个比例则为30%至40%（我们青岛港是70%，因为我们有考工晋级制度）。工人技术素质整体偏低，已在相当程度上影响了我国企业的生产效率和竞争力。调查显示，2004年前后我国的企业产品平均合格率只有70%，不良产品每年损失近2000亿元。仅到“十五”末，我国对技术工人的需求总量就增长20%以上，对技师、高级技师的需求更是高达一倍以上。

可以说，许振超的成就是经过不懈追求取得的，没有进取精神、奉献意识和工作责任心，没有勤学苦练的硬功夫和绝活，很难做得到、做得好。

许振超的事迹告诉我们，任何劳动者，只要爱岗敬业，刻苦钻研，奋发进取，都可以在平凡的工作岗位上创造非凡的业绩。许多工作岗位，没有高学历的劳动者同样可以作出卓越贡献。不妨这样说，人才可以与能力、贡献画等号，而不能仅仅与学历、学位画等号。这是我们应当树立的人才观。

我认为，只要工人们都具有了“振超精神”，只要他们的积极性和聪明才智充分发挥出来，把应该做的工作尽可能地做到最好，青岛港就能不断地创造出奇迹。

宣传一个典型，会带动一种风气，这是我们在宣传许振超的过程中得到的启示。

比如，我们大力宣传许振超的绝活，就引发了一场“学习和技术的革命”，青岛港就涌现出了许多的绝活。有一个普通的装卸工人，他的“绝活”就是码氧化铝的标准垛。氧化铝的标准垛最不好码，但他码的垛整齐坚固，七层高的垛下紧上松，层层收紧。还有一个装卸工，小袋物标准勾做得最有名，用行话说，现在干小袋，装粮食、糖、化肥、硫黄、鱼粉和纯碱一类的货物，都使用网络挂钩吊运。那个工人摸索出了自己的办法：千件重四五十公斤货物，勾型要对码两趟，每趟4批，5层高，定40包，要包口朝里。搬包时要先码外，后码内，包要放平，成批成行。篷布封火车看上去简单，实际要封好很不容易，一名工人就“一骑绝尘”地创造了带有自己风格的封车法。他封车讲究先将篷布抻紧铺好，两块篷布边的接缝处相应对齐，共同折叠两次后在篷布上放上两根封车大绳。他总结说，在盖篷前拴加固大绳时，要先把四周篷上的小绳拴紧，然后将车顶的两道纵向大绳与每道大绳交叉拉紧并打上死结。这种封车术省时又达标，自然也成了工友们学习的榜样……

宣传许振超活动的深入开展，也给我们青岛港的整体工作，带来了包括创造人才培养、加快生产发展、提升内部管理档次、思想教育等八个方面的机遇。我们将同心同德、同心协力，创造出青岛港更加辉煌灿烂的明天。

四　在温馨之家成长

王培山，桥吊队技术骨干，来自山东胶州农村，2001年大学毕业，2002年初，进入前湾集装箱码头桥吊队。现为青岛前湾集装箱码头有限责任公司固机队队长助理。

我来自山东胶州农村，全家十几个人千辛万苦地供我上学，一心指望我有出息。2002年初，我满怀憧憬和抱负来到了前湾码头。

当时，前湾码头刚刚启动。我永远都忘不了上班第一天的情景。这是什么现代化码头啊，大片大片的黄土，一望无际的沼泽，除了临近海边有50米宽的硬化路面外，整个码头就是一片荒野之地。

正是冬天，风像刀子一样刺骨，刮起来卷着大把大把的黄土，一阵风过去，人脸就成了黄黄的一片，只露出两只眼睛。想想我那些昔日的同学，每天出入高档的写字楼，在宽敞、气派的办公室里工作，而自己却要在如此恶劣的环境和条件下，整天与轰鸣的机器为伴，我动摇了。

但让我不解的是，身边那个相当于我的父辈的许队长，怎么就能每天拖着犯风湿病的双腿，还总是忙得那样乐呵。

有一天下班后，我去问许队："您在这里不觉得苦吗？"我至今还清晰地记得许队说的那句话："你只要把这当成家，就不会觉得苦了。"

这句看似平淡的话深深地震撼了我的心。

半年以后，我成了桥吊队的技术骨干。因为在我的心目中始终有一个标杆，这个标杆就是我敬重的许队。

在我们桥吊队里，负责桥吊日常维护和修理的技术人员有二十多个，大都是大学毕业生，许队对他们都寄予厚望，尤其对我们这些刚刚走出大学校门的年轻人，他总是悉心培养，在生活上多方了解我们的情况，帮我们解决困难。在工作上则根据每个人的具体情况，帮我们定计划，定目标。

我们这些大学生常常会聚在一起聊许队，我发现，大家和我一样，都有一个相似的感觉，那就是：在我们眼里，这个只是初中毕业的队长，不但是技术精湛的老师，更像一位可亲可敬的父亲。

“想起家访，我一直觉得那都是学校里的事，没想到工作了队长还会去我家家访。”张英明有一次对我们说。

张英明是2001年大学毕业到桥吊队工作的，她给我们讲起了一个“家访的故事”。2003年春节期间，许队开着自己买的那辆波罗乃兹二手车，行程1000多公里，跑了大半个山东省，顶风冒雪走访了队里来自农村的4名大学生。张英明家在山东德州的一个小山村，大年初六，接到电话，许队说初七到她家去拜年。张英明高兴地和父母连忙收拾庭院，准备迎接许队。谁知初六下了一整天的雪，张英明犯愁了：“雪这么大，路不好走，队长明天能来吗？”

第二天一早雪停了，可路上的积雪一点也不见少，大半天过去了，还不见许队，张英明想，可能是来不了了。可下午3点，张英明突然听见村口汽车的喇叭声，她急忙跑出家门，见许队已经停稳了车，打开了车门，正用拳头不停地敲打双腿。张英明连忙上前搀扶，许队却连连摆手：“不用不用，待会儿就好。”过了一会儿，才吃力地下了车。原来，因为积雪，高速公路封了一些路段，许队跑了7个多小时才到，患风湿的腿又痛又麻，停下车时，腿已经打不了弯了。

在张英明家，许队盘腿坐在热炕上，和张英明的父母拉家常，吃饺子，向他们详细讲述张英明在港口的工作情况。因为许队自己也有个女儿，他能理解，孩子离家那么远，父母心里有多担忧。临走的时候，张英明的父母感动地拉着许队的手把他送到大门外，还一个劲地嘱咐张英明：“孩子，你一定要好好干，能遇上这么好的领导，是咱的福气！”

事实上，在我们桥吊队每一个职工的眼里，许队都是亲切而慈祥的。不管是谁，只要有困难，他都会无私地给予帮助。

许队为每个职工都配备了“两卡一册”。“爱心卡”是给职工家属的，写着“有事找振超”。“安全卡”是专门给职工的，上面记录着一些安全隐患和注意事项。而“小册子”则记录着每一名职工的家庭情况，职工结婚他送去祝福，职工亲属生病他去探望，就像对待家人一样，他毫不吝惜地奉献着自己的爱心。

正是因为有了许队，才有了一个温馨如家的桥吊队。

工作上，许队对我们这些年轻人可是严格要求。大学生刚到队里，他总是不急于安排他们固定的工作岗位，而是先让他们从加润滑油、换钢丝这些基础的活干起。

初到桥吊队时，让我特别不能理解的是许队分配我去给桥吊加润滑油，“一个大学毕业生，你就让我加润滑油？”我心里有气，干起活来便只是应付，情绪总是不高。许队发现了，不但没批评我，还和我一起干，最脏最累的活自己先动手。这期间，他又不断地给我讲解桥吊每个部位的构造和性能，讲加多少油合适，什么时候加最好。那天，许队拿着黄油枪和我们几个年轻人一起给桥吊加黄油，边干边和我们聊天：“你们知道我为什么要让你们干这种不起眼的活吗？确实，这活没什么技术性，但我要告诉你们的是，对于桥吊却非常关键，对你们也非常重要。看看你们眼前的这些桥吊，都是咱青岛港花几千万元买的，是为咱港口创造效益的工具，需要仔细维护和保养，而加黄油则是不可缺少的一环。你们呢，也能从加黄油的过程中了解机械的运转原理，为以后的工作打好基础。你们说，这样的活该不该干？对你们重要不重要？”

休息的时候，许队又和我们谈起他自己的成长经历，让我们最终明白，只有从一点一滴做起，才能积累实践经验，在岗位上干出成绩。

看着身边这位像自己父亲一样的队长，把码头当成自己的家，每天拖着患风湿的腿在工地上不住地忙碌，我的心态慢慢转变了，干起活来越来越有劲了。我也在心里给自己树起了一杆标尺，那标尺就是我敬重的许队。

许队是个一身绝活的人，所以，他特别希望我们跟他一样，也能练就一身绝活。“以前有句老话，叫学好数理化，走遍天下都不怕；其实，如果能够练就一身绝活、一手好技术，我们到哪里也都能干出成绩来。关键在于，必须肯钻研，肯付出。要知道，世界上没有免费的午餐，你不付出，就永远不会有收获。”他总是这么谆谆告诫我们。

为了说明练好技术的重要性，他还特意给我们讲过一个故事：

2000 年俄罗斯“库尔斯克号”核潜艇沉没事件曾经震惊世界，事件给俄罗斯人民带来的悲痛自不必多言。当潜艇沉没后，俄罗斯方面全力组织营救，但在全球目光的注视下，俄罗斯的潜水员却迟迟无法打开潜艇，不得已求助于挪威。挪威的潜水员仅用了很短时间就顺利进入潜艇内部并发现了遇难官兵。俄罗斯人民在悲痛之余又感受到了一种深深的羞耻，为本国潜水员的无能而感到羞耻。俄罗斯民族是一个伟大的民族，曾经为世界贡献了无数优秀的科技文化成果，但是仅仅因为潜水员的能力，就已经显著地影响到俄罗斯的国家形象。

“难道俄罗斯的潜水员心甘情愿让挪威的同行打开他们无法打开的潜艇而使自己和自己的国家蒙受耻辱吗？肯定不是！唯一的解释是他们的技术和技能根本无法达到。如果平时勤学苦练，会出现这样的情况吗？所以，练技术练绝活，在很多时候并不仅仅为自己，而且也为了自己的单位甚至为了自己国家的荣誉。我真的希望，大家日后都能成为桥吊方面的技术专家，都有一身的技能和绝活。”

许队说着，目光中充满殷切的期待。

他的目光让我们感动，也让我们一下子感觉到了自己身上的责任。

也因此，在我们这些大学毕业生中一直弥漫着一股勤学技术、苦练绝活的良好气氛。在这样的氛围中，我们飞速成长！

五　他们是青岛港的骄傲

王论诚，原青岛港集团有限公司党委书记，许振超先进事迹报告团成员。现已退休。

青岛港始建于1892年，是一个百年老港。新中国成立以来，特别是改革开放以来，在中央、省、市、交通部的亲切关怀和领导下，今天已经发展成国家特大型港口，有员工16 000多人，主要从事集装箱、煤炭、原油、粮食、铁矿石等进出口货物的装卸服务和客运服务。2022年完成吞吐量6.87亿吨，位居全球第四位；集装箱2682万标准箱，位居全球第五位，被誉为“二十一世纪的希望之港”，是交通部确定的全国交通系统先进典型和港口行业示范窗口。

在当今国际贸易中，港口承担着85%的货运。随着我国经济的快速发展，全国港口集装箱吞吐量迅猛增长，增速已跃居世界第一位。港口之间的竞争主要是集装箱运输的竞争，这里面装卸效率至关紧要。要创出高效率，关键要有国际一流的大码头和先进设施，要有高素质的人才。长期以来，我们始终坚持走人才强港之路，常年联系实际开展学政治、学业务、学技术、学文化、学实践的“五学”活动，坚持用真理的力量启迪人，用人格的力量激励人，用情感的力量温暖人，用民主的力量凝聚人，大力倡导和培育“一代人要有一代人的作为，一代人要有一代人的贡献，一代人要有一代人的牺牲”的青岛港精神，充分发挥教育机制的核心作用、分配机制的激励作用、用人机制的导向作用，造就了一支德为重、信得过、靠得住、能干事的员工队伍。许振超就是其中的突出代表。

许振超在青岛港工作几十年了，当过机电工、门机司机、桥吊司机、桥吊队队长、党支部书记。不论在什么岗位，他总是不断超越、无私奉献。开始干桥吊司机的时候，他看到桥吊出现故障不仅影响了生产，而且大把大把的钱被请来搞维修的外国专家拿走，坐立不安，心急如焚，暗下决心既要开好桥吊还要会修桥吊。桥吊采用的是世界最先进的起重控制技术，综合了电力拖动、自动控制、计算机等多门学科专业知识，就是新入港的大学生要全部掌握也需要两三年时间。而只有初中文化的许振超，通过刻苦自学，不停地钻研，终于掌握了桥吊的技术原理，练就了过硬的桥吊维修技术。许多技术人员修不了的故障，请他一来，一般都能手到“病”除。为此，我们就破格聘用他为工人技师，并于 1994 年派他出国学习考察当时最先进的港口设备。许振超成了“桥吊专家”，我们就委以重任，让他当桥吊队队长、党支部书记。为了更好地指挥生产，他将两台旧的笔记本电脑，组装成一台可用的电脑，率先在基层队用上了计算机。我们知道后，就奖励了他一台新的笔记本电脑，并在全港基层队中推广应用了计算机管理。

2001年，我们实行了一项事关港口发展和命运的重大决策：决定将集装箱生产从老港区转移到新港区。关键时刻，新桥吊的安装成为重中之重。凭着对许振超的多年了解，在一次非常的现场办公会上，常德传总裁代表集团领导果断任命他为安装总指挥。他不负众望，靠着十几年来学习的知识和积累的桥吊操作、维修的实践经验，凭着对事业和港口的一片赤子之心，攻克一个个难关，历经艰辛，终于如期完成了桥吊的安装任务。

在工作中，他信守"干就干一流，争就争第一"的人生追求，带领桥吊队创出了无论多大船都能在10小时以内完成装卸作业的全国最高效率，并一举创出集装箱单船装卸效率世界纪录！为弘扬一线工人敢为人先的精神和志气，我们郑重地以他的名字命名为"振超效率"！

港口发展的实践使我们深深地体会到，正是一大批像许振超这样优秀员工的辛勤和汗水，撑起了青岛港这个亿吨大港；正是一大批像许振超这样优秀员工的追求和奉献，铸就了青岛港今天的辉煌。他们是青岛港昂首挺立的根基，是青岛港跨越发展的脊梁，是青岛港长盛不衰的源泉！他们是青岛港的骄傲！

我坚信，不管社会怎么变化，无论时代如何进步，有一个真理是永恒的，这就是：工人伟大，劳动光荣！

许振超的先进事迹，在全港上下引起了强烈反响，产生了强大的名牌效应，"学振超精神，创振超效率"的热潮一浪高过一浪，接连创出了矿石作业效率、纸浆作业效率等新的世界纪录。世界著名的航运公司纷纷主动要求与青岛港合资合作，世界第一大航运公司马士基集团、世界第二大航运公司铁行集团、中国最大航运公司中远集团，与我港共同出资 8.87 亿美元，联手打造了世界级的集装箱码头公司。各大著名船公司纷纷开设航线，仅去年就新增国际航线 13 条，实现了青岛港航线“全球通”……

面对风起云涌、日益激烈的港口竞争，我们将努力干事创业，加快发展，掀起学习振超精神的新高潮，创造出越来越多的“振超效率”，把青岛港建成北方国际航运中心，为全面建设社会主义现代化国家、实现中华民族伟大复兴的中国梦作出积极的贡献！

六　我们的许队

张寅，原青岛港桥吊队技术主管，许振超先进事迹报告团成员。

要说我们许队，那得先从集装箱桥吊谈起。一台桥吊价值 4000 多万元，长 150 多米、高 75 米，自重 1300 吨。在我们当中流传着这样一段顺口溜：“登上桥吊腿发颤，抢修故障半空悬，风雪如刀雨洗脸，棉袄一穿大半年。”说的就是桥吊工作的艰苦和危险。桥吊驾驶和维修是高空作业，司机和技术人员必须具备良好的心理素质和吃苦耐劳的意志品质。三九天，有时气温零下十几度，在室外修理接线箱，衣服穿多了，钻不进去，只得把棉衣脱下来，穿着单衣干，一会儿就浑身冰凉，手冻得根本不听使唤，只好跑进机房在空调旁烤烤，趁着热乎劲，回去再干。就是在这种工作环境下，我们的许队一干就是几十年。

现在，许队成了桥吊专家，靠的就是从不间断地刻苦学习。在学习上，我最佩服许队的有两点。

一是带着问题学。随着新桥吊的投入使用，双吊具操作在装卸作业中运用得越来越普遍了。出于安全考虑，许队决定给这个新鲜事物尽快定出个规程来。而要制订这个规程必须依据随机资料。翻开厂家提供的资料，一看全是英文，专业性特别强。一开始，许队安排我翻译，我随口答应了，大致翻了翻，很专业，挺麻烦，再加上正忙着设备换季保养，就把这事撂到了一边。几天过去了，许队也没催我，自己利用晚上的时间，戴着老花镜，搬出那本《英汉词典》连夜开始翻译。第二天开技术分析会的时候，许队拿出了一套《桥吊双吊具操作规程》让我们一起讨论。我仔细一看真是大吃一惊，许队不仅把厂家提供的资料全部翻译了过来，而且还结合我们自己的特点，提出了6条注意事项。

二是超前学。上世纪九十年代初，我们的桥吊驱动控制系统用的是可控硅，全靠进口。许队发现每两三周就烧坏一组，他就自己动手改造了电路，用国产可控硅替代了进口配件，可控硅在国内可是很先进的技术，懂的人不多，连该装置生产厂家的工作人员得知后，都说：这可是瑞典生产的世界一流的装置呀，老许真行！我当时很吃惊，拽着许队问：你是什么时候开始学这门技术的？许队告诉我：早在1985年可控硅技术刚应用在港口机械上时，我就觉得桥吊作业早晚能用上，就托人从上海买了本书先学了。这不，六年后的今天，一下子就派上用场了。

在他的带动下，我们全队都养成了“互相交流，资源共享”的好习惯，空闲时间，每个人都会把当天碰到的问题或者技术上的收获讲出来，大家一起讨论，互相启发。大学生们随身带着“好易通”、《英汉词典》，有空就研究桥吊上的英文资料。不管哪个车组出了故障，其他车组的技术人员都会主动围上来，集思广益，排除故障。一些有经验的老司机还主动把处理故障的窍门编成土教材，传授给新司机。

许队始终认为，创新是技术进步的灵魂。在创新方面，最令人佩服的是，许队敢想、敢干。只要能满足集装箱发展的需要，许队什么办法都能想出来。1995 年，为了满足集装箱快速发展的需要，青岛港决定将两台桥吊进行移位。按照通常做法，桥吊移位都是先将桥吊拖到专用驳船上，然后运到新的泊位，再拖到岸上。可是当时租不到这种驳船，时间又等不起。许队不甘心，整天围着码头转，回家也睡不着，翻来覆去地想。经过反复测算，他提出一个大胆的方案，从海上走不行，就从陆上走。这两台桥吊每台重 1000 多吨，为了减轻桥吊对码头的压力，他提议把桥吊进行分解，先将桥吊的四组行走部分移走，再将桥吊上半部装在新的移动装置上，这样就解决了移动难题。还有一个关键问题，就是桥吊在行进过程中需要做 180 度的转向，他就带领技术人员反复勘察路线，设计出一种类似海燕展翅形状般的行走路线，在行进过程中，分别实施两次 90 度的转体，最终安全地将桥吊移位到了新的泊位上，创造了集装箱桥吊移位的奇迹。

只要是为了港口的声誉，为了货主的利益，无论困难多么大，许队总是明知山有虎，偏向虎山行。他有一句人人皆知的口头禅，就是“怎么不”。只要听到这句话，就表示他下定决心要干了，而且非干出个结果来不可。2002 年 4 月 12 日，由于大雾，码头暂时停止了装卸作业。到中午，雾还没有散，一位集装箱驳船的船长匆匆找到许队，急切地问：能不能马上开工，把箱子先卸下来。原来，该轮装载的全是冷藏箱，船上没有电源，不及时卸下来，箱里的货物就会化冻，这将给船方、货主带来极大的损失。应当说，大雾天作业是有很大风险的，而且也没有先例。但是，考虑到船方、货主的利益，许队当场许诺：“你放心，我一定会想办法把你的箱子卸下来。”站在一旁的司机劝许队：这么大的雾，在桥吊上连集装箱都看不清，更不用说找锁眼了，恐怕不行吧！但许队十分坚定地说：怎么不行，我们千难万难，也不能让货主一时犯难。今天，我们就是要破这个例。接着，他在船上、岸边各安排两名经验丰富的司机，通过对讲机随时报告集装箱的位置，他登上桥吊，站在司机旁，亲自指挥。一场海陆空立体攻坚战在雾中展开了。说实在的，到底行不行，我们心里一点底也没有，真替他捏了把冷汗。万一有个闪失，不光箱子会损坏，更重要的是可能发生安全事故。但随着船上、岸边准确位置的报告，一个个箱子顺利卸下，我们的顾虑很快被打消了。许队终于用自己的经验，突破了雾天不能作业的禁区，这也证明了他一直追求的桥吊作业的最高境界：干活不仅要用手，更要用心，人机合一，才能得心应手。

用了十几年时间，许队练出了“一钩准”、“一钩清”、“一钩净”、“二次停钩”、“无声响操作”、“60小时出徒”等绝活，而且，无论走到哪里，都留下了一串“绝活”的足迹，更带出了一个绝活队。后来我们队里也涌现出许多像他一样的操作能手。我们这些技术主管还成功主持了青岛港1号、8号、9号桥吊的电控改造。

许队自上任之初，就给自己立下了规矩，不当吆喝队长，他的管理办法是以制度约束，用人格感化。为了制定这些队规，他专门找来了《质量管理体系导则》，交通部、青岛港各种设备管理标准，晚上整夜地琢磨，结合桥吊队的实际，用了一个多月的时间，制订了极为严谨的管理制度，细得连夜间取个扳手都有规定。上海港机厂的一位工程师看了这些制度以后，感慨地说：一个基层队的管理能够细化到这种程度，真不容易。

他之所以对我们严管，源自他对工友那份深厚的感情。每当有重点船舶作业，许队为了让队友们保持充沛的精力和高度的注意力，总是自己掏钱买来红牛饮料和西洋参片让司机带上一份。在高空作业喝开水不方便，许队就给每名司机添置了大保温杯，上车前，替他们灌满开水。

许队是个很坚强的人，平日里，我们很难听他说苦谈累，可是，我们却见他掉过两次泪。一次是一年秋天的一个早晨，许队得知新来的三名大学生冒雨在桥吊上修了一晚上故障，马上就火了，第一次大声地批评人。可当他听说大学生们是见他好几次都是拖着患有风湿病的腿，跪着修桥吊，怕他再累着就自己干了，许队眼圈红了，拍拍他们的肩膀，让他们赶紧回去休息。第二次是2004年初的一个晚上，下班后，我们所有的技术主管都没走，非要请许队吃晚饭。要知道，许队从来不吃请。可当我们告诉许队，今天是他的生日时，许队一愣，竟破例答应了。那天许队喝多了，而且还跟我们说了很多掏心窝子的话。当他举杯问我们最大的愿望是什么时，我们异口同声地说：跟着许队干，再创新的世界纪录！许队的双眼流下了热泪。是呀，许队和我们，我们和许队，已经凝聚成了一个光荣的团队。我们坚信，在许队的带领下，必定会创出更多更大的成绩！

七　“没问题就是最大问题”

张怀诚，山东港口青岛前湾集装箱码头有限责任公司工程技术部固机三期队长。

许队是一个平凡的人，日常工作和生活中，从表面上看不出他和普通老百姓有什么不同，但是骨子里却时时事事透露着对党的忠诚和对事业的不懈追求。

他有着强烈的责任心和使命感。对待困难，他不怕苦、不服输，善于观察、捕捉解决问题的关键点，研究问题有着惊人的毅力和恒心，忙起来是茶饭不思，对自己“狠起来”更是让人于心不忍。在工作中，他通过自己的勤奋好学、刻苦钻研解决了技术、管理方面的很多疑难问题，在行业内树立了闪光的标杆。在生活上，他如父母般关心员工的生活。“心如明镜虽严厉，爱子如命细心育”，在许队的精心培育下，我们很多人都成为行业内的领军人物和技术大拿，现在青岛港大名鼎鼎的“连刚创新团队”中多数是振超团队成员，取得的成绩都离不开许队的培养。

我跟着许队工作了5年，接触很多。通过多年的接触，在工作上，我对他的评价用三个“不”来描述：不唯心、不服输、不拖拉。这“三个不”精神对我影响很大，通过在工作中践行这一精神指导，我在自己的岗位上也解决了多个难题，取得了一定成绩。

不唯心：作为一名优秀的共产党员，干任何工作均是实事求是，开展的每一项工作都坚持“没有调查就没有发言权”的原则。日常工作，他除了常和有经验的员工座谈交流研究问题外，还常常征求我们这些刚入职的新员工意见，从不同角度看问题，力求工作符合实际，让成效最大化。

不服输：许队日常和我们谈话常说的一句最实在最接地气的话就是“你不憨不傻、不缺胳膊不缺腿的，凭什么就要比人差”。面对设备管理遇到的技术难题和壁垒，许队就是凭着强烈的责任心和使命感，通过多年如一日的坚持学习、钻研，打破国外技术壁垒，发明集装箱装卸“无声响操作”、“一钩准”等作业法；通过轮胎吊“油改电”技术应用推广，实现港口集装箱堆场机械“零排放”目标；通过苦练绝活，带领团队 9 次打破世界集装箱船舶装卸作业纪录。

不拖拉：许队做事一直强调“做事要谋定而后行”，一旦决定即雷厉风行一干到底，从不拖泥带水。面对挑战和困难，他不推诿、不退缩，从来都是“兵来将挡，水来土掩”，立行立改，给我们整个队伍营造了积极向上的氛围。

2001 年，我大学毕业满怀憧憬和向往到青岛港工作，可是恶劣的工作环境（2001 年前湾港集装箱码头三期工程刚开始建设）和对前途的迷茫让我产生退缩的念头，开始备战自己感兴趣的司法考试，不可避免地出现工作上的懈怠。许队看到后，专门到我宿舍找我谈心，肯定了我学习上进的做法，同时以自己的亲身经历教育我，“干一行、爱一行、精一行”，“三百六十行，行行出状元”，只要努力，任何平凡的岗位都能干出不平凡的成绩，实现自己的人生价值。他也告诫我不要好高骛远，“一山看着一山高”，最后结合岗位实际提出需要解决的技术难题，给我指明努力的方向，让我犹如重获新生，燃起我立足实际、脚踏实地、拼搏奋斗的激情和干劲。这件事情我至今不忘，也成为我现在培养新一代年轻员工常讲的一个典型案例。

“没问题就是最大问题”，这是我从技术工人岗到管理岗转变过程中许队给我讲的最难忘的一句话。

在许队给我布置任务时，我常回答“没问题”，他就批评我：没问题就是最大问题。干这项工作安全注意事项有哪些？安全风险都辨识到了吗？备件稳定性有把握吗？出现故障怎么最快处理有方案吗？技术壁垒解决了吗？等等。正是他日常对我的严格要求，让我养成了勤思考、多角度分析问题的良好习惯，在工作中避免了好多失误，多个创新成果也得以推广应用。

许队以自己的行动多年如一日践行青岛港三个一代人精神（一代人要有一代人的作为，一代人要有一代人的贡献，一代人要有一代人的牺牲），在深化改革的进程中给我们蹚出了一条阳关大道，取得了世人瞩目的成就。

作为振超团队的一员，许队一直以高尚的人格魅力影响着我，催我前行。我也一直在积极努力地争取创造骄人的业绩，虽然不一定能超越许队，但是我会以许队为榜样，不怕苦、不怕难、不服输，时刻牢记一名共产党员的神圣职责，立足岗位，完成自己的历史使命。

作为许队的第四代继任者（我现在所在的固机三期脱胎于当初许队任队长的桥吊队），肩负培育新时代码头工人和传统码头向智能化绿色化港口发展的重任，我将以弘扬新时代振超精神为己任，坚定精忠报国、服务社会的信念，带领团队，通过不懈的拼搏和努力，践行三个一代人精神，为建设世界一流的海洋港口、发展新质生产力作出应有的贡献。

八　振超精神激励着我

刘守毅，山东港口青岛前湾集装箱码头有限责任公司操作四大队实习大学生。

我是一名刚刚到青岛前湾集装箱码头有限责任公司实习的大学生。这里我想和大家分享一下我眼中的许振超。我感觉这个曾经帮我指明人生道路、在背后无声地激励我前行的“人民工匠”，更像我的一个长辈。

许振超，起初是一个只有初中学历的码头工人，为什么说他为我指明了人生道路？这还需要从我上初中的时候说起。在我上初三的时候第一次听到许振超这个名字，是舅舅和我聊天时提起的。他是一名港口的一线工人，因为当时我的学习成绩不是很好，考上普通高中很困难，于是就想找一个其他的出路。当时父母特别古板，就认为学习好才是唯一的出路。但是我的舅舅和我说，一线工人一样很伟大，也能取得不平凡的成就，然后就说到了许振超。那也是我第一次听到许振超这个名字。因为当时要参加中考，我的成绩不太理想，就想掌握一门技术。闲暇的时候我上网翻阅许振超的事迹和资料，他的故事深深打动了我。当时的青岛港设备不像现在这样先进，每次出现故障都要花大价钱聘请外国专家来维修。然而当时只有初中学历的许振超，愣是利用业余时间通过自学，不断努力，掌握了各类桥吊技术参数和设备性能，他不仅能排除一般的机械故障，还能修复各种精密部件。那时我就在想，许振超到底是一个什么样的人呢？工作那么辛苦，文化水平又不高，是什么样的信念支撑他坚持不懈，努力拼搏，成就了自己人生的辉煌？这些疑问在我脑海中一直挥之不去。

2019 年 9 月我考进了青岛电子学校的电气技术应用专业。因为是职业学校，大部分练的都是技术，我就下定决心好好学习，立志成为一名像许振超一样的能工巧匠。其间遇到困难时我也想过放弃，想过半途而废。但是每次出现这种想法的时候，我都会打开百度，搜索一下许振超的事迹。可以说是他激励了我在电子学校的三年学习生活。我到现在还记忆犹新的是他的那句座右铭：“干就干一流，争就争第一”。这句话虽然只有简单的十个字，但是这十个字体现出了一线工人的拼劲和韧劲，感觉有一种坚韧不拔的精神在里面，让我热血沸腾！那三年里我也在不断地锻炼自己，认真学习专业知识，终于如愿以偿考入了青岛港湾职业技术学院，所学的专业是港口机械与智能控制专业。在这之前，有许多的老师和同学都不太赞同我对学校和专业的选择，而我不这么认为，因为我有我的目标。我要成为像许振超那样的技术能手，社会上人人学习的榜样。这个目标已经激励我很长时间了，并在我心中刻下深深的烙印。

2022 年夏天，我进入青岛港湾职业技术学院。在这里我比之前更加努力，因为我知道港湾学院是山东港口集团旗下培育港航英才的“摇篮”，有很大的机会可以去到青岛港，可以见到我心中的偶像许振超，可以成为他的同事，甚至能得到他的指导也说不定。抱着这个想法，我更加努力学习专业知识，提高个人能力，做到像许振超那样“干一行，爱一行，精一行”。大一的学习中，我学到了很多关于港口机械类的知识和实训操作。在这一学年考试中我的专业课成绩名列前茅。2023 年 3 月我很荣幸地进入了冠名班（即青岛港湾职业技术学院以许振超名字命名的“振超工匠班”），也让我更加深入地了解了许振超。通过指导老师的讲解和查阅各类资料，我学习和了解了轮胎吊的“油改电”技术和“振超工作法”。在校期间我有幸来到了前湾三期码头参观学习。到这里我才知道，这里就是许振超工作了一辈子的地方，也是他一次次创造并打破集装箱桥吊装卸世界纪录的地方。这里环境整洁，生产效率高，正规的半军事化管理使我内心感到十分震撼。我想等我实习时也要到这里来提高自己，当一个好工人！等大二我就开始为进入集装箱码头做准备，参加了港口机械司机班的培训，并顺利结业，获得了门式起重机司机证，为以后能进入集装箱码头实习工作打好基础。

2024 年 4 月，山东港口职业教育周的时候，我第一次见到了许振超本人。他是以客座教授的身份来港湾学院接受采访和进行指导的。记得那天在启航广场，很多的老师和学生围在他的身边。我很好奇地问周围的同学发生了什么事，从同学的口中得知是许振超到了，我立刻兴奋地跑了过去。这是我第一次近距离接触许振超。饱经沧桑的脸上带着真诚的微笑，穿着一身朴素的黑色外套。虽然他已 74 岁，但看起来依然精神矍铄。在我印象中一个得过国家级奖励的人应该是很高傲的。但他言语间平易近人，充满了对年轻人的关爱和期望，让人感觉内心和他有说不完的话。我很荣幸地和他拍了合影。而后他拍了拍我的肩膀和我说了八个字："好好干，加油，小伙子。"这简单的八个字让我备受鼓舞，让我感到以前的努力没有白费，让我有了还要更加努力的动力。而后我参加了山东港口的实习面试，报名了青岛港机械司机岗位，运气特别好地被分配到了青岛前湾集装箱码头有限责任公司操作四大队，实习岗位是轮胎吊司机，真正成为一名一线的工人。

许振超的精神激励着我，让我有了前进的动力。我始终铭记许振超在接受央视采访中说的一句话："当一个好工人，这就是我的初心。"如今他取得了如此大的成就，成为"人民工匠"，更加让我确定了我给自己定下的努力方向没有错，我会在这个平台潜心锻炼自己，干好每一项工作，精益求精，争取练好绝活，成为像许振超那样的"人民工匠"。

九　祝福

黄向东，山东港口青岛前湾集装箱码头有限责任公司党群工作部工会主任助理。

我最早与许振超接触是青岛港外贸集装箱西移之后，当时我被分配到明港公司负责新闻宣传工作，许振超是公司的桥吊队队长。当时就听许振超工友说，他是个非常好学的人。2003 年许振超成为青岛港职工学习的典型人物后，我与许振超的接触也就越来越多。记得当时许振超正在编一套桥吊操作手册，我翻开手册看到里面有两百多项操作规程。虽然我对其中的一些操作规程不太了解，但在翻看中，我发现操作手册中囊括了从正常情况到风、雨、雪、雾天气，各种作业注意事项及故障应急方案，列举得非常详细，当时我就惊奇，他脑子里怎么会装那么多细节。在交谈中，我才知道，为了这本手册，许振超翻遍了近 20 年来自己所有的桥吊学习笔记，优中选优，细细推敲，总结桥吊作业中的心得，同时他还找来了交通部、青岛港的质量管理条例，阅读了大量管理书籍。回头仔细看看，许队做的事其实都挺平常，但能始终如一地坚持不懈、永不满足地学下来，就不是一件平常的事了。

许振超之所以能够成为“桥吊专家”，最关键的就是得益于他的好学和坚持。

从 2004 年以来，许振超成为全国宣传的劳动模范与典型人物，他的事迹在社会上引起了广泛反响。从那以后，来我们公司采访的媒体越来越多，规格也越来越高。作为对接媒体采访拍摄的我，与各路媒体打交道的机会也越来越多。长时间与媒体记者打交道，我有一种体会，无论大小媒体，只要置身于青岛港火热的作业现场，都会全身心地投入采访拍摄中。有时候我就在想，为什么青岛港会成为媒体宣传的焦点？为什么在青岛港这片厚重的热土上，每天会发生那么多感人肺腑、无私奉献的故事？为什么青岛港每天都会创造出令人惊叹、折服的精彩？从许振超身上发生的故事我们或许能找到准确的答案。

现如今，我们公司的国家级许振超大师工作室和省级许振超劳模创新工作室在行业内已经具有较大的影响力，也成为青岛市职工思想教育基地，每年平均接待来自社会各界参观学习交流的超过 260 批次，人数超过 6000 人次。在这里你会切实感受到，尊重劳动、崇尚技能、鼓励创新的激情主旋律，聆听到“工人伟大，劳动光荣”的时代最强音。

当然，你也会切实感受到，作为新时期产业工人的杰出代表，从一名普通的码头工人成长为“人民工匠”，许振超走过的每一步路，其实都已经和我们国家的发展、和青岛港的振兴融为一体，也成为改革开放的时代印记。

对许振超和他的团队来说，过往的荣誉是汗水铸成的历史，现在的他们每天都迈步在新的征程上。而我，也会和无数一直关注着他的人们一起，为他送去真心的祝福！

第十章
沃　土

如果说青岛港以“感情、信念、珍惜、奉献”为核心的企业文化是“振超精神”的思想渊源，青岛港日新月异的飞速发展，则是“振超精神”的物质基础。

正如许振超所说：如果没有青岛港这片育人的沃土，我就是有天大的本事也无法施展！

一　100个小故事

2003年4月2日，以许振超为队长的桥吊队，在对英国铁行公司“托米斯”号轮的货物装卸作业中，以每小时装卸299.7自然箱的单船效率和62.8自然箱的单机效率，刷新了中国大陆集装箱装卸的最高纪录；其中，最高单机效率比原纪录提高了13.5个自然箱/小时。4月15日，在青岛港集团客运站礼堂召开的集团大会上正式命名了“振超效率”。随后，在整个青岛港，一个以“弘扬振超精神，争当时代先锋”为主题的学习与教育活动开始兴起。为了搞好这个活动，当时的集团总裁常德传曾多次召集会议，作专题研究和讨论。到底该怎样学振超？振超有哪些品质值得我们大力弘扬和学习？他最独特的精神内涵到底表现在哪里？这些都是大家讨论最热烈的话题。之后，时任青岛港集团政工部副部长的马宝亮受命带人前往集装箱公司，在许振超的桥吊队蹲点、调研，一个星期的时间里，除了召开十多个座谈会，还分别找了许振超周围的工友作个别谈话。调研结束，马宝亮又跟几个干事用最快的速度整理、提炼出了《振超管理法》，并向集团递交了一份《振超管理法勇创世界一流》的专项报告。常德传对《振超管理法》显然极为满意，但为了慎重起见，他提议先将《振超管理法》在《青岛港报》上刊登，以广泛征求大家的意见。结果，反响强烈，集团下属各单位纷纷组织学习，并根据本单位实际，在工作中效仿，而且很快就见到了成效。而在青岛港，也自此形成了一个自发地学习许振超的高潮。

那些天，马宝亮的手机整天响个不停，因为许多基层作业队的队长们，都希望能从他那里得到一份完整的《振超管理法》。

为了将青岛港学习许振超活动不断推向深入，政工部的几位干事又深入到码头，对许振超的生活和工作情况进行了收集、整理，并赶写出了关于许振超先进事迹的100个小故事。

回忆起赶写材料的那段日子，政工部副部长马宝亮用一句话来表述："所有的人，都投入得不能再投入了！"

事实也正是如此。那段日子里，每个人都在废寝忘食地加班加点。虽然累，但他们始终都精神饱满。因为，他们的心，常常都会被许振超的故事所感动。许振超的100个小故事中，有一个是关于他任桥吊安装总指挥的。当时，许振超人微言轻，虽有总指挥之名，但下面有些人根本不把他放在眼里，工作上也不配合。想到工期是如此紧张，而自己有劲却使不出，许振超忧急万分，晚上就在码头边上郁闷地徘徊。到最后，他冲着大海大声喊道："谁能帮帮我……"看到这个故事时，马宝亮的眼睛湿润了，他说正是因为许振超当时的压力如此之大，又如此艰难，但他后来顶住各种压力，排除一切障碍，如期、圆满地完成常德传总裁交给他的任务，才越发地让人钦佩。

还有一个故事发生在1999年9月的一天。那天，许振超在老港区4号桥吊上进行了整整一宿的抢修工作，其中，最拼体力、对修复故障起关键性作用的就是更换电缆。他完全可以白天干，可以用吊车来干，但第二天码头就要靠大船，要是晚上完成不了抢修工作，肯定会耽误第二天的保班作业。业内人都知道，桥吊专用电缆在平地上拖比较容易，但要把它拽到70多米的空中，再加上用来牵引的铁链子的重量，得有二三百斤重，但许振超带领技术人员硬是在空中展开了接力。那天雾特别大，又潮又湿，根本没法戴手套，电缆上一层雾水，脚底下特别滑，许振超和大家只好把衣服脱下来，垫在脚下。后大梁部分最吃劲，许振超就抢先打这一棒。一些年轻的技术人员抢着要干，被他阻止了。他说：你们还年轻，万一掉下去，我怎么向你们的父母交代呢？我来吧。当时，他让别人抱住他的腿，拴上安全带，他则趴在后大梁上，身子探在半空，把电缆扛在肩上，喊着号子，那120米长的电缆，硬是一寸一寸地被拽了上来。从21：00到23：00，拖曳九根电缆整整用了两个小时，他的肩膀失去了知觉，好像都不是他的了。从桥吊上下来的时候，他和大家脸上分不清是汗水，还是雾水，浑身溅满油污……

“老许，真不容易啊！”一位年轻的干事在整理完这个故事后，流着眼泪，情不自禁地赞叹道。

二　引发关注

不久，《振超管理法》被送到青岛市委。当时的市委常委、宣传部长杨军与副部长姜正轩听取了青岛港的汇报后，给予了高度评价。杨军还作了专门批示：许振超这个典型非常好，要大力进行宣传，并不断挖掘其精神内涵。

接着，杨军又向市委常委会作汇报，市委主要领导很快也作出要向许振超学习的批示。

不久，青岛市委宣传部和工交工委联合发文，作出“学振超精神，创振超效率”的决定。这一决定，立刻引起了全市各行各业和广大市民的关注和响应。市委宣传部和工交工委还多次组织有专家、学者参加的座谈会，对振超精神的内涵进行研讨。市委宣传部更是在青岛电视台开设“振超精神论坛”，在黄金时段里滚动播出。

作为一个普通工人典型，许振超和他的“振超效率”，一时间成为青岛市民街谈巷议的话题。

而许振超这一典型，也很快引起了中宣部、全国总工会和交通部领导的关注。

2004年2月底，中宣部、全国总工会和交通部组成的联合考察组来到青岛港，对许振超先进事迹进行考察。考察组成员走遍了许振超工作的每一个单位和岗位，对许振超的工作和他创下的业绩反复进行验证、核实，并广泛征求意见和看法。为了体验许振超的工作环境，他们甚至在霏霏细雨中登上几十米高的桥吊。

2004年4月20日，北京人民大会堂小礼堂春潮涌动，由中宣部、交通部、人事部、中华全国总工会、中共山东省委联合主办的许振超同志先进事迹报告会在这里隆重举行。报告会前，时任中共中央政治局常委、国务院副总理黄菊亲切会见了许振超和报告团成员。黄菊指出，许振超同志是新时期产业工人的杰出代表，他在平凡的岗位上创造了非凡的业绩。他爱国爱企爱岗、无私奉献，表现了高度的事业心和主人翁责任感；他刻苦钻研、勇于创新，体现了产业工人的时代特点和创新精神；他团结友爱、助人为乐，发扬光大了工人阶级的优良传统，反映了新时期工人阶级的高尚品质和精神风貌。

会见时，黄菊同志还特别指出，山东省、青岛市和青岛港，为工人成才创造了良好的氛围和条件。许振超岗位成才的一个重要原因，“与青岛港鼓励和支持工人成才、为工人创造成才条件是分不开的”。全国各地区、各单位，都要创造良好的环境和条件，使千百万技术型、技能型、知识型的技术工人队伍成长壮大。

黄菊副总理的话其实已经一语中的地破解了许振超能够脱颖而出、震惊世人的秘密，那就是他的成功与青岛港这片肥沃的土壤密不可分。许振超也曾经多次说过这样一句话：如果没有改革开放的大好机遇，没有青岛港这片育人的沃土，我就是有天大的本事也无法施展。

当然，许振超的成才得益于他数十年如一日的勤奋钻研，得益于他爱岗敬业的无私奉献，得益于他足以影响一代产业工人的崇高思想境界——

一个人可以没有文凭，但不可以没知识；可以不进大学殿堂，但不可以不学习。

只有知识才能改变命运，只有发奋学习才能成就未来。

咱当不了科学家，但可以练出一身绝活，做个能工巧匠，同样无愧于时代，无愧于港口的培养。

在工作岗位上，干就干一流，争就争第一，为企业增效，为国家增光，我们码头工人，就是拼命也要创出世界名牌。

……

这一段段发自内心的“振超语录”，是许振超之所以成功的内因，是一粒优秀“种子”的思想内涵。但是，如果没有青岛港上上下下拼搏奉献的良好风气，没有青岛港识人用人的良好环境和人才培育的良好机制，没有青岛港这些年来为他提供的成才的广阔舞台和营造出的让他得以大展身手的良好机制，可以断言，他这颗“种子”，也很难开出绚烂的花，结出丰硕的果。

正像马克思在《政治经济学批判》中指出的那样，物质生活的生产方式制约着整个社会生活、政治生活和精神生活的过程。人们的社会存在决定人们的意识。也就是说，任何一种事物的产生，都由其社会存在发挥着决定性的作用。今天，我们研究分析振超精神，就不能不分析、研究在许振超成长过程中发挥着关键性作用的外部环境。走近许振超，我们不得不承认，他确实是一颗优秀的“种子”，本身具有长成参天大树的潜质，但仍然不可缺少其成长所需要的外部条件（土壤、水分、阳光、空气），失去这些外部条件，种子再优秀，仍然、而且只能是种子。种子自身与外部条件共同具备，这正是身为普通工人的许振超之所以能够在青岛港1.6万名职工中脱颖而出、成为现在的许振超的原因。

三 “振超精神”的青岛港烙印

许振超从一名仅有初中文凭的基层工人成长为一名桥吊专家，成长为重任在肩的桥吊队长和大型合资公司的一个部门经理，而“振超精神”又大踏步地演变为当代中国产业工人的一面精神大旗，在这一切的背后，又隐藏了些什么呢？

只要稍加梳理，我们就会发现，在青岛港，许振超这个典型的出现不是孤立的，“振超精神”同样也不是孤立的，许振超和“振超精神”本身就是青岛港精神的一个缩影。

“青岛港要在激烈的竞争中脱颖而出，就必须使1.6万名员工人人成为高素质的劳动者，人人成为港口发展的有用之才。”这是青岛港多年来坚持的人才战略。正是这一战略，推动了青岛港许振超和无数许振超式先进人物的成长。原青岛港集团总裁常德传曾经这样说过：要创出高效率，增强竞争力，一是要拥有现代化的码头和先进的设备，二是要拥有一大批人才和现代管理制度，办好企业关键在人。“只要能解决港口发展中的实际问题，就是港口需要的人才”已成为青岛港上上下下的共识。在青岛港，尊重劳动、尊重知识、尊重人才、尊重创造蔚然成风。正是在这种人才战略的强力推动下，正是依靠各个岗位上的一大批优秀人才，青岛港才成功地度过了一个又一个发展的关键时期，成功地刷新了一个又一个行业纪录，在国内外港口竞争中，成功地立于不败之地。

许振超无疑是这一“不拘一格”选拔、任用人才战略的最大受益者。多年来，青岛港坚持不唯学历、不唯职称、不唯资历、不唯身份的用人机制，谁能干就让谁干，谁干出成绩就肯定谁，人人都有成才的机会。许振超的第一个工种是皮带机电工，因为干得好，就被选拔到门机司机的岗位上；门机司机干得精，干出了不少绝活，又被选拔到桥吊司机岗位上。桥吊司机干得好，就直接将他提拔到管理几台、几十台桥吊的队长岗位上，掌管着几十个亿的现代化设备。而在桥吊安装这样纯技术性的工作中，也能够让只有初中学历的他任总指挥，领导着几十名高学历、高职称的工程技术人员，最后按照他的方案安装成功。许振超就因为指挥安装桥吊的成功，一时间名满全港，而这样的事情，若是放在有些地方有些单位，则不可想象。

青岛港奋发向上的良好风气、良好氛围，也推动了许振超式先模人物的成长。许振超是青岛港优秀群体的代表，在许振超的背后，还有许许多多岗位成才的优秀分子，还有许许多多拼搏奉献的优秀员工，孙波便是其中的一位。这位青岛港前港公司卸船队队长，带领员工潜心研究接卸效率，在2003年6月（也就是许振超创造集装箱装卸世界纪录的两个月后）一举创下每小时5698吨的世界最高矿石卸率，打破了《世界港口》记载的、荷兰鹿特丹港创造的每小时卸率3969吨的世界纪录，由此被青岛港命名为“孙波效率”。2004年3月14日，“孙波效率”又一次刷新了纪录。据《青岛日报》报道：一直稳居全国沿海港口进口矿石吞吐量第一的青岛港，以永远争一流、舍我其谁的精神，在接卸“玛丽亚”号轮矿石作业中，仅用29小时20分便完成了该轮174 199吨的巴西精粉接卸，卸率达到了每小时5939吨，刷新了原先的世界纪录，又将“孙波效率”提高了241吨，如此之高的接卸效率令世界航运界瞠目。矿石作为青岛港“五大核心竞争力”之一的主力货种，近几年来，由于超前决策、超前行动，率先建成了全国最大的20万吨级码头，整个卸船系统全部实现流程化，仅用139人就代替了以往上千人的作业，并配备了高素质的员工队伍。正是依靠一流的码头和设备优势，青岛港进口矿石一直雄踞国内第一，年吞吐量约占全国的四分之一……

而如此众多模范先进人物的涌现，与青岛港多年来所倡导的“一代人要有一代人的作为，一代人要有一代人的贡献，一代人要有一代人的牺牲”的“三个一代人”企业精神，与青岛港多年来形成的争创一流的竞争意识，与青岛港上上下下拼搏奉献的创业氛围密不可分。

青岛港良好的、创新性的人才培养模式，也是推动许振超式模范先进人物成长的力量。多年来，青岛港坚持以人为本，年年深入开展学政治、学业务、学文化、学技术、学实践的“五学”活动，年年开展技术工人考工晋级和操作技术大比武活动，使青岛港成为一个人才大熔炉和人才大学校，塑造了一个拥有勇创一流业绩和技能的出色的员工群体，培养了一支技术精湛、特别能创业、特别能战斗的员工队伍。许振超之所以能够成长为一名技术带头人，成为有突出贡献的工人技师，就是这种良好人才培育机制的结果。

对于一个国家而言，任何时候，人才都是最重要的战略资源，人才从来都是各行各业得以快速发展的关键因素。习近平总书记指出："要加快实施人才强国战略，确立人才引领发展的战略地位，努力建设一支矢志爱国奉献、勇于创新创造的优秀人才队伍。"因此，学习和借鉴青岛港锻造成才舞台、创新人才机制的成功经验，形成良好的人才成长机制、良好的人才成长环境，为企业的发展积累强大的人才队伍，打下坚实的人才基础，已经成为全国许多行业和部门的共识。

很多时候，在一些地方和企业里，思想教育似乎成了一个可有可无的摆设，而青岛港却数十年如一日常抓不懈，并且坚持用马克思主义的立场、观点和方法，宣传职工、教育职工、武装职工，对干部职工科学的世界观、人生观和价值观的形成，发挥了不可估量的作用。

1989 年，青岛港即首次召开思想政治工作会议；1990 年，进行"学雷锋、讲奉献、做主人"先模人物宣讲报告；1991 年，开展有中国特色社会主义思想教育；1992 年，进行"永不满足，永不灰心，永远前进"教育；1993 年，青岛港第六次党代会上作出进一步加强思想教育工作的决定；1994 年，开展"珍惜荣誉，再作贡献，开创未来"的主题思想教育；1995 年，开展"戒骄戒躁，居安思危，卧薪尝胆，永创辉煌"的教育活动；1996 年，组织了"二次创业，再铸辉煌"的教育宣讲活动；1997 年，开展了"建满意岗位，创名牌港口"主题教育；1998 年，又开展了"高举旗帜，以人为本，艰苦创业，创名牌港”的教育活动；1999年，开展了“发扬永威精神，立足岗位奉献”教育；2000年，组织了以“双思”、“三代”为主要内容的教育活动；2001年，开展“以人为本，同心同德，弘扬正气，爱岗敬业”主题思想教育活动；2002年，主题思想教育活动的主题为“坚定信念，扶正祛邪，同心同德，加快发展”；2003年，又大张旗鼓地开展了“弘扬振超精神，争当时代先锋”等一系列的教育活动……2019年开展了“不忘初心、牢记使命”主题教育；2020年开展了“同心同德、忠诚奉献、创新开拓、追求卓越”形势任务宣传教育；2021年开展了《贯彻新发展理念、构建新发展格局、推动高质量发展，加快建设世界一流的海洋港口》形势任务教育；2022年开展了“团结奋斗向未来”形势任务教育；2023年开展了“坚定信心、奋斗以成”形势任务教育；2024年开展了“人人争当奋斗者　重整行装再出发”形势任务教育；最近又开展了“学习人民工匠练绝活树品牌夺三基创一流”活动。每一次教育、每一个主题，都紧紧围绕着“感情、信念、珍惜、奉献”这个核心，每一次教育，都提高着干部职工的认识，升华着干部职工的境界。可以说，在“振超精神”的形成过程中，有着清晰的青岛港的烙印。

当然，这一切的关键，在于一直以来，青岛港都有一个好的领导集体。原青岛港集团总裁常德传经常讲的一句话是：风气不正，一事无成。而一个单位的良好风气也正是在一个好的领导集体的世界观、人生观和价值观的传播与影响下形成的。数十年来，青岛港历届领导班子成员身体力行，将职工个人的追求与海港发展目标协调起来，他们所具有的思想境界和精神境界也真正体现了“权为民所用，利为民所谋，情为民所系”的要求，他们具有优秀共产党员的高尚品德和献身精神，具有坚定的共产主义信念，具有无比强烈的事业心、责任感和使命感；他们作风廉洁、精诚团结，始终以国家利益、港口的发展及职工群众的命运为事业追求的崇高出发点。正是在这样一个领导班子的带领下，坚持以真理的力量启迪人心，以人格的力量激励人心，以情感的力量温暖人心，以民主的力量凝聚人心，青岛港才形成了令人赞叹、感佩的良好风气。

也因此，长期以来，青岛港干部中就形成了六种风气：说到做到，求真务实；廉洁勤政，谦虚谨慎；勤奋学习，锐意进取。好的领导集体和好的干部队伍，又为职工群众树立了良好的楷模，广大职工按照“纪律严明，作风过硬；岗位奉献，建功立业；文明工作，礼貌待人；敢打硬仗，善打胜仗；善于学习，提高本领”的标准，自觉地把自己培育成为纪律严明、作风过硬、爱岗敬业、不断进取的职工，将爱岗敬业、无私奉献作为自己的天职，在为港口奉献的同时，实现自己的人生价值，员工与领导共同创造了以“感情、信念、珍惜、奉献”为核心的良好企业文化氛围。许振超正是在这样的氛围中熏陶、成长起来的杰出代表。

四　主人翁

许振超是幸运的，青岛港的16 000名职工是幸运的：在青岛港，职工的主人翁地位绝非一句冠冕堂皇的大话，因为青岛港始终都是把职工群众作为利益主体，作为建设主体，激发出职工群众当家作主的无比自豪感，进而更为以“感情、信念、珍惜、奉献”为核心的港口企业文化奠定了深厚的群众基础。

在青岛港每一个领导干部的心里，已经形成了这样一种根深蒂固的信念："16 000名职工是海港的主人，我们做工作，办事情，任何时候都不能忘记这一点。"而集团原总裁常德传更是将自己始终定位为"港口大家庭的长子"，坚持"一心为民、造福职工"的宗旨，职工的事再小也是大事，再难也要办好，正确处理国家、港口和职工三者利益关系，在港口发展的基础上，年年为职工增长工资，使港口平均工资水平远远高于青岛市平均水平，还在青岛市第一个全部解决职工住房困难户的住房问题，使青岛港人均住房水平提前达到小康；下大气力改造、更新职工候工、洗浴、就餐、交通、娱乐等条件，使过去人人瞧不起的"老搬"，工作、生活在一个温馨、亮丽的环境中；坚持像关心自己的父母一样关心离退休老同志，像关心自己的孩子一样关心职工子女，真正使港口的职工感受到老有所养、少有所教，形成了亲情融融、人气旺盛的港口大家庭。工作、生活在这样的大家庭中，没有人会不把港口的事当成自己的事来办。

青岛港职工的主人翁地位，不仅体现在待遇好、不下岗，更体现在真正当家作主中。港口办任何事情，都以"职工拥护不拥护，赞成不赞成，高兴不高兴，答应不答应"作为出发点和归宿点，通过职代会、厂务公开、民主评议、劳动调研、领导接访日、合理化建议等各种途径，使最广大的职工参与到民主决策、民主管理、民主监督中，增加了职工对港口发展的认同感，调动了职工参与港口经营管理的热情。

青岛港的职工所享有的主人翁地位，真正的当家作主，大大地激发出职工的责任感、紧迫感和危机意识，自然地使职工们萌发出了"港口的事再小也要办好，再难也要办好"的强烈愿望，而这不也正是"振超精神"所具有的重要内涵吗？

五 幸运

如果说，优秀的企业文化是“振超精神”的思想渊源，那么，青岛港这些年的飞速发展，则是“振超精神”的物质基础。

改革开放以来，青岛港一步一个脚印地由当初的名不见经传，发展到 2004 年便已经是举世闻名，港区从 1 个到 3 个，资产从 5 亿到 103 亿，吞吐量从不足 1000 万到 14 000 万，优势货种从 0 到 5 个，集装箱由寥寥无几到 420 多万，靠泊能力由万吨到 30 万吨……青岛港人在 20 年的时间里就圆了几代海港人的强港梦，圆了几代海港人的富民梦。而许振超就是在青岛港日新月异的大发展征程中不断进步、不断成长起来的。

在港口的发展过程中，港口科技的进步是一个明显的标志，从一个皮带机电工，到一个门机司机，再到桥吊司机，桥吊从第一代到第五代，再从第五代至第九代。从许振超所掌管的机械设备的变化中，我们可以看到港口的发展变化，可以发现港口的发展变化给许振超的成长所提供的机遇。正如一些网民所说，没有青岛港良好的发展环境，也就不会有今天的许振超。

当然，“振超精神”的横空出世，还得益于青岛港独到的人才观，那就是“只要能解决港口发展中的实际问题，就是港口需要的人才”。

2003 年底，青岛港成立合资公司的时候，许振超曾经觉得自己年龄大了，没什么学历，估计合资公司不会要他。最后，出乎许振超意料的是，公司不仅留住了他，还对他委以重任。但问题不在这里：连许振超这样一位公认的桥吊专家都会产生这种可能会“下岗”的疑虑，可见那样的一种思维模式和思考问题的方法是具有一定代表性的。事实也正是如此，很长一段时期以来，在某些地方和行业，在某些人的眼里，似乎只有学者、专家、博士、教授、工程师、厂长、经理才够得上是人才，才是“培养”、“选拔”、“照顾”的重点，而大量普通劳动者，包括那些虽然没有文凭但有丰富的实践经验和高超的技术的工人，他们的价值总是有意无意地被忽视。

无疑，对整个国家而言，这是一种危险的倾向，也必然会带来灾难性的后果。因为，长时间的忽视会加剧普通劳动者素质的下降。劳动者素质下降，又将在很大程度上影响到企业的产品质量。也因此，现在国内的许多企业虽然对高级技工开出了比博士、硕士更高的身价，但是仍然难以寻觅到优秀的技术工人。可以说，高级技工的缺乏，将成为困扰许多企业加快发展的一个突出问题。

德国的产品素以制作精良、质量可靠而享誉世界，这恐怕和他们有世界上最好的技术工人关系密切。改革开放之初，桑塔纳轿车开始引进中国的时候，仅在方向盘上的技术指标就达200项之多，而国产的方向盘当时仅有几项技术指标。据说许多德国公司的总裁很多是技术学校毕业的，毕业后所获得的证书大约也就相当于我们的中专文凭，但在这些“中专生”手下打工的硕士、博士不计其数。瑞士银行以管理高效而闻名世界，但许多瑞士银行家毕业的学校也只是某一所普通的银行学校。在对待人才的问题上，有一段时间我们似乎走入了一个误区，一般职工即使再优秀、再能干，也不能算是高层次人才。过去我们还有八级工资制，一位八级工的社会地位、经济收入都足以令人羡慕，但是现在还会有多少人羡慕一位技术工人呢？

所以，许振超才会有当初“下岗”的疑虑和担心。

而青岛港在对待人才问题上，抛弃了一切短视、偏见，选择了兼容并包。这种大气和高瞻远瞩的人才观，也最终为许振超的成长、发展，提供了一片肥沃的土壤。

六　清醒

从2004年到2024年，许振超的事迹和“振超精神”在神州大地上传扬了整整20年，其影响力不仅没有渐趋衰减，反而呈现愈益隆盛、宏大之势，在2024年的金秋十月，许振超的个人声誉达至巅峰：获得“人民工匠”国家荣誉称号。

经验告诉我们：要选树一个重大的模范典型，难；要让这个典型与模范红旗不倒，且能保持长久的生命力、影响力，难上加难。

许振超的事迹、声誉为何能有如此长盛不衰的生命力?

一个重要的原因是，许振超没有在功劳簿上“躺平”，而是选择坚持不懈，不断取得新业绩，创造新辉煌：自2004年创造世界航运界集装箱装卸纪录后，许振超率领自己的团队又先后在2005年、2006年、2007年、2008年连续创造世界新纪录。此后，许振超与他的振超团队又经过11年的行而不辍，砥砺深耕，于2019年11月24日，在“马士基埃斯米兰达”号轮作业中，以514.7自然箱/小时的船时效率第九次打破集装箱装卸效率世界纪录，轰动了整个国际航运界……

除此之外，许振超带领团队在设备改造、科研创新上同样屡创佳绩，为青岛港的跨越式发展作出了巨大贡献。

而党和国家以及各级地方政府，从未停止对许振超的关注、关心、关爱和重视，则是更为重要的原因。

2008年5月8日，时任中共中央政治局常委、书记处书记、国家副主席习近平同志亲临青岛港视察，在看望许振超和他率领的桥吊队的工人师傅们时，语重心长地说：“振超同志很了不起，在平凡的岗位上干出不平凡的业绩，所创造的‘无声响操作’的‘绝活’为国争了光，为工人阶级争了光，这种精神非常值得大家学习。我们应该在社会上弘扬尊重劳动、崇尚创造的精神。建设创新型国家，各项事业的创新、各个领域的创新都需要弘扬这种精神。希望能够涌现出更多的许振超式的先进工人。”习近平同志的这番话引起很大反响，并给许振超和振超团队成员焕发精神干事创业，增添了无穷动力。

2011年，山东省创建了“许振超劳模创新工作室”，成为劳模示范引领、扩大品牌效应、激发广大员工劳动热情和创新活力的重要平台。党的十八大以来，习近平总书记多次对加快建设交通强国作出重要指示。在由交通大国迈向交通强国的进程中，通过“许振超劳模创新工作室”这个平台，许振超带领效率、信息化、技术、农民工四个创新团队，围绕智慧港口、绿色港口等课题开展科技创新、技能培训、岗位练兵等活动，促进了科学技术向生产力的转化，迄今已申报国家专利108项，完成技术革新项目998项。

同年的11月29日，国家人社部正式授牌成立“许振超技能大师工作室”，这是全国首家国家级技能大师工作室，为发挥许振超导师带徒的“传、帮、带”作用，培养和造就技艺精湛、创新能力强的技术人才起到了重要作用。著名的轮胎吊“油改电”节能减排项目，就是在这里攻关完成的，后来成为交通部在全国港口推广的节能示范项目，取得了显著的经济效益和社会效益。

而党和人民给予许振超的表彰、奖励和各种荣誉，则是纷至沓来——

2004年，全国总工会授予他“五一劳动奖章”。

2005年，国务院授予他“全国劳动模范”。

2006年，中组部授予他“全国优秀共产党员”称号。

2007年，中央宣传部、中央文明办授予他第一届全国敬业奉献道德模范。

2009年9月14日，他被评为“100位新中国成立以来感动中国人物”。

2018年12月18日，在庆祝改革开放40周年大会上，许振超作为践行“工匠精神”的优秀代表，被中共中央、国务院授予“改革先锋”称号。

2019年国庆前，被中共中央、国务院、中央军委联合授予“庆祝中华人民共和国成立70周年纪念奖章”；9月25日，被中宣部、中组部等九部委联合授予“最美奋斗者”荣誉称号，并在人民大会堂举办的庆祝中华人民共和国成立70周年“最美奋斗者”表彰大会上作为代表发言，同与会者分享“幸福源自奋斗、成功在于奉献、平凡造就伟大”的成长、成才历程；10月1日，作为全国先进模范人物代表受邀参加国庆观礼……

有一件事情，许振超一直记在心里。那是在2008年5月间，他突然接到山东省总工会一位领导的电话：“老许啊，你们那个项目怎么回事？报选的目录上没看到啊。你们怎么没有报上来，有什么问题吗？”原来，为激发广大职工学习和创新技术的积极性，全国总工会与科学技术部、人力资源和社会保障部联合开展了第二届全国职工技术创新成果评选活动，他们创新成功的《轮胎式集装箱龙门起重机电动化及自动纠偏》项目，本来准备上报，但因故没有报上去，而他因为忙，也忘了报项目的事。他赶紧向对方解释，对方说：“现在时间挺紧的，你们赶紧报上来。我知道你们那个项目，真挺好的，不参评可惜了！”后来，《轮胎式集装箱龙门起重机电动化及自动纠偏》项目荣获第二届“全国职工技术创新成果一等奖”。省总工会的那位领导与他非亲非故，平素也几乎没有什么联系，但对他们的项目却倾注了极大的热情，把项目的参评当成自家的事情一般上心，这让许振超既心怀感动，也心存感激，而这件事也从此留在了他的记忆里。

也因此，对于那些荣誉的获得，许振超有着清醒的认识。他知道，所有的荣誉都体现着党和国家对自己的关心和鼓励；这些荣誉不是他骄傲的资本，而是激励他重新奋发、再创佳绩的号角。而且，这些荣誉也不仅仅是颁授给他个人，而是颁授给他背后的集体，颁授给他的同事和工友，因为，每一块奖章的背后，都浸润着每一个山港人奋斗的心血和汗水。正如他在“改革先锋”奖章颁授现场接受记者采访时所说的那样：“在我看来，这块沉甸甸的奖章不仅是对我本人的褒奖，体现的是党中央对所有产业工人亲切的关怀，是有力的鼓舞，是奋进的力量，更是对中国每一个产业工人的巨大鞭策……”

第十一章
火炬与旗帜

改革开放的大时代，给了许振超一双腾飞的翅膀和足以让他自由翱翔的广阔天空，使他的职业生命焕发出耀眼的光彩。

许振超高擎奥运火炬奔跑的背影已变成了一面飘舞的旗帜，引领着千千万万产业工人，在建设新时代中国特色社会主义的大路上，踔厉奋发，勇毅前行！

一　别无选择

迄今为止，许振超先后参加过三次奥运火炬传递，分别是2004年的雅典奥运会、2008年的北京奥运会和2022年的北京冬奥会。

许振超的第一次奥运火炬传递之旅并不顺利。自2004年5月中旬开始的许振超先进事迹报告团在全国巡回演讲持续了半个多月，在重庆作报告期间，因为参观红岩时淋了雨，许振超感冒了，但他一路坚持了下来。6月初，报告团回到青岛。那天，青岛港董事局主席常德传早早就在宾馆里等着他。晚上吃饭时，常德传说："振超老弟，一路辛苦了！"常德传大约也感觉出了他眼神中流露出的疲惫。

但许振超已经意识到了，这个时候，不管有多么累，有些事情他必须咬牙扛起来。第二天，他就赶到颐中体育场参加了"青岛港集团学振超精神表彰颁奖暨第三十二届职工运动会开幕式"的彩排。

6月6日的开幕式上，许振超被授予"金牌工人"称号，他身披大红绶带，站在由1300余名先进工作者和劳模组成的方队最前面。常德传将一辆价值20多万元的新帕萨特轿车钥匙交到许振超手中。之后，许振超开着帕萨特，在全场雷鸣般的掌声中绕场一周。同时，有90名青岛港职工驾驶各自的私家车为许振超"助阵"……

开幕式那天，阴，有风，气温低得不像是夏天。下午一回到家，许振超就觉得嗓子不舒服，吃了点感冒药，睡了一会儿。晚饭前，一个北京来的记者提出要到家里采访。因为与那个记者在北京见过一面，许振超不好拒绝，就说吃过饭去接他。晚上 7 点，记者再来电话，许振超就很歉疚：“我现在不太舒服，你能自己过来吗？”记者进屋的时候，女儿小雪正在给许振超冲汤药。看起来小雪常常给父亲冲药，显得很熟练，并且安慰父亲说：“老爸，你只要喝了我冲的药，马上就会好的！”

记者在一边看了，就有些不好意思：“您看您病了，我还……”

“没事，你问吧！”许振超接过女儿拿来的一条毛毯裹在身上说。

在接下来的 3 个多小时里，记者一直不停地提问，许振超身披毛毯坐在客厅的沙发上，有问必答。只是，声音沙哑，而且显得有点中气不足。

差不多 11 点半了，一直待在屋里的许金文来到客厅，坐在一边，看着丈夫，问：“你感觉怎么样了？”许振超说：“好点了！”

“明天走行吗？”许金文又问。

“没事，放心吧！”许振超安慰妻子说。

“那我现在给你收拾一下东西吧。”许金文说着，看了一眼似乎还有无数问题等着发问的记者。

记者也知道，许振超第二天早上将乘飞机前往北京，作为 148 名雅典奥运火炬传递手之一参加奥运火炬的传递。虽然第二天不是火炬传递日，但火炬传递手要在北京熟悉场地，进行必要的彩排。

记者大概也觉得在这种情况下如果再不走，未免就太过分了。

那次火炬传递手分布的范围很广，有北京普通市民，还有明星刘欢、杨澜、田亮等也参加了，包括最后一棒的姚明。6 月 7 日晚，许振超走进北京电视台的直播间。6 月 8 日的接待会上，一些助跑手和记者一眼就认出了许振超，随后就向他索要签字，对他进行采访……

许振超的回答和现场表现从容自如，也丝毫不逊于任何一位现场的明星："奥运精神是更快、更高、更强，我的工作就是更快"，"奥运圣火传递友谊，我们青岛港的桥吊司机也把集装箱传送到世界各地，我们的工作也是传播友谊"。许振超俨然成了青岛港的宣传大使，产业工人的明星。

2004 年 6 月 9 日，许振超手擎奥运火炬，跑过 400 米路程，代表青岛港，代表全国产业工人，分享奥运激情。

此次火炬传递自人民大会堂东门至颐和园，全长 57.4 公里。148 名火炬传递手每人跑 400 米。那天下午 2 时 6 分，许振超接过国家体育总局青岛航海运动学校副校长张小冬的火炬，从北辰花园东口起跑，至奥运会主会场，他跑了约 3 分钟。在浩浩荡荡记者大军的聚焦下，在沿途群众的掌声与祝福中，许振超高举圣火，不停地向大家挥手致意。中央电视台向全球直播了这一盛况。

事后，许振超有些意犹未尽："3 分钟似乎太短了。"而排在他后面的火炬传递手、乒乓国手、奥运会冠军邓亚萍说："能从许振超手中接过火炬，我很荣幸。"

奥运火炬传递结束后，许振超在北京与报告团的其他成员会合，开始了许振超先进事迹报告团第二轮全国巡回演讲。在参加火炬传递活动的过程中，许振超的心情一直处于激动与亢奋的状态，活动结束了，他才感觉到疲惫。坐在飞机上，他的头就有点昏昏沉沉的，但他知道，他的身上已经被赋予了太大的时代意义，他已经被认为是一代产业工人精神风貌的代表，而他，必须将这种积极向上、努力拼搏、爱岗敬业的精神，传播到全国各地。这就是他的使命，他必须克服一切困难，肩负起这一使命，奋力走下去。

除此，他别无选择！

二　从夏奥会到冬奥会

也许没人能够想到，别无选择的许振超，居然从2004年一路走进了2024年。

其实不能叫“走”，而是“跑”！是举着火炬一路从夏奥会跑进了冬奥会，从2004年跑进了2024年！

是的，火炬，奥运火炬！

继2004年参与雅典奥运会的火炬传递后，2008年的北京奥运会，许振超再次举起奥运火炬。那年的7月21日，奥运圣火在北京奥运会帆船比赛承办城市青岛传递，开启了奥运火炬在齐鲁大地的和谐之旅。当许振超高擎“祥云”火炬从青岛奥帆中心2号门前开始跑步传递时，万名职工观众队伍欢声雷动，口号震天。看到这一幕，许振超振奋不已。不久，他还参加了北京奥运会的开幕式，给他印象最深的是李宁的点火仪式，“太震撼了！”许振超回忆说。

14年后的2022年2月2日，许振超作为火炬手在北京奥林匹克森林公园参加了北京冬季奥林匹克运动会的火炬传递。这是他继2004年、2008年之后，第三次举起奥运火炬。而且，两天后举办的北京冬奥会开幕式上，当蒲公英的种子悠然飘散在鸟巢中央，一面五星红旗在12位小朋友手中徐徐展开，他们将国旗传递给176名代表，经由一双双炽热的手，鲜艳的国旗被郑重交给国旗班。身着山港工装的“金牌工人”许振超作为新时代产业工人的代表，参与了庄严神圣的国旗传递……

“邀请来自一线的职工参与北京冬奥会火炬传递和国旗传递，本身就是国家对我们工人的关心和爱护，是国家对劳动者的崇高礼遇。”

许振超坦言。

2024 年的秋天如约而至。

一个消息在青岛的大街小巷、在青岛港的每一个码头作业区不胫而走：中华人民共和国 75 周年大庆之际，许振超将被颁授“人民工匠”国家荣誉称号。

这至尊至重的荣誉啊！

一时间，群情激奋！

在人们的印象里，他高擎奥运火炬、在大地上奔跑接力的背影似乎隐约还在，如今，那道奔跑的背影重新变得清晰如昨；然后，在所有人的目光中，那道高擎火炬奔跑的背影变成了一面旗，一面在风中飘舞的旗帜；这面旗帜迎风飘舞，引领着千千万万产业工人，在新时代中国特色社会主义的大路上，踔厉奋发，勇毅前行！

前方，秋高云淡。

三　感恩

2024 年 9 月，自从许振超获授“人民工匠”国家荣誉称号的消息在社会上传播开来，很多人就开始探讨一个问题：许振超因为什么能从一个普通的桥吊司机成为全国劳模、金牌工人？又缘何从金牌工人一跃成为共和国历史上第一位“人民工匠”国家荣誉称号获得者？

从内在而言，当然源于他“咱当不了科学家，也要练就一身绝活，做个能工巧匠，同样无愧于时代，无愧于港口的培养”的人生目标和志向，源于他“干就干一流，争就争第一”，“干一行，爱一行，精一行”的职业追求，源于他坚守执着、精益求精、一丝不苟、追求卓越的初心使命。

除此之外呢？

有人说，许振超的成功源于青岛港为他提供了一片成长的沃土和足以让他施展技能与才华的舞台。这一说法当然成立。因为，许振超心里一直有一个清晰的认识，那就是，他几乎所有成就的取得，都与青岛港密不可分，与领导的理解、支持，与工友和伙伴们的贴心、配合、相互协作密不可分。甚至可以说，没有青岛港，就没有如今的许振超。

还有人说，许振超的成功源于各级党委和政府职能部门的关心、关爱及大力支持。这一点自然也是毋庸置疑的。

有两段往事，一直深深地刻印在许振超的记忆里。

2004 年 6 月 21 日上午，时任国务院总理温家宝专程来到繁忙的青岛前湾港集装箱码头，看望许振超。

码头上桥吊林立，车流如龙。温家宝走下汽车，紧紧握住了许振超的手，大声说：“你是新时期产业工人的杰出代表，大家要向你学习，我也要向你学习。”

随后，温家宝总理向现场的工人们发表了热情洋溢的讲话：“现在全国都在向振超同志学习，振超精神、振超效率成为了我们这个时代的强音，成为了社会主义现代化建设的精神财富，成为了全面建设小康社会的巨大动力。全社会都要开展争创一流的活动，每一个人要通过向许振超学习，爱岗敬业，创出一流的业绩……什么是振超精神？振超精神就是爱岗敬业、无私奉献的主人翁精神，就是艰苦奋斗、努力开拓的拼搏精神，就是与时俱进、争创一流的创新精神，就是团结协作、互相关爱的团队精神。我们要像振超同志那样，干一行，爱一行，精一行；像振超同志那样，认真学习新知识，努力掌握新技术，刻苦钻研新本领；像振超同志那样，在自己的工作岗位上为国家、为人民、为社会作出应有的贡献，为社会主义现代化建设献出一切。”

温总理的讲话，激起阵阵热烈的掌声。掌声中，许振超代表工友向总理表示：“感谢总理对我们的关怀。我们码头工人一定牢牢记住总理的话，在今后的工作岗位上，再接再厉，脚踏实地，干出新的成绩。”

离开码头之前，温家宝对许振超说：“今天我是专门来看你的，以后你到北京，也别忘了来看看我。”

“我有新的成果，一定进京向总理汇报。”许振超向总理保证说，心里有一股暖流在涌动。

总理走了，许振超在码头上伫立良久，也想了很久……

2013 年 4 月 30 日，在五一国际劳动节来临之际，中共中央总书记、国家主席习近平来到全国总工会机关，同包括许振超在内的全国劳动模范代表座谈，同庆五一节，共话中国梦。其间，总书记发表了重要讲话，详细阐述了自己对于劳动的思考：

——劳动是推动人类社会进步的根本力量。我们说“空谈误国，实干兴邦”，实干首先就要脚踏实地劳动。

——劳动是财富的源泉，也是幸福的源泉。人世间的美好梦想，只有通过诚实劳动才能实现；发展中的各种难题，只有通过诚实劳动才能破解；生命里的一切辉煌，只有通过诚实劳动才能铸就。

——“一勤天下无难事。”必须牢固树立劳动最光荣、劳动最崇高、劳动最伟大、劳动最美丽的观念，让全体人民进一步焕发劳动热情、释放创造潜能，通过劳动创造更加美好的生活。

——全社会都要贯彻尊重劳动、尊重知识、尊重人才、尊重创造的重大方针，维护和发展劳动者的利益，保障劳动者的权利。要坚持社会公平正义，排除阻碍劳动者参与发展、分享发展成果的障碍，努力让劳动者实现体面劳动、全面发展……

“人间万事出艰辛。越是美好的未来，越需要我们付出艰辛努力。”总书记的话语坚定有力。

座谈会结束后，总书记来到劳模们中间，同大家一一握手……

“总书记以深刻的思考，深邃的智慧，向我们阐释了劳动与中国梦的关系，讲得非常实在。”在接受记者采访时，许振超说。而2013年这次座谈会之所以刻印在他的记忆深处，是因为总书记的现场讲话，如拨云见日一般，为他指明了此后的奋斗目标和努力方向：“实现中国梦靠什么？靠实干，靠辛勤劳动、诚实劳动、创造性劳动。对于我个人来说，就是要在岗位上扎扎实实做好本职工作，同时带动更多的人。这才是最重要的。”

也因此，在许振超的内心深处，一直珍藏着两个字，那就是“感恩”，而这颗感恩之心，又被他化作努力工作的不竭动力，并让他将最好的工作成绩，回馈给党和人民，回馈给他深爱的青岛港。

四 “时代成就了我”

至2018年，中国改革开放已走过了波澜壮阔的40年。2018年12月18日上午，中共中央、国务院在北京人民大会堂召开庆祝改革开放40周年大会，隆重表彰了100名改革先锋和10名中国改革友谊奖章获得者。会上，习近平总书记发表重要讲话，在全社会引起了热烈反响。总书记指出：“40年来取得的成就不是天上掉下来的，更不是别人恩赐施舍的，而是全党全国各族人民用勤劳、智慧、勇气干出来的！……建成社会主义现代化强国，实现中华民族伟大复兴，是一场接力跑，我们要一棒接着一棒跑下去，每一代人都要为下一代人跑出一个好成绩。”

许振超受邀参加了庆祝大会，聆听了总书记的讲话，回想自己40多年的工作，感同身受，异常激动。他说：“改革开放40年来，青岛港从一个默默无闻的支线小港，成长为世界第七大港；从只能靠泊万吨船舶，发展成40万吨大矿船的母港，青岛港的发展本身就是国家改革开放成就的一个缩影。”也就是在这次大会上，许振超被授予“改革先锋”荣誉称号。

“是改革开放的时代成就了我。”在很多个场合，许振超都曾饱含深情地说过这样一句话。

是的，没有人比许振超更能体会改革开放对自己和自己职业生涯非同寻常的意义：1974年，许振超来到青岛港成了一名码头工人。那时港口装卸作业方式属于半机械化，机械完不成的，要由码头工人辅助完成，不仅危险，而且劳动强度非常大。当改革的春风吹进青岛港时，港口提出“实干兴港”的口号，现代化建设一步步加快，港口装卸作业的机械化程度才得以逐渐提高。1984年，青岛港顺应集装箱装卸运输发展趋势，组建集装箱公司，许振超被选为青岛港第一批集装箱桥吊司机。第二年，青岛港花费巨资购进了两台桥吊。当第一台桥吊从上海运到青岛港时，许振超与同伴们一起，没日没夜地连着搬运了一个多星期的桥吊散件。

用了差不多一年的时间，这台青岛港历史上的第一台桥吊安装成功。而许振超的桥吊传奇也从此开启：他苦练桥吊操作技艺，一个个技术绝活让人击节赞叹；他刻苦钻研桥吊维修技能，并成为远近闻名的“大拿”……

2001 年，改革开放的浪潮将许振超送到了风口浪尖：这一年，青岛港实施西移战略，并订购了两台当时国内最大最先进的装卸集装箱的桥吊设备。但由于种种原因，其中的一台桥吊设备迟迟无法安装，这也在很大程度上迟滞了青岛港的西移战略。

在这种情况下，许振超临危受命，接任桥吊安装的现场总指挥。他殚精竭虑，最终不辱使命，在规定时间内将新桥吊安装成功……

此后的 2003 年 4 月 27 日，经过 6 小时 27 分钟的艰苦奋战，许振超率领团队创造了单船效率 339 自然箱的世界集装箱装卸纪录，震惊了国际航运界，“振超效率”从此诞生。

可以说，正是改革开放的大时代，给了许振超一双腾飞的翅膀和足以让他自由翱翔的广阔天空，让他的职业生命焕发出最为耀眼的光彩！

同样，得益于改革开放的渐趋深入，技术工人群体在社会主义现代化建设中的作用和地位日益凸显。2008 年，许振超的政治生命迎来高光时刻：这一年的人代会上，他被选为十一届全国人大常委。

当然，地位的提升也意味着必须承担起更多的责任和义务。那一年北京奥运会期间，一位媒体记者曾与他同游鸟巢，那位记者时至今日还清楚地记得，许振超包中一直带着一本《民法通则》，车上闲暇时他就拿出来仔细阅读学习，日记本上还记下一些不懂的地方和需要加深理解的内容。许振超说："开常委会常常要对立法进行投票，我不懂法律，现在要快速学习，不能对不起'人大代表'这四个字。"当年的许振超还找过北京大学法学院的教授给自己补课。

随后的几年间，许振超在全国人大常委会对《食品安全法》、《社会保险法》、《劳动合同法》等法律的审议中都提出了极具建设性的意见，而他也俨然成为工友们心中的"法律专家"。"现在工友中签租房合同、借款协议等涉及法律上的事务都要找我咨询。"许振超自豪地说。

而更令许振超自豪的是，2008 年他提出的"技工待遇需提升"，2009 年的"技工成长环境堪忧"、2010 年的"职业技校生源结构影响产业工人素质提升"、2011 年的"高级技工的合作交流平台搭建"等关于技术工人的议案、建议，每一年国家在政策制定上都会加以关注，与之相关的问题也都逐步得到解决。

2013 年许振超连任十二届全国人大常委，2018 年又被任命为第十三届全国人民代表大会社会建设委员会委员。

新时代以来，随着中国工会深入推进改革创新，一线工人越来越受到重视，越来越多的一线劳动者进入各级工会组织的领导机构。2013 年 10 月 18 日，中国工会第十六次全国代表大会在北京开幕，许振超的名字首次出现在新一届执委会委员的候选名单中，并顺利当选。三天后的 10 月 21 日，经过全国总工会十六届一次执委会议选举，许振超当选为全总兼职副主席。许振超也由此成为全国总工会历史上第一位来自基层生产一线的兼职副主席。

2015 年 11 月 9 日，习近平总书记主持召开中央全面深化改革领导小组第十八次会议，审议通过《全国总工会改革试点方案》。方案中提出，要增强“三性”，去除“四化”，做强基层，着力创新。其中就包括增强工会组织广泛性和代表性，提高领导机构中职工代表比例，在全总执委会委员及主席团成员中，分别提高劳模和一线职工比例。事实上，一些改革的内容和要求，两年前就在许振超身上得到了体现。

2016 年 5 月，全总印发《关于充分发挥全国总工会劳模兼职副主席作用的暂行办法》，这一暂行办法共分 13 条，主要包括三个方面内容，一是对劳模兼职副主席的总体要求，二是充分发挥劳模兼职副主席作用的有关规定，三是提供的相关保障。

暂行办法第一条明确规定，“劳模兼职副主席不脱离本职岗位，不配专职秘书、不配专车、不配专用办公室，永葆普通劳动者本色”。同时明确规定，要及时向劳模兼职副主席送阅副省（部）级党员领导干部阅读的文件，每年安排参加两次跨省区、跨行业的调研活动，在全总机关安排集体办公室，安排专门人员做好服务工作……

至此，劳模和一线职工、农民工进入全国总工会领导班子已经形成制度，成为中国工会改革创新的特色与亮点。

“是改革开放的时代成就了我”，这句话对于许振超来说，是发自肺腑的，因为，他一直以来都坚定地认为，自己迄今所取得的所有成绩，都与改革开放的大时代息息相关！

五　拥抱明天

2024 年 9 月 29 日，北京人民大会堂。

“共和国勋章”和国家荣誉称号颁授仪式上，习近平总书记将“人民工匠”国家荣誉称号奖章佩戴到许振超身上。

“感谢总书记的关怀，我一定不辱使命。”看着总书记温煦的目光，许振超心情激荡，大声告诉总书记。总书记笑着点了点头，对他说：“在咱们的国家，就是要大干。”

颁授仪式结束后，谈及总书记的讲话，许振超依然难掩激奋之情：“我理解的总书记所说的‘干’，就是苦干巧干，干事创业；就是坐言起行，一往无前；就是空谈误国，实干兴邦；就是敢于拼搏，勇于奋斗！而且，我觉得总书记对我讲的话，实际上也是对中国所有劳动者一个很重的嘱托，希望我们在中国式现代化的进程当中，每个人都要当好奋斗者，用大干快上的拼搏精神推进中国式现代化。”

2024 年 10 月 15 日，全国工会系统召开“人民工匠”许振超同志先进事迹报告会，全国总工会党组书记、副主席、书记处第一书记徐留平出席了报告会。许振超以《我走过的工匠路》为题，讲述了他从普通码头工人到“人民工匠”的成长历程，朴实感人。许振超说：“在中华人民共和国成立 75 周年纪念的时候，我荣幸地获得了国家荣誉称号‘人民工匠’，这是党和国家对我 50 多年职业生涯取得成绩极大的肯定和奖励，是对新时代中国工人政治地位、社会地位的提升，更是对我所代表的产业工人群体的巨大鼓舞，激励我们在中国式现代化道路上脚步走得更稳更快。”

许振超知道，“人民工匠”国家荣誉称号只是对他过去工作的认可，未来的路还很长很长，等待他做的工作还有很多很多。随着新时代中国特色社会主义建设的步步深入，一幅美丽中国的画卷正在神州大地上缓缓展开，而在建设世界一流海洋港口征程上尽展其能、大显身手的山东港口青岛港，前程远大，未来可期！

至于青岛港的未来会是怎样一番图景，2021年3月6日，就在“致2035的自己”这封信中，许振超已经有过憧憬和展望。2021年全国两会期间，中国文明网策划推出“我和2035有个约”专栏，邀请文艺名家、先进典型、领导干部、专家学者，以第一视角记录所从事事业的可喜成绩，提出相关意见、建议及对未来的展望。其中，就有作为全国人大代表、全国道德模范的许振超写给2035年的自己的一封信：

2035年的许振超：

你好！

还记得20世纪80年代初的青岛港吗？那时装卸作业方式落后、工作环境恶劣，一起干活的工友们没少吃苦。如今，这里发生了天翻地覆的变化，成为世界第六大港、中国第二大外贸口岸。

其实，我心里知道，青岛港没有变，特别是咱中国老一代码头工人的“拼命”精神一直没变，并在改革开放的进程中被赋予了新时代的内容，为港口现代化建设发挥了巨大作用。

2017年，习近平总书记提出，要造就一支有理想守信念、懂技术会创新、敢担当讲奉献的宏大的产业工人队伍。这话说到我心坎儿里了，我深知“懂技术”是多么重要！1988年，咱们的机器出故障，我们自己修不了，就请来了外国专家，仅干了12天，就拿走了好几万元人民币。算了算，他一天就拿走了我一年的工资！我发誓一定要争口气，自主创新、掌握先进技术。

按照党的十九大提出的战略安排，到二〇三五年将会基本实现社会主义现代化、建成社会主义文化强国。作为一名产业工人，看到国家一步步繁荣富强，打心眼里骄傲自豪！在这个过程中，我能做到的就是立足岗位，为实现社会主义现代化贡献力量，扎扎实实在迈向文化强国的伟大征程中弘扬劳模精神、劳动精神、工匠精神。

我想，2035 年的青岛港想必又是另一番新模样，未来的码头，集装箱有可能在天上飞呢。征途漫漫，惟有奋斗。如能有幸在 2035 年与你碰面，咱们还要继续奋斗，必须奋斗。

……

信中，许振超对 2035 年青岛港的展望是“集装箱有可能在天上飞”。虽然，集装箱在天上飞来飞去的场景，很难让人与港口码头的标准化作业联系起来，但想想如今正流行一时的热词“低空经济”，谁又能断定 2035 年的港口码头不会成为“低空经济”最火热的应用区域呢?

许振超无比坚定地确信，只要像习近平总书记说的那样甩开膀子“大干”，山东港口集团青岛港的明天就一定锦绣辉煌、无比美好。

而他，也将伸出热情的臂膀，拥抱青岛港璀璨的明天!

附　录

许振超：我走过的工匠路

“九层之台，起于累土”，回首我 50 多年走过的工匠路，是党和人民培养教育了我，是青岛港这片干事创业的沃土为我搭建了成长成才、施展个人才能的舞台，是我的队友，每一个出现在我生命里、工作中的伙伴成就了我，使我成为更好的自己。

许振超

山东荣成人，桥吊专家，山东港口青岛港青岛前湾集装箱码头有限责任公司工程技术部固机高级经理、高级技师，中华全国总工会原副主席（兼职），第十一届、十二届全国人大常委。

许振超是践行“工匠精神”的优秀代表。他自学成才，苦练技术，练就了“一钩准”、“一钩净”、“无声响操作”等绝活；先后9次刷新集装箱装卸世界纪录，创造了“振超效率”；带领团队开展科技攻关，首次实施集装箱轮胎吊“油改电”技术改造，大幅节约生产成本；在工作中创造出“振超工作法”，为青岛港提速建设发展提供了宝贵经验。

1950年
生于上海。

1968年
正式参加工作，成为青岛国棉七厂工人。

1974年
来到青岛港成为码头工人。

1980年
成为门机司机。

1984年至1997年
历任青岛港集装箱公司固机队工人、值班队长、副队长、队长兼党支部书记。

1994年
加入中国共产党。

1997年至1999年
任青岛港集装箱公司安全保卫部副经理。

1999年至2000年
先后任青岛港集装箱公司机械四队队长、党支部书记，机械二队队长、党支部书记。

2000年至2001年
任青岛港集装箱公司安质部副经理、党支部副书记。

2002年至2013年
任青岛前湾集装箱码头有限责任公司工程技术部固机高级经理。

2003年
获得中国海员建设工会全国委员会“金锚奖”。

2004年
获得全国五一劳动奖章，被誉为中国当代产业工人的杰出代表。

2005年
获得“全国劳动模范”称号。

2006年
获得“全国优秀共产党员”称号。

2009年
当选“100位新中国成立以来感动中国人物”。

2018年
荣获“改革先锋”称号。

2019年
获得“庆祝中华人民共和国成立70周年”纪念章、“最美奋斗者”个人称号。

2024年
获得“人民工匠”国家荣誉称号。

在中华人民共和国成立75周年纪念的时候，我荣幸地获得了国家荣誉称号“人民工匠”，这是党和国家对我50多年职业生涯取得成绩极大的肯定和奖励，是对新时代中国工人政治地位、社会地位的提升，更是对我所代表的产业工人群体的巨大鼓舞，激励我们在中国式现代化道路上脚步走得更稳更快。

“九层之台，起于累土”，回首我50多年走过的工匠路，是党和人民培养教育了我，是青岛港这片干事创业的沃土为我搭建了成长成才、施展个人才能的舞台，是我的队友，每一个出现在我生命里、工作中的伙伴成就了我，使我成为更好的自己。同时我也衷心地感谢全国总工会对我20年的培养、信任和支持，让我从工人队伍中脱颖而出，还担任过全国总工会兼职副主席。而让我无论遇到什么困难，依然坚持走下去的力量，是党和国家对我从小进行的红色教育树立起来的坚定信念，那就是要为祖国富强、人民幸福而努力奋斗。

一、在艰苦的劳动中认识劳动，感悟劳动光荣，践行劳动精神。

我是1968年参加工作的，1974年进入青岛港工作。那时的青岛港已经有了装卸机械，但机械作业的货种和场地受到很大限制，很多货物的装卸依然要靠码头工人手拉肩扛。我曾干过一段时间的装卸工，那种相对原始的作业环境和繁重的体力劳动，开始的确让我望而生畏。老码头一眼就看出我的畏惧情绪，毫不客气地对我说，就你这样还敢来混码头？我咬咬牙，你们能干，我也能干。180斤的进口原糖麻袋包，我扛了两次，第三次就被糖包压得直不起腰来，一下子半跪在地上。另一个老码头扯下麻袋包，把我拉起来说，大青年，咬牙是个火气，你连麻袋怎么背都不会，上一边学着吧，等你顺过劲来有的是包叫你扛。这堂“劳动课”一下子让我醒悟过来，看似简单的体力劳动，不是你有点力气就能干的，里面确实有些门道。后来在老码头师傅的指点下，我逐步也学会了用巧劲搬包，借劲扛包，顺劲码垛、装火车盒子，等等，也渐渐适应了艰苦的劳动。每天下班，看着一身汗水换来堆起来的货垛，装满货物的火车厢，我忽然发现了劳动的成果是这么美，心里油然产生一些能感动自己的情愫，这些活里面很多都是我干的，我为祖国建设出力流汗很值得。因为我从老一辈身上读懂了辛勤劳动才是人间正道。

码头工人用忘我的劳动建设发展了国家重要的交通运输枢纽。我们响亮地喊出“摆脱贫困、摆脱落后、摆脱愚昧”的口号，凝练出劳动光荣、工人伟大、自信自强、实干兴港的理念。那段时期，正是我年富力强的时候，我把满腔的热情投入生产劳动当中去，只要是活，不管分内分外，都努力去把它干好。因为“劳动”的通俗表达就是“干”,“干”的实践本质就是劳动。

不久我被调到了电工班，干了一段时间电工。因为港口采购了几台新门机，我又被调去学习开门机。为了尽快成为一名合格的司机，我扑下身子老老实实地学，扎扎实实地干，把力气用到实处。反复操练，从难从严，我练就了门机吊装“一钩准”，从中体会劳动的不易和艰辛。为了懂一行，熟记每个电器元件、电磁开关的位置、功能，我对照图纸，按照原理图的动作顺序，用我自己的习惯方式编号，在胶布上写上记号贴到电器上，一目了然。只要感觉吊车工作声音有异常，不用拿图纸，我打开控制柜就能很快找到故障点，从中享受钻研技术的快乐。为了精一行，熟记整机电气控制电路，我利用新门机安装的机会，有时间就钻到吊车的各个接线柜里，查清每一根电缆的走向，记住每根线号的变更，都把它记到脑子里，直到能把整个吊车的电气原理图背着画下来。这样一次次的过程让我真正体会到知识的力量，学习的重要。我当了九年门机司机，一直坚持学习专业知识，不会就学，不懂就问。我保养的吊车是队里技术状况最好的，由于我熟悉吊车的技术性能，一些复杂危险作业环境下的困难作业我都能想办法安全地完成，这就是我当司机的底气。如果没有这个底气，我们后来想也想不到去创造什么集装箱装卸世界纪录。

二、学习和传承劳模精神，为建设现代化港口尽忠尽力，勇挑现代化港口建设重任。

青岛港从几十年前国内不起眼的小港口，发展成为今天世界第四大港，靠的就是一代代码头工人的奉献、作为和牺牲。

一个深秋的半夜，我被枕边的寻呼机惊醒，一看是队里值班室电话，连忙打过去一问，是现场突起瞬间大风，调度没有及时发出紧急避风指令，大风卷起45米高空的拖挂电缆绕在轨道螺栓上，硬是给拉断了。我急忙骑自行车赶到现场，抬头一看电缆拉断位置，心想不妙，要全部换新电缆，可这深更半夜的高空作业，连个吊车都没有怎么换。要是不换拖到天亮，至少要停车10个小时，作业的这条船肯定要延误。想到这，我果断地安排值班电工上车拆除电缆固定螺丝，先为换电缆做准备工作，然后迅速通知维修人员进港。我打开备料库，清点一下所需要的备料，心里松了口气，要的电缆都有。很快，人员都到齐了，我召集大家简单布置了任务，说今天晚上是场硬仗，没有吊车，只能靠咱们几个人用手往车上拉了，时间只有4个小时，开工吧。桥吊的后大梁通道很窄，勉强两个人能擦肩而过，我把在前面，让年轻的几个工人在我身后，担心他们经验不足被电缆扯下去。然后喊着号子，一寸一寸地把400公斤的电缆从地面拉到45米高空。没劲了，就临时固定一下电缆，依着栏杆喘几口气接着再拉。整整用了接近2个小时，终于把7根电缆都拖上桥吊。紧接着，分工几个人固定电缆，几个人破开电缆做线头、套线号，一对一地接线，全部线缆接好后，天已经露白了。我收拾检查了一遍，用对讲机喊司机，送电，试车。随着小车启动跑了两个来回，吊具上下起落了几次。我开始的担心也没了，电缆一次更换成功。问了问时间，是早上5点10分。我让司机通知调度可以作业了，嘱咐他随时注意桥吊的状况，有异常马上报告。然后，我和抢修的工友们拖着疲惫的身体回到队里稍事休息，又要准备迎接新的一天。这样类似的工作，在上世纪九十年代时常发生，但也正是这样的工作环境，锻炼了职工队伍一丝不苟的工作作风，磨炼了技术工人精益求精的劳动技能，培养了全队职工召之即来、来之能战、战之必胜的组织纪律性和良好风气。他们虽然岗位平凡，甚至可以说不起眼，但他们身上有我们民族的骨气，让我们挺起了脊梁，实现了现代化港口的腾飞。

三、培育和弘扬工匠精神，为建设世界一流海洋港口努力奋斗。

2001年的11月，我奉命调到青岛港前湾新港区，负责新型桥吊的安装技术监督。查看了整个安装现场，我有种预感，按这台桥吊目前工程进度，年底前肯定装不起来。但是怎么也没料到，桥吊现场安装总指挥的任务偏偏就落在我头上，局领导在现场宣布任命后，明确告诉我，从现在起倒排工期，年底前完成桥吊安装工程。我接了任务后，算了算时间，到年底只有40天时间，怎么办？我一夜没合眼，脑子里构思了好几个方案都不行，最后我下了狠心，干脆来个剑走偏锋，推翻现有的安装工艺。第二天，我召集了现场技术人员和施工方负责人，他们也在为工期一拖再拖犯头疼，因为谁都耗不起。听了我的方案后，都来了精气神，纷纷出主意，提补充意见，一天就把新的安装工艺方案定了下来。然后施工方负责人飞回上海，请示厂里总工程师定夺。没料到，总工程师当场同意了这个方案，并且说，他去协调有关部门，在安装进度后期，把厂里的1000吨水吊调来青岛港，协助我完成桥吊最后的总装任务。我听到这个消息，简直高兴坏了，因为按照我的新工艺方案，这台桥吊有20天的时间就可以完成总装。

此后的几天，我奔波在安装工地，适时地检查地面部件安装进度，一切都在按照计划顺利进行。不料10天后，施工方负责人告诉我一个很不好的消息，他在厂里看到一份市政府的红头文件，1000吨水吊正在上海卢浦大桥施工，工程要确保大桥年底合龙，在此之前，1000吨水吊不得离开上海水域。这消息如同一盆凉水把我浇了个透心凉，因为此前所有安装工作都是围绕这台水吊进行，如果没有水吊，这些工作都白干了，搞不好还得拆开另行组装。施工方也觉得是厂里没协调好有责任，主动和我说，他们立刻采取措施补救，联系和他们有技术业务往来的日本和韩国厂家，看是否有合适的水吊租来救急。一天后消息回来了，水吊是有，但都排满了工期，最早的也得春节才能来，我连新年都等不了，哪能再等到春节。这时，指挥部一个青年技术员跑来说，找着水吊了。天津渤海石油公司一条900吨水吊从南海执行任务回来上坞，目前停在广东南澳岛，这个水吊的技术参数能满足桥吊安装需要。我一听，赶快让他们把水吊的技术图纸传过来。仔细核对了技术参数后，发现水吊起升高度差了5米。满负荷起重吊杆幅度也差了3米，可是国内外救急用的水吊再也没有了，怎么办?

我又反复核对了数据，一个主意出来了，起吊高度不够，可以利用高潮水的潮差，再协商水吊大副调高第一级高度限制器，提前起吊等候潮水最高时的40分钟完成对接装配；吊杆幅度不够，就在地面铺设临时轨道，把桥吊门架底座转向90度，牵引到水吊最近位置安装，同时用缆绳把水吊锁靠在码头岸壁，还能增加1米半的幅度补偿。问题解决后，我立刻安排指挥部的人去协商租用水吊事项，对方十分爽快地同意并签订了租用合同，这边财务也以最快的速度打去定金。随后我就接到天津渤海石油公司船调的电话，通知我“滨海108”水吊已经从南澳岛起航前来青岛港，随时保持联系。我松了口气，算算时间，再有7天，水吊就到港，一周时间完成总装，我还能提前10天完成任务。真是好事多磨，我自己还在念叨，电话响了，是渤海船调的电话，说滨海108开出4个小时，南海刮起九级大风，水吊已经返航回南澳岛避风，等大风过后再起航北上。我听了真感到雪上加霜，刮风谁也没有咒念，等吧。可这风一刮就是12天。好不容易盼到水吊起航北上了，牵引水吊的拖轮一台主机又发生故障，只能单机航行，时间又拖后了。直到12月26日上午9点30分，滨海108才靠上码头，留给我的时间只有宝贵的5天了。

怎么办！人生难得几回搏！于是我和安装场地上的所有工人都拼上了，把总装方案反复研究了几遍，把所有的部件总成检查了三遍，又把可能出现问题的应急措施一一落实。终于在12月31日的晚上7点，把这台当年最先进的桥吊装起来了，为青岛港日后的集装箱事业突飞猛进的发展立下了一块基石。这是我当队长时主持干的最大的工程。

进入21世纪后，港口生产环境、技术装备、对外服务水平和质量都有了新变化、新要求。青岛港是涉外港口，我们的工作效率、工作质量直接反映的是国家形象。因此，只有进行岗位技术创新，提高工作效率和质量，才能架起通往世界的桥梁。

我们有了世界一流的码头，有了一流的装备，那我们就一定要干出一流的业绩。要有敢想、敢说、敢干的自信和胆量，技术上要有自己的杀手锏，跟在别人的屁股后面走，不是中国码头工人的选项。对我们一线的工人来说，港口的发展需要我们当中出现更多的能工巧匠。产业工人只有追求卓越，才能干出闪光的业绩！在实际操作中我发现了一个不足点，就是吊箱过程中，稳准轻快的"准"差距大。一次对不上箱，一个工作循环就要损失五六秒时间，看起来不多，可细算下来，一小时就少吊3个箱，一个班一台车少了二十几个。越算就越觉得还有潜力。我在和大家一起探讨时，忽然想起个主意。桥吊和集装箱不是都很大吗，咱就来反向思维，找个小道具练习。比吊装锁孔面积小几倍的啤酒瓶口能对上，再对集装箱不就容易多了。在全队大练兵中，我们把啤酒瓶放在地上，在吊具上装上一根电焊条，让司机操作吊具从38米高度全速下降，要求把电焊条插到瓶口中。开始有人说这不可能，因为吊具在无风环境静止状态下，自由摆动的幅度也有3至5厘米，而啤酒瓶口的直径仅有2厘米。但是不干怎么知道不行？职工们就有这个匠心，要把不可能变为可能。经过几天艰苦的磨炼，终于练成了这个绝活，增强了我们的自信心。我们把这个绝活命名为"显新穿针"，并且让大部分司机都掌握这个技术，提高团队的能力。准确率解决了，我们的装卸效率又提高了。2005年开始，我们的团队，用手中掌握的绝活，又多次打破集装箱装卸世界纪录，打出了我们的品牌，打出了士气，为中国码头和码头工人争了光。

为祖国富强、人民幸福而努力奋斗是我们这一代人从小就接受和树立的远大人生理想。今天回首过去，几代中国工人的拼搏已经让一穷二白的旧中国彻底改变了模样。展望未来，强国梦、复兴伟业正在逐步实现，这不是一代两代人所能完成的宏伟事业，但却是我们几代中国工人的坚定信念和神圣使命。

百年巨变，人间正道是沧桑。随着时代前进的步伐，我们有责任、有能力把劳动精神、劳模精神、工匠精神培育好，弘扬传承下去。

习近平总书记在国家荣誉颁授仪式上勉励我们要胸怀强国之志，要锤炼强国之技，要勇建强国之功。这些话，一下子拉近了我们和总书记的距离。我感受到总书记深重的工人情结，总书记和我们心连心，给予了我们坚守信念的底气。我们要按照习近平总书记的嘱托，“要大干”，加油干，在平凡的岗位上做好自己，我们未来的生活一定会越来越好。